ALBERTUS MAGNUS
ÜBER DIE EUCHARISTIE

CHRISTLICHE MEISTER
64

ALBERTUS MAGNUS

ÜBER DIE EUCHARISTIE

Kommentar zur Heiligen Messe «De mysterio missae»
und ausgewählte Passagen aus «De corpore Domini»

Eingeleitet von
RUTH MEYER

Übersetzt von
MARIANNE SCHLOSSER

JOHANNES

2. Auflage 2018
© Johannes Verlag Einsiedeln, Freiburg i. Br. 2017
Alle Rechte vorbehalten
Druck: Steinmeier, Deiningen
ISBN 978 3 89411 438 1

Dies also ist das neue Opfer, das er uns geschenkt hat, in das er uns alle aufnimmt: Weil er den Tod zum Wort des Dankes und der Liebe machte, kann er nun durch alle Zeiten hindurch anwesend werden als Quelle des Lebens, können wir im Mitbeten in ihn eintreten. Er sammelt sozusagen das Armselige unserer Leiden, unseres Liebens, unseres Hoffens und Wartens in dieses Gebet hinein zu einem großen Strom, in dem es mitlebt, so dass wir darin wahrhaft Mitopfernde sind.

Joseph Kardinal Ratzinger

Dominus vobiscum – Der Herr mit euch! Damit ihr eine Opfergabe für Gott werdet, damit ihr berührt werdet vom Wohlgeschmack dieser Opfergabe, damit ihr der dargebrachten Gabe eingefügt werdet. Der Herr ist mit euch, wenn ihr euch ihm darbringt und er euch annimmt, er ist mit euch, wenn er euch in sein Opfer mit hineinnimmt, wenn er euch in die Einheit mit sich aufnimmt.

Albertus Magnus

Dilectissimo Patri Benedicto XVI.
Papae emerito
maxima reverentia, gratitudine ac caritate
dedicatum

INHALT

Einleitung von Ruth Meyer ... 13
Hinweise zur Übersetzung ... 34

ÜBER DIE HEILIGE MESSE
(DE MYSTERIO MISSAE)

PROLOG ... 39

I. TEIL DER HEILIGEN MESSE: ANRUFUNG DES HERRN ... 44

- c. 1: Introitus ... 44
- c. 2: Kyrie ... 51
- c. 3: Gloria ... 57

II. TEIL DER HEILIGEN MESSE: VERKÜNDIGUNG ... 67

- c. 1: Dominus vobiscum ... 67
- c. 2: Oratio / Collecta (Tagesgebet) ... 70
- c. 3: Die Epistel-Lesung: Belehrung der Unvollkommenen ... 74
- c. 4: Gradual-Psalm (Antwort-Psalm) ... 75
- c. 5: Tractus ... 76
- c. 6: Das Alleluja und die Sequenz ... 78
- c. 7: Das Evangelium: Belehrung für die Vollkommenen ... 79
- c. 8: Symbolum – Glaubensbekenntnis ... 86
- c. 9: Die zwölf Artikel des Apostolischen Glaubensbekenntnisses ... 91
- c. 10: Nizänisches Credo ... 100

III. TEIL DER HEILIGEN MESSE:
EUCHARISTISCHES OPFER 114

c. 1: Offertorium 114
c. 2: Die Vorbereitung auf die Darbringung des Opfers: Weihrauch, Händewaschung, Gabengebet 118
c. 3: Einleitungsdialog zur Präfation 120
c. 4: Präfation 122
c. 5: Sanctus 127
c. 6: «Te igitur» – Gemeinschaft zwischen Volk und Hierarchie 128
c. 7: «Memento, Domine» – Gemeinschaft im Mystischen Leib 131
c. 8: «Communicantes» – Gemeinschaft der irdischen mit der himmlischen Kirche 134
c. 9: «Hanc igitur» – die Bitte um Annahme des Opfers 138
c. 10: «Quam oblationem» 139
c. 11: «Qui pridie» – Einsetzungsworte über die Brotsgestalt 141
c. 12: «Simili modo» – Konsekration des Weines 144
c. 13: «Unde et memores» – Erhebung der Gaben zu Gott 147
c. 14: «Supra quae propitio» – die alttestamentlichen Vorausbilder 150
c. 15: «Supplices» – Fürbitte für die Kommunizierenden 151
c. 16: «Memento Domine» – Fürbitte für die Verstorbenen 155
c. 17: «Nobis quoque peccatoribus» – Bitten für die Lebenden, Gedächtnis der Heiligen 159
c. 18: Doxologie – Konsekration als Werk der heiligsten Dreifaltigkeit 161
c. 19: Einladung zum Vaterunser 161
c. 20: Vaterunser 162
c. 21: Brechung, Friedensgruß, Agnus Dei 174
c. 22: Vorbereitungsgebet des Priesters – Kommunion 177
c. 23: Die Gesänge «Communio» und «Postcommunio»; die Entlassung 181

ÜBER DEN LEIB DES HERRN
(DE CORPORE DOMINI)

PROLOG	189
D. 1: DAS ALTARSSAKRAMENT ALS «GNADE»	194
c. 1: Dieses Sakrament ist ganz und gar Gnade	194
c. 2: Es wird von dem gegeben, der uns mit höchster Gnade zugetan ist	196
D. 2: DAS ALTARSSAKRAMENT ALS GABE ODER GESCHENK	198
TR. 1: DER GEBER	198
c. 2: Die Freude und Fröhlichkeit des Gebers	198
c. 3: Die innige Zuneigung und Liebe des Gebers	199
TR. 2: DIE GABE	201
c. 1: Eine edle Gabe	201
c. 4: Eine Gabe, die dem Geber entspricht	202
TR. 3: DER EMPFÄNGER	204
c. 1: Die Wirkungen der Gabe	204
c. 2: Eine Gabe, die dem Einzelnen entspricht	206
c. 3: Eine Gabe von ewiger Dauer	206
D. 3: DAS ALTARSSAKRAMENT ALS SPEISE UND TRANK	208
TR. 1: SPEISE	208
c. 1: Eine edle Speise aufgrund ihrer Art	209
c. 2: Süß im Geschmack	210
c. 3: Rein aufgrund der Zubereitung	212
c. 4: Gesund in der Wirkung	212
c. 5: Nahrhaft wegen ihrer Kraft	213
c. 6: Zuträglich aufgrund von Ähnlichkeit	217

c. 7:	Diese Speise ist so fein, dass sie den Empfänger durchdringt	220
c. 8:	Eine Speise, die sich wegen ihrer Verwandtschaft mit dem Empfänger ganz vereint	222
c. 9:	Eine Speise, die mit dem, der sie isst, fest verbunden bleibt	222

TR. 2: DAS SAKRAMENT ALS TRANK … 223
    c. 1: Die Eigenschaften des sakramentalen Trankes … 223
    c. 2: Sein Geschmack … 223
    c. 3: Die Beimischung von Wasser … 223
    c. 4: Der Empfang des sakramentalen Trankes … 224
    c. 5: Die besondere Wirkung des Sakraments unter der Gestalt des Weines … 225

TR. 3: DIE GEGENWART DES GANZEN CHRISTUS SOWOHL UNTER DER GESTALT DES BROTES WIE DES WEINES … 230
    c. 1: Einige theologische Meinungen … 230
    c. 2: Die dargelegte Glaubenswahrheit wird mit eigenen Gedanken erhellt … 240

TR. 4: WIE MAN DIESE SPEISE EMPFANGEN SOLL … 243
    c. 1: Im wahren Glauben … 243
    c. 2: In der sicheren Hoffnung auf Gottes Freigebigkeit … 244
    c. 3: In der Liebe zur Einheit der Kirche … 245
    c. 4: In bitterem Reueschmerz … 247
    c. 5: In Vorfreude auf die ewige Seligkeit … 247

D. 4: DAS ALTARSSAKRAMENT ALS KOMMUNION … 249

    c. 3: Gemeinschaft mit den Heiligen … 249
    c. 4: Gemeinschaft in den Leiden des Mystischen Leibes … 250
    c. 7: Wahre und wirkliche Gemeinschaft zwischen Gott und Mensch … 251

D. 5: DAS ALTARSSAKRAMENT ALS OPFER 252

    c. 1:   Der ehrwürdige Ursprung dieses Opfers 252
    c. 3:   Das Gott willkommene Opfer 253
    c. 4:   Das wahre Opfer 254

D. 6: DIESE GABE ALS SAKRAMENT DER KIRCHE 256

TR. 1: DIE EINSETZUNG DIESES SAKRAMENTS 256
    c. 1:   Der Grund für die Einsetzung 256
    c. 2:   Seine Notwendigkeit 256
    c. 3:   Der Zeitpunkt der Einsetzung 258
    c. 4:   Die Art der Einsetzung 260

TR. 2: SAKRAMENTALE MATERIE UND FORM 262
    c. 1:   Das materielle Zeichen 262
    c. 2:   Die Konsekrationsworte über das Brot 270
    c. 3:   Die Konsekrationsworte über den Wein 274
    c. 4:   Was unmittelbar auf die Konsekrationsworte folgt 278

TR. 3: ZEICHEN UND BEZEICHNETER GEHALT 279

TR. 4: DER LITURGISCHE VOLLZUG 279
    c. 1:   Wie Christus das Sakrament gefeiert hat 279
    c. 2:   Der Priester als *minister* des Sakraments 284
    c. 3:   Die Empfänger 295

NACHWORT 300

GEBET ALBERTS 301

EINLEITUNG

Das Werk «*De mysterio missae*» («Über die Hl. Messe»)[1], das in diesem Band in einer modernen Übersetzung vorgelegt wird, gehört für den Mittelalterforscher Martin Grabmann (1875-1949) «zu dem Schönsten... was über diesen erhabenen Gegenstand je geschrieben worden ist»[2]. Sein Lob gilt einer in der Hochscholastik entstandenen Abhandlung, die der Liturgiewissenschaftler Josef Andreas Jungmann (1889-1975) treffend als «eine vor allem aus dem Text des Messordo geschöpfte, lichtvolle und theologisch gründliche Erklärung» des Verlaufs der Hl. Messe charakterisiert hat[3].

---

[1] In den Handschriften des 13.-15. Jahrhunderts gibt es mehr als dreißig Versionen des Titels, vgl. W. FAUSER, Die Werke des Albertus Magnus in ihrer handschriftlichen Überlieferung. Codices manuscripti operum Alberti Magni. Monasterii Westfalorum 1982 (Alberti Magni opera omnia. Tomus subsidiarius, I, 1), 314f. Der hier verwendete Titel ist diesem Referenzwerk entnommen und hat sich in der Forschung durchgesetzt.

[2] M. GRABMANN, Mittelalterliches Geistesleben. Abhandlungen zur Geschichte der Scholastik und Mystik, Bd. 2, München 1936, 355f.

[3] J. A. JUNGMANN, Missarum Sollemnia. Eine genetische Erklärung der römischen Messe, Bd. 1, Nachdruck der Ausgabe Freiburg ⁵1962, Bonn 2003, 150.

Dieser Traktat verdient es heute umso mehr, gelesen zu werden, als der darin behandelte Ablauf der Hl. Messe in vielem jenem Ritus entspricht, der vom Konzil von Trient (1545-63) als für die Römische Kirche verbindlich erklärt und bis zum Zweiten Vatikanischen Konzil (1962-65) beibehalten wurde[4]. Eine Messerklärung wie diese kann also, obwohl sie aus dem Mittelalter stammt, dazu beitragen, auch jenen Römischen Ritus von 1962 besser zu verstehen, der im Jahr 2007 von Papst Benedikt XVI. mit dem Apostolischen Schreiben «Summorum Pontificum» zur außerordentlichen, zweiten Anwendungsform des einen Römischen Ritus erklärt wurde.[5] Wer mit jener Form der Eucharistiefeier aufgewachsen ist, die sich der Liturgiereform des Zweiten Vatikanums verdankt, wird durch die Lektüre einen leichteren Zugang finden zum lateinischsprachigen Ritus von 1962. Wem dieser noch vertraut ist, bzw. wer ihn schon öfter mitgefeiert hat, wird durch diese Messerklärung zu einem tieferen Verständnis des heiligen Geschehens geführt.

«*De mysterio missae*» bildet zusammen mit einem hier nur auszugsweise übersetzten Kommuniontraktat, der den Titel «*De corpore domini*» («Über den Leib des Herrn») bekommen hat[6], jenen «eucharistischen Doppeltraktat»,

---

[4] Es gibt Ausnahmen davon. Beispielsweise darf bis heute in Mailand der «Ambrosianische Ritus» verwendet werden, der auf den hl. Kirchenlehrer und Bischof Ambrosius zurückgeht.

[5] Vgl. Art. 1 des Apostolischen Schreibens (motu proprio) «Summorum Pontificum», vom 7. Juli 2007 (Verlautbarungen der deutschen Bischofskonferenz Nr. 178).

[6] Es sind rund zwanzig Versionen des Titels im Mittelalter bezeugt, vgl. W. FAUSER, 326f. Der hier angegebene Titel entspricht dem derzeitigen Gebrauch.

der seit seiner Entstehung (sicher vor 1279[7]) als Werk des hl. Albertus Magnus (um 1200-1280)[8] gelesen und überliefert worden ist. Mehr als siebzig erhaltene Handschriften, sowie drei Frühdruckausgaben, die erste aus den Jahren 1473/74, zeugen von der großen Wertschätzung, die man beiden Werken entgegenbrachte. Neben Teilabschriften[9] und je einer Kurzfassung[10], entstanden im 14. Jahrhundert sogar Übertragungen ins Hoch- und Niederdeutsche[11], sowie von *«De corpore domini»* eine Bearbeitung in Dialogform[12]. Diese Wertschätzung hielt auch nach der Reformation an. Der Doppeltraktat wurde 1651 in die erste Gesamtausgabe der Werke des Albertus Magnus aufgenommen, die Petrus Jammy 1648-51 in Lyon herausbrachte, und die, leicht verändert, 1890-99 durch die Brüder Auguste und Émile Borgnet in Paris nachgedruckt wurde.

---

[7] Auf dieses Jahr datiert eine der ältesten Abschriften von «De mysterio missae», vgl. W. FAUSER, 316, Nr. 11.

[8] Zu Leben und Werk Alberts des Großen vgl. z.B. H. MÖHLE, Albertus Magnus, Münster 2015 (Zugänge zum Denken des Mittelalters, Bd. 7) und den Sammelband: Albertus Magnus und sein System der Wissenschaften. Schlüsseltexte in Übersetzung, Lateinisch-Deutsch, eingeleitet, übersetzt und für den Druck vorbereitet von H. MÖHLE, H. ANZULEWICZ, M. BURGER, S. DONATI, R. MEYER. M. BREDENBECK und S. BULLIDO DEL BARRIO, hrsg. v. ALBERTUS-MAGNUS-INSTITUT, Münster 2011, 9-31.

[9] Vgl. W. FAUSER, 320-322, Nr. 62-72, bzw. 333, Nr. 60-66.

[10] Vgl. W. FAUSER, 322-324, Nr. 73-84, bzw. 333f., Nr. 78-79.

[11] Vgl. Untersuchung und Edition von K. ILLING, Alberts des Großen «Super Missam»-Traktat in mittelhochdeutschen Übertragungen. Untersuchungen und Texte, München 1975 (Münchener Texte und Untersuchungen zur deutschen Literatur des Mittelalters Bd. 53).

[12] Vgl. W. FAUSER, 344f., Nr. 80.

Eine moderne Edition des eucharistischen Doppeltraktats fehlt. Dies hat seinen Grund unter anderem darin, dass seit 1955 die Autorschaft Alberts immer wieder angezweifelt worden ist[13]. Es ist nicht möglich, hier näher auf die Forschungsdiskussion einzugehen oder einen weiteren Lösungsversuch zu unternehmen. Dies ist aber insofern auch gar nicht nötig, als sich Befürworter wie Gegner der Zuschreibung an Albertus Magnus in einem Punkt einig sind: Beide Werke sind von herausragender theologischer und spiritueller Qualität und wichtige Zeugnisse für eine entscheidende Phase der Entwicklung der eucharistischen Frömmigkeit. Denn seit der für alle Diözesen verbindlichen Einführung des Fronleichnamsfestes im August des Jahres 1264, wuchs der Bedarf an geeigneten geistlichen Texten, welche die allerorts aufblühende Verehrung des Allerheiligsten unterstützen und zu einer andachtsvollen Mitfeier der Hl. Messe verhelfen konnten. Hieraus erklärt sich dann auch der anhaltend große Erfolg des unter Alberts Namen verbreiteten Doppeltraktats.

Die Wertschätzung, die Messerklärung und Kommuniontraktat stets genossen und unbestritten verdienen, hat, so könnte man sagen, mit der Zuschreibung an Albertus einen mehr als angemessenen Ausdruck gefunden, ist

---

[13] Vgl. für «De corpore domini» J. VIJGEN, The Status of Eucharistic Accidents «sine subiecto». An Historical Survey up to Thomas Aquinas and Selected Reactions, Berlin 2013 (Quellen und Forschungen zur Geschichte des Dominikanerordens, Neue Folge Bd. 20), 108-151. Vijgens Argumentation gegen die Autorschaft Alberts des Großen hat der Albertus-Magnus-Experte Henryk Anzulewicz als Fehlschluss bezeichnet, vgl. Anzulewicz' Plädoyer für die Echtheit in seiner Rezension in der Theologischen Revue 2015, Nr. 2, 135.

EINLEITUNG 17

er doch einer der großen Denker des 13. Jahrhunderts, gleichermaßen bewandert in Theologie, Philosophie, Naturkunde und den freien Künsten, sowie von großer Gelehrsamkeit, was Albertus die ehrenvollen Beinamen «Magnus» («der Große») und «doctor universalis» («Universalgelehrter») und 1931 die Ernennung zum Kirchenlehrer einbrachte. Mehr als siebzig Werke können Albertus sicher zugeschrieben werden und zeigen ihn als einen vielseitig interessierten, scharfsinnigen und zugleich tiefgläubigen Mann. Als Professor für Theologie in Paris (1245-48), sowie als Gründer und Leiter des Generalstudiums der Dominikaner in Köln (1248-54 und 1257-1260) bildete der in Lauingen an der Donau um 1200 geborene Sohn eines staufischen Ministerialen herausragende Schüler wie den hl. Thomas von Aquin heran. Durch seine vielen Reisen innerhalb Deutschlands, nach Frankreich, Oberitalien und bis ins Baltikum, die Albertus als Lektor des Dominikanerordens (1233-1242, 1267-70), bzw. als Provinzial der Ordensprovinz Teutonia (1254-1257), als Kreuzzugsprediger (1263)[14] und 1260-62 als amtierender sowie danach als emeritierter Bischof von Regensburg stets zu Fuß unternahm[15], erlangte er nicht

---

[14] Bis auf die Ernennung durch Papst Urban IV. (1200-1264) und ein Urkundenformular zur Bestellung weiterer Kreuzzugsprediger, das jedoch nie ausgefüllt wurde, gibt es keine Zeugnisse, wie Albertus dieses im Gehorsam gegenüber dem Nachfolger Petri übernommene Amt ausübte.

[15] Zu reiten oder auf einem Wagen zu fahren, verstieß gegen die im 13. Jahrhundert gültigen Konstitutionen des Dominikanerordens. Albertus Magnus wurde im Regensburger Bistum humorvoll «Bundschuh» *(«ligatus calceus»)* genannt, weil er, obwohl Bischof und durch dieses Amt zugleich Reichsfürst, das Schuhwerk der einfachen Leute trug.

nur als Gelehrter überregionale Bekanntheit. Durch seine Integrität, Klugheit und seinen Gerechtigkeitssinn eroberte sich Albertus als Friedensstifter und Schiedsrichter vor allem in seiner Wahlheimat Köln, aber auch weit über Köln hinaus, einen besonderen Platz in den Herzen der Menschen. Seit er hochbetagt am 15. November 1280 im Kölner Dominikanerkloster starb, kommen Menschen zu seinem Grab, weil sie in dem 1931 Heiliggesprochenen einen bewährten Helfer in ihren Nöten sehen.

Auch wenn in der Albertforschung noch nicht das letzte Urteil über die Authentizitätsfrage gesprochen ist[16], so kann der Doppeltraktat in diesem Übersetzungsband guten Gewissens als Werk bezeichnet werden, das Albertus Magnus zugeschrieben wird. Wenn im Folgenden an dieser Zuschreibung festgehalten wird und Albertus wie ein Autor genannt wird, dann deshalb, weil sich bislang kein anderer Autor gefunden hat, dem beide Traktate zweifelsfrei zugesprochen werden können[17], und weil es beim gegenwärtigen Forschungsstand auch nicht richtig wäre,

---

[16] Für eine Zuschreibung der Messauslegung an Albertus Magnus sprechen m. E. die Ergebnisse der liturgiehistorisch orientierten Dissertation von J. A. SCHNEIDER, «Theology and Liturgy in De mysterio missae. A Thirteenth-Century Commentary on the Mass attributed to Albertus Magnus», University of Notre Dame, Indiana, April 2011 (Publikation in Vorbereitung). Ich danke der Autorin sehr herzlich für die Möglichkeit, die Dissertation vorab einzusehen.

[17] Die These, das Werk stamme von dem italienischen Dominikaner Ambrosius Sansedoni (vgl. A. FRIES, Einfluß des Thomas auf liturgisches und homiletisches Schrifttum des 13. Jahrhunderts, in: Thomas von Aquino. Interpretation und Rezeption, hrsg. v. W. P. ECKERT, Mainz 1974, 309-454), ist in der Forschung mehrfach zurückgewiesen worden.

von Pseudo-Albertus-Werken eines unbekannten Autors zu sprechen.

«DE MYSTERIO MISSAE» (= MM)

Der Albertus Magnus zugeschriebene Traktat *«De mysterio missae»* entstand, wie aus dem Prolog hervorgeht, auf Bitten vieler, und ist von einem genuin pastoralen Anliegen getragen, nämlich zu einer würdigen Mitfeier der Hl. Messe anzuleiten[18]. Wie Josef Andreas Jungmann es formulierte, wird die Messfeier im Mittelalter «als heiliges Schauspiel betrachtet, das sich vor den Augen der Teilnehmer abspielt»[19]. Entsprechend deuten Messerklärungen wie die von Amalar von Metz (um 755–841/850) oder Papst Innozenz III. (1160/61–1216) alles, was für diese Feier relevant ist – angefangen von den verwendeten Gegenständen und dem Ort des Geschehens, bis hin zu den Gewändern, Gesten und Körperhaltungen der an der Feier beteiligten Personen je nach ihrem kirchlichen Rang und ihrer spezifischen Aufgabe – als Erinnerung an das Leben Christi. Diese sogenannte rememorative Deutung des heiligen Geschehens liegt insofern nahe, als die Vergegenwärtigung von Tod und Auferstehung Jesu ja den Höhepunkt der ganzen Feier bildet. Die Albertus zugeschriebene Messerklärung folgt dieser Deutungspraxis jedoch nur dann, wenn diese mit dem Ritus begründet werden kann und nicht lächerlich *(«derisibilis»)* wirkt, sondern zu einer andachtsvollen Mitfeier verhilft[20].

[18] Vgl. MM, Prolog (Ed. Paris. Bd. 38, 5, hier in der Übersetzung 42).
[19] Vgl. A. JUNGMANN, Bd. 1, 141.
[20] Gelegentlich wird, ohne Verfasser oder Werk zu nennen, mit scharfen Worten eine unplausible allegorische Deutung kritisiert,

Der Traktat besteht aus einem Prolog und einer dreiteiligen Erklärung des Ablaufs der Messfeier gemäß dem Römischen Ritus[21]. Die darin festgelegte Abfolge von Gebeten, Gesängen und Tätigkeiten bildet den strukturellen Leitfaden für die Erklärung dessen, was geschieht. Damit die Messerklärung für möglichst viele Leserinnen und Leser nützlich ist, werden in ihr keine liturgischen Eigenheiten erklärt, wie sie in den einzelnen Orden oder an bestimmten Orten Brauch waren. Ferner sind keine liturgischen Neuerungen berücksichtigt, deren Praxis sich erst gegen Ende des 13. Jahrhunderts durchsetzen konnte, wie z.B. am Ende der Messe einen Schlusssegen zu geben, oder den Anfang des Johannesevangeliums vorzulesen, was im Mittelalter als besonders segensreich galt. Erläutert wird nur das allgemein Übliche, und zwar gelegentlich sogar unter Berücksichtigung der Unterschiede zwischen einem vom Bischof zelebrierten Hochamt und der Feier der Hl. Messe eines einfachen Klerikers[22]. Dies spricht für einen Autor, der, wie Albertus Magnus, sowohl als einfacher Dominikanerpater wie auch als Bischof mit dem Ritus der Messfeier vertraut war und der diesen nicht nur in ordenseigenen Konventen, sondern an vielen verschie-

---

vgl. z.B. MM tr. 1 c. 1 n. 2 (16a-b), hier 51-52, über die Neunzahl der Kyrie-Rufe als Symbol für die neun Chöre der Engel. Einige Beispiele, die in «*De mysterio missae*» genannt werden, stammen aus der Messerklärung von Papst Innozenz III., vgl. A. JUNGMANN. Bd. 1, 150, Anm. 60.

[21] Zur Rolle der Liturgie im Traktat vgl. J. A. SCHNEIDER, The role of the Liturgy in *De mysterio missae*, in: Via Alberti. Texte – Quellen – Interpretationen, hrsg. v. L. HONNEFELDER, H. MÖHLE, S. BULLIDO DEL BARRIO, Münster 2009 (Subsidia Albertina Bd. 2), 429-453, sowie ihre in Anm. 16 genannte Dissertation.

[22] Vgl. z.B. MM tr. 2 c. 1 n. 2 (38b-39a), hier 69.

denen Orten und zu verschiedenen Gelegenheiten praktiziert hat[23].

Charakteristisch für «*De mysterio missae*» ist eine straff gegliederte, nüchterne und sachliche Darstellungsweise, was den heutigen Leserinnen und Lesern den Zugang zu dem in der Messerklärung Gebotenen erleichtern dürfte. Bevorzugt wird in der Regel eine rational begründete Erklärung des Ritus, und zwar entweder von dessen geschichtlicher Entwicklung her, oder durch in der theologischen Tradition verankerte Worterklärungen und Vernunftargumente. Nicht nur lateinische und griechische Kirchenväter kommen dabei zu Wort, sondern auch frühscholastische Autoren wie Hugo von St. Viktor (1097–1171) oder Beinahe-Zeitgenossen wie Stephan Langton († 1228) oder Wilhelm von Auxerre († um 1231).

Stellt man die Zuschreibung an Albertus Magnus in Rechnung, mag es verwundern, dass in «*De mysterio missae*» die von Albert mit Akribie und Leidenschaft betriebene Naturkunde nahezu unberücksichtigt bleibt[24] und sich kaum explizite Erwähnungen der von Albertus ausführlich kommentierten Werke des griechischen Philosophen Aristoteles finden[25]. Diese scheinbare Diskrepanz zu seinen Werken wird gegenstandslos, sobald man

---

[23] Vgl. das Ergebnis der Analyse der Liturgie in der Dissertation von J. SCHNEIDER, 185 (Manuskript von 2011).
[24] Vgl. MM tr. 3 c. 6 n. 2 (97a), hier 129, über die Glieder des Körpers.
[25] Vgl. die Erwähnung der «Nikomachischen Ethik» in MM tr. 1 c. 3 n. 7 (26a), sowie zweimal der «Topik», vgl. MM tr. 1 c. 3 n. 11 (28a) und tr. 2 c. 7 n. 5 (54b).

berücksichtigt, dass in der Messerklärung mit Absicht auf die Darlegung schwieriger Themen verzichtet wird, die nur unter Berücksichtigung zahlreicher theologischer und philosophischer Autoritäten möglich wäre[26]. Es entspricht dem pastoralen Zweck des Textes mehr, wenn stattdessen die liturgischen Gebräuche anhand der ihnen innewohnenden Symbolkraft erklärt werden. So kommt beispielsweise in der feierlichen Prozession mit dem Evangeliar die Vorzüglichkeit und Vollkommenheit der in den Evangelien enthaltenen Lehre zum Ausdruck. Die allegorisch-mystische Deutung des Prozessionsgeschehens, die «*De mysterio missae*» bietet[27], mag uns heute befremden. Lässt man sich aber auf das Gesagte ein, kann man sich kaum der Schönheit solcher Passagen entziehen. Und vielleicht wird das eine oder andere davon bei der nächsten Eucharistiefeier in Erinnerung kommen und auf diese Weise die eigene Mitfeier bereichern.

Bei aller Vernünftigkeit der Darstellungsweise, ist «*De mysterio missae*» also kein dröger und rational-kühler Text. Auf die Frage nach dem «Warum so?» des als geheimnisvoll empfundenen Geschehens erhalten die Leserinnen und Leser eine Verstand und Herz ansprechende Antwort, die erkennen lässt, dass der Autor die dem Geheimnis der Eucharistie dienende Liturgie viele Male praktiziert, betend meditiert und rational durchdacht hat[28]. Zugleich zeigt er sich als erfahrener Seelsorger, der um die

---

[26] Vgl. z.B. MM tr. 3 c. 23 n. 3 (165b), hier 186.
[27] Vgl. MM tr. 2 c. 7 n. 3ff. (53a-54b), hier 79-85.
[28] Vgl. A. LANG, Zur Eucharistielehre des hl. Albertus Magnus. Das Corpus Christi verum im Dienste des Corpus Christi mysticum. In: Divus Thomas (Freiburg) 10 (1932), 126.

heilsame Wirkung der Teilnahme am Gottesdienst weiß, wenn er z.B. erklärt, warum die Hl. Messe mit einem flehenden Gesang («Introitus») beginnt. Dort heißt es: «Es geschieht oft, dass jemand zum Gotteslob bedrückten Herzens hinzutritt, wegen seiner Sünden, aber während des Lobpreises in ihm Freude aufkommt und zuversichtliche Hoffnung auf Vergebung; so löst sich die Bedrängnis, die zum inständigen Rufen antreibt, gerade indem mit ganzer Hingabe zu Gott gerufen wird»[29].

Getragen von tiefer eucharistischer Frömmigkeit und um diese bei anderen zu wecken und zu fördern, ist der Albertus Magnus zugeschriebene Traktat bei aller Gelehrsamkeit nicht belehrend. Leserinnen und Leser werden vielmehr dazu ermutigt, sich durch eine möglichst innige Mitfeier hineinnehmen zu lassen in das für die menschliche Vernunft ohnehin nicht fassbare Gnadengeschehen. Schließlich ist die Eucharistie ja ein Gnaden vermittelndes Sakrament, das die Gläubigen auf ihrem persönlichen Glaubensweg stärkt und Gemeinschaft *(«communio»)* mit Gott und untereinander bewirkt. «Vollender der Heiligung» *(«perfector sanctitatis»)* wird im Messtraktat Christus als Mittler all dieser Gnaden genannt, aber auch der Zelebrant, weil dieser «in persona Christi» handelt. Doch die Hl. Messe wird nicht nur zur persönlichen Heiligung gefeiert. Sie ist immer ein Tun der ganzen Kirche, durch welches die Erlösungstat Christi vergegenwärtigt wird, damit die aus dem Kreuzesopfer hervorströmende Gnade Lebenden wie Verstorbenen zugewendet werden kann, sofern sich diese nicht im Zustand der Todsünde befinden.

[29] Vgl. MM tr. 1 c. 1 n. 10 (13a), hier 49f.

In jeder Hl. Messe wird, wie es im Text heißt, «die Ankunft Christi im Sakrament gefeiert»[30], was in dem Albert zugeschriebenen Traktat aus einer gnadentheologischen Perspektive heraus dargelegt wird. Programmatisch deutet der Prolog das an den Anfang gestellte Prophetenzitat (Jes 66,12) als eine doppelte Verheißung, nämlich des «Empfangs der Güte» des Herrn, «wie es der Vollkommenheit der Gnade entspricht», und des «Verkostens seiner Süße, wie es dem Vorgeschmack der Glorie entspricht». Dem gemäß wird in der Eröffnung der Messfeier *(«introitus»)* «mit kraftvollen Worten jenes Gut [d.i. Christus] erfleht und erbetet». Im Wortgottesdienst *(«instructio»)* werden die Gläubigen, wie es weiter heißt, «über dieses Gut in vollkommener Weise erleuchtet», und im Darbringungsteil *(«oblatio»),* wird «jenes Gut zubereitet, ausgeteilt und mitgeteilt»[31].

Der erste Traktat von *«De mysterio missae»* umfasst drei Kapitel. Er ist, wie schon erwähnt, der Eröffnung der Hl. Messe *(«introitus»)* gewidmet und befasst sich im ersten Kapitel mit dem Eröffnungsvers, der im eigentlichen Sinne «Introitus» genannt wird[32]. Die diesem vorausgehenden Vorbereitungen, angefangen mit dem Anlegen der liturgischen Gewänder und der Händewaschung des Priesters, über das sog. «Stufengebet» mit der Rezitation von Ps 42

---

[30] Vgl. MM tr. 1 c. 1 n. 2 (8a), hier 44.
[31] Vgl. MM Prolog n. 8 (5), hier 42.
[32] Von diesem «Introitus» i. e. S. haben in der katholischen Kirche die «Rorate»-Messen im Advent und das «Requiem» ihre Namen. Bis heute werden in der evangelisch-lutherischen Kirche die Sonntage der Fasten- und Osterzeit ebenfalls nach diesem Introitus benannt, z.B. «Lätare» (4. Fastensonntag), oder «Kantate» (4. Sonntag nach Ostern).

EINLEITUNG 25

und dem Bußakt *(«Confiteor»)*, bis hin zur Begrüßung des Altars durch einen Kuss, werden in *«De mysterio missae»* nicht behandelt. Auf den «Introitus» folgt im Römischen Ritus das «Kyrie» (Kapitel 2) und, bei festlichen Anlässen, das «Gloria» (Kapitel 3). In den Erläuterungen zum «Kyrie» werden damals übliche Fragen beantwortet, so z.B. zur Neunzahl der Kyrie-Rufe, oder zur Verwendung der griechischen Sprache[33]. Das «Gloria» wird als trostvoller «Gesang der Engel» gedeutet, mit dem der Zelebrant, der es anstimmt, die flehenden Kyrie-Rufe des Gottesvolkes beantwortet.

Der zweite Traktat hat insgesamt zehn Kapitel und ist zweigeteilt. Im ersten Teil, der die Kapitel 1-3 umfasst, wird zunächst die Begrüßungsformel *«Dominus vobiscum»* («Der Herr sei mit euch») behandelt, mit welcher der Priester sich an die Gläubigen wendet, bevor er die *«Collecta»* (heute das «Tagesgebet») spricht. Die lateinische Benennung dieses ersten Gebets der Hl. Messe drückt, so die Erklärung, zugleich seine Funktion aus, nämlich das bereits vorausgegangene Bitten des Volkes zusammenzufassen[34]. Nach der *«Collecta»* trägt ein Kleriker oder der Zelebrant selbst die «Epistel» vor, die, auch wenn der Name dies vermuten lässt, keineswegs nur aus den neutestamentlichen Briefen *(«epistulae»)* stammt, sondern (mit Ausnahme der Psalmen) auch dem Alten Testament bzw. der Apostelgeschichte und der Apokalypse entnommen sein kann. Diese Lesung leistet, so erfahren wir, die für diesen ersten Teil des Wortgottesdienstes charakteristische Unterweisung der Unvollkommenen *(«imperfecti»)*.

[33] Vgl. MM tr. 1 c. 1 n. 3 (16b), unten 52, 55f.
[34] Vgl. MM tr. 2 c. 2 n. 1 (41a), unten 71.

Der zweite Teil des Traktats (Kapitel 4-10) widmet sich den Gesängen, nämlich «Graduale», «Alleluja» und «Sequenz», sowie dem Bußzeiten und Totenmessen vorbehaltenen «Tractus». Dem heutigen «Zwischengesang» in Form und Funktion vergleichbar – sofern dieser aus den Psalmen genommen wird – ist der mehrstimmige Wechselgesang des «Graduale». Dieses hat seinen Namen vom ursprünglichen Ort seines Vortrags, nämlich den Altarstufen *(«gradus»)*[35]. Auf das auch uns heute vertraute «Alleluja» folgt mit der «Sequenz» ein weiterer Jubelgesang, der sich auf das jeweilige Festgeheimnis bzw. den Tagesheiligen bezieht. Die «Sequenz» hatte sich im 10. Jahrhundert in der Normandie aus der Melodie entwickelt, auf die das langgezogene Schluss-«a» des «Alleluja» gesungen wurde. In *«De mysterio missae»* wird deren Entstehung jedoch dem Benediktinerabt Notker Balbulus von St. Gallen (um 840–912) zugeschrieben, von dem uns fast fünfzig Sequenzdichtungen erhalten sind[36]. In der Fastenzeit oder bei einem «Requiem» erklingt statt des «Alleluja» und der «Sequenz» der sog. «Tractus». Darunter versteht man den Vortrag eines Psalms durch nur einen Sänger ohne Unterbrechung durch eine Antiphon, was im Mittelalter

---

[35] Vgl. MM tr. 2 c. 4 n. 3 (46b), unten 76. Das für das Kirchweihfest bestimmte Werk «Locus iste» Anton Bruckners geht auf solch ein Graduale zurück.

[36] Vgl. MM tr. 2 c. 6 n. 3 (51b), unten 79. Siehe auch A. JUNGMANN, Bd. 1, 557f. Berühmte Sequenzen sind das heute noch als Pfingsthymnus gebräuchliche «Veni sancte spiritus» von Stephan Langton († 1228), das um 1263 für das neue Fronleichnamsfest vom hl. Thomas von Aquin gedichtete «Lauda Sion», oder das seit dem 12. Jahrhundert bekannte, in Totenmessen verwendete «Dies irae». Auf Sequenzen gehen die ältesten deutschen Kirchenlieder zurück, wie z.B. das Osterlied «Christ ist erstanden».

als gezogen *(«tractim»)* und von klagendem Charakter empfunden wurde[37]. Höhepunkt des Wortgottesdienstes ist die Verkündigung des Evangeliums. Ihm gebühren Zeichen besonderer Verehrung, so z.B. die Prozession mit Leuchtern und Weihrauch, aber auch das von den Gläubigen praktizierte Entblößen des Hauptes oder das nur in *«De mysterio missae»* bezeugte Ablegen der Handschuhe[38]. Im Anschluss an das Tagesevangelium erwähnt der Traktat keine Predigt[39]. Nach Meinung des Verfassers dient der Vortrag selbst der Belehrung, und zwar nun der Vollkommenen *(«perfecti»)*. Das vom Zelebranten danach angestimmte und vom Chor bzw. vom Volk fortgeführte Glaubensbekenntnis *(«Credo»)* wird folgerichtig als Ausdruck der Zustimmung *(«acclamatio»)* zu dieser Belehrung verstanden. Die Kapitel 8-10 des zweiten Traktats bieten eine Erklärung des «Credo» in den beiden Ausformungen des Apostolischen Glaubensbekenntnisses und des Nizänischen, wobei, einer frommen Legende gemäß, jeder Glaubensartikel des Apostolicum einem der zwölf Apostel zugeschrieben wird. Die Darlegung des theologischen Gehalts orientiert sich, historisch korrekt, an der Widerlegung vor allem frühchristlicher Irrlehren.

[37] Vgl. MM tr. 2 c. 5 n. 1 (49a), unten 76f.
[38] Vgl. MM tr. 2 c. 7 n. 7 (56a), unten 85, und A. JUNGMANN, Bd. 1, 574.
[39] Die Predigt fand im Hochmittelalter zunehmend losgelöst von der Hl. Messe und auch nicht mehr am Altar, sondern auf einer eigens zu diesem Zweck gebauten Kanzel im Kirchenschiff statt, vgl. dazu A. JUNGMANN, Bd. 1, 588f. Franziskaner und Dominikaner trugen insofern zu dieser Entwicklung bei, als sie die Predigt als eigenständiges Mittel der Glaubensvermittlung praktizierten. Die Dominikaner werden dem entsprechend auch «Predigerbrüder» genannt.

Der dritte und mit 23 Kapiteln längste Traktat von «*De mysterio missae*» ist dem sakramentalen Teil der Hl. Messe gewidmet, mit dem, wie es im Text heißt, «die Vollendung des gesamten Lebens ins Werk gesetzt wird, denn die Vollendung aller Heiligung besteht in unserer Eingliederung in Christus»[40]. Dieser sakramentale Teil wird in vier Teile unterteilt. Der erste (Kapitel 1-5) dient der äußeren Vorbereitung (*«praeparatio»*) des Altars und der Gaben von Brot und Wein, der inneren Vorbereitung von Priester und Volk, sowie der eigentlichen Darbringung (*«oblatio»*) der eucharistischen Gaben. Entsprechend endet dieser erste Teil des dritten Traktats mit der Erklärung der Präfation. Der zweite Teil (Kapitel 6-20) behandelt die Heiligung der Gaben (*«sanctificatio»*). Diese beginnt mit dem vom Chor vorgetragenen «Sanctus» und endet mit dem «Vaterunser». Kapitel 19-20 bietet eine ausführliche «Vaterunser»-Erklärung. Der dritte Teil (Kapitel 21) erklärt Brotbrechung, Friedensgruß[41] und die Austeilung der geheiligten Gabe (*«sanctificati distributio»*). Er endet mit der Erklärung des «Agnus Dei». Der vierte Teil (Kapitel 22-23) thematisiert die Gemeinschaft in der ausgeteilten Gabe (*«distributi communio»*). Das 23. und letzte Kapitel des dritten Traktats behandelt nicht nur die «Postcommunio», sondern auch die abschließenden Riten der Hl. Messe, z.B. den Entlassungsruf «Ite missa est» und dessen spezifische Ergänzungen bei verschiedenen Anlässen durch weitere Elemente. Der sakramentale Teil der Hl. Messe bewirkt, «dass das darbringende Volk, in seinen Gaben und zusammen mit seinen Gaben, in der Einheit

---

[40] Vgl. MM tr. 3 c. 1 n. 1 (75a), hier 114.
[41] Der Friedenskuss gilt dabei nur der Hostie, vgl. MM tr. 3 c. 21 n. 5 (156f.), hier 176.

des Leibes Christi und diesem immer tiefer eingegliedert, eine Opfergabe für Gott werde»[42]. Derartige Aussagen bringen eindrucksvoll ins Wort, was sich bis heute in jeder Messfeier auf geistliche Weise vollzieht.

«DE CORPORE DOMINI» (= CD)

Mehrmals wird in *«De mysterio missae»* angekündigt, es werde ein weiteres Werk geben, das jene Fragen bezüglich des Altarsakraments behandelt, die in der Messerklärung ausgeklammert bleiben müssen, weil ihre Beantwortung eine Gründlichkeit (*«subtilitas»*) verlangt, welche sich nicht mit der in der Messerklärung angestrebten Kürze verträgt[43]. Entsprechend wird *«De corpore domini»* gleich zu Beginn als jenes ergänzende, von Frömmigkeit und Scharfsinn gleichermaßen geprägte Werk charakterisiert, mit dem diese Ankündigung eingelöst wird[44].

Der Albertus Magnus zugeschriebene, sehr umfangreiche Kommuniontraktat besteht aus sechs «Distinktionen», welche nochmals in Traktate und Kapitel unterteilt sein können. Jede Distinktion behandelt auf akademischem Niveau eine Frage aus der Eucharistielehre, nämlich, inwiefern das Altarsakrament eine Gnade (1. Distinktion), eine Gabe (2. Distinktion) bzw. eine Speise ist (3. Distinktion), ferner, auf welche Weise es Gemeinschaft ist (4. Distinktion), sowie Opfer (5. Distinktion) und Sakrament (6. Distinktion). Dies entspricht genau

---

[42] Vgl. MM tr. 3 c. 2 n. 5 (79b-80a), hier 119.
[43] Vgl. MM tr. 3 c. 12 n. 2 (122b-123b), hier 147, aber auch tr. 3 c. 20 n. 7 (152b), hier 169, und c. 21 n. 1 (157a), hier 174, sowie in CD, Prolog (191).
[44] Vgl. auch CD Prolog (192), hier 189.

den Themen, die in «*De mysterio missae*» als andernorts zu behandeln angekündigt werden[45]. Ihre Behandlung dient in «*De corpore domini*» dem Nachweis, wie notwendig der Empfang der Eucharistie ist. Denn, so lässt uns der Autor wissen, durch die Kommunion erlangt der Gläubige die Gabe jener Speise, die als Sakrament Gnade ist und vermittelt, und die das kostbare Gut der Gemeinschaft *(«communio»)* mit Gott und untereinander bewirkt.

Der Nachweis der Notwendigkeit des Kommunionempfangs steht in einem gewissen Spannungsverhältnis zur tatsächlichen Praxis im Hochmittelalter[46]. Diese war nämlich von Zurückhaltung gekennzeichnet, je mehr man die Erhabenheit des Sakramentes einerseits und die Unwürdigkeit des Menschen andererseits erfasste. An die Stelle des Eucharistieempfangs trat zunehmend die in jeder Messe mögliche geistliche Kommunion. Als geeignetster Zeitpunkt für diese geistliche Kommunion wurde die im 13. Jahrhundert eingeführte Erhebung *(«elevatio»)* der eucharistischen Gestalten über Kopfhöhe des Zelebranten nach der Wandlung angesehen (sog. «Augenkommunion»).

Was die damals vieldiskutierte Frage nach der Kommunionhäufigkeit angeht, wird in «*De corpore domini*» eine

---

[45] Vgl. MM tr. 3 c. 12 n. 2 (122b-123a), hier 147.
[46] Zur damaligen Kommunionpraxis vgl. A. KOLPING, Eucharistia als Bona Gratia. In: H. Ostlender (Hg.): Studia Albertina. Festschrift für Bernhard Geyer zum 70. Geburtstage, Münster 1952, 249-278, bes. 253, Anm. 27 und 260 (Beiträge zur Geschichte der Philosophie und Theologie des Mittelalters, Supplementband IV).

differenzierte Antwort gegeben. Mit Gregor dem Großen werden jene Priester gelobt, die aus Andacht täglich zelebrieren, was die Kommunion einschließt. Sofern ein Priester aber nicht gehalten ist, täglich die Hl. Messe zu feiern, soll er gelegentlich zelebrieren und gelegentlich aussetzen[47]. Den Gläubigen wird empfohlen, drei Mal im Jahr zu kommunizieren, nämlich an Weihnachten, Ostern und Pfingsten[48]. Wie wichtig dem Autor eine angemessene innere Haltung beim Kommunionempfang ist, zeigt sich daran, dass er bei Frauen von der täglichen Kommunion abrät, damit diese nicht leichtfertig geschieht[49]. Dies ist keineswegs frauenfeindlich gemeint, sondern erklärt sich aus der hohen Meinung, die der Autor von der Kommunion hat. Der von Isidor von Sevilla (um 560–636) überlieferten, damals gängigen Herleitung des Wortes «*eucharistia*» gemäß, wird in «*De corpore domini*» nämlich die Eucharistie als «gute Gnade» («*bona gratia*») verstanden, die der Kirche von Gott geschenkt wird[50]. Ihr Mittler ist Christus, der in den eucharistischen Gestalten sichtbar gegenwärtig wird. Beim Kommunionempfang werden dann die Gläubigen «in Christus inkorporiert», wie es im Text heißt[51]. Durch diese Inkorporation nehmen die in Liebe und Glauben Verbundenen teil an Christi Geist, Leben, Gnade und Seligkeit, und steigen so auf zu Gott[52]. Zu solchem Aufstieg muss der Mensch innerlich bereitet sein,

---

[47] Vgl. CD d. 6 tr. 4 c. 3 n. 3 (432a), hier 298.
[48] Ebd., hier 297.
[49] Ebd. (432a-b), hier 298.
[50] Vgl. CD Prolog (191), hier 190, und CD d. 1 c. 1 n. 1 (192a), hier 194.
[51] Vgl. CD d. 3 tr. 2 c. 5 n. 5 (301a), hier 266.
[52] Vgl. CD d. 3 tr. 4 c. 3 (325a), hier 245f.

was eine leichtfertige Kommunion ausschließt. Es ist also zu vermuten, dass diese Bemerkung auf einen Missstand in der damaligen Sakramentenpastoral hinweist. Getadelt werden vom Autor nämlich Kleriker, die ihrer Verantwortung als Seelsorger und Kommunionspender nicht gerecht wurden, sondern Frauen, die damals offenkundig mehr als die Männer ein Interesse an einem intensiveren sakramentalen Leben hatten, die Erlaubnis zur täglichen Kommunion gaben, ohne vorher deren Beweggründe und die Voraussetzungen für einen andächtigen Empfang des Sakramentes hinreichend geprüft zu haben.

Im Unterschied zu «*De mysterio missae*» sind im Kommuniontraktat weniger praktische, als vielmehr theoretische, näherhin physiologische, medizinische und philosophische Aspekte der Eucharistielehre berücksichtigt. Die Argumente entstammen den Werken von Aristoteles, Galen und Serapion, sowie arabischer Autoren, wie Avicenna und Almansor, sämtlich Autoren, deren Verwendung im theologischen Kontext im 13. Jahrhundert nicht unumstritten war[53]. Warum aber sind gerade diese umstrittenen Werke für die Darlegung hier unumgänglich? Weil es im Kommuniontraktat um sehr subtile Fragestellungen geht, die, methodisch gesehen, vom Verfasser nur unter Einbeziehung aller damaligen Wissenschaften, eben auch Philosophie, Medizin und Naturkunde, beantwortet werden konnten. Dazu zählt beispielsweise die äußerst deli-

---

[53] Die Akribie, mit der in «*De corpore domini*» beispielsweise untersucht wird, inwiefern Brot als Materie der Eucharistie eine für den Menschen besonders geeignete Speise darstellt, welche natürlich durch die Konsekration in ihrem Wert noch bedeutend erhöht wird, spricht für einen Verfasser wie Albertus Magnus.

kate Frage, wie es denn möglich ist, dass die sichtbaren, berührbaren und verkostbaren Eigenschaften des Brotes, in der Scholastik «Akzidentien» genannt, nach der Wandlung in den Leib Christi bestehen bleiben können, obwohl die Hostie, substanziell gesehen, dann gar kein Brot mehr ist. Eine solches Weiterbestehen der Akzidentien ohne die zugrundeliegende Substanz schien in der Frühscholastik undenkbar, bis – dank der Wiederentdeckung der aristotelischen Philosophie – eine Lösung für dieses Problem gefunden werden konnte. Und eben diese Lösung findet sich sehr feinsinnig in *«De corpore domini»* dargelegt, was darauf schließen lässt, dass nur ein ausgewiesener Experte für Theologie und aristotelische Philosophie und Naturkunde wie Albertus Magnus diesen Traktat geschrieben haben kann.

Die für die Übersetzung ausgewählten Passagen zeugen eindrucksvoll von dem steten Bemühen des Autors, sehr schwierige Fragen so gut und verständlich wie möglich zu beantworten, obwohl er um die Unzulänglichkeit menschlichen Verstehens bei den zu behandelnden Themen weiß. Letztlich bleiben dem Menschen nämlich angesichts des Geheimnisses der Eucharistie nur ehrfürchtiges Staunen, Andacht und Verehrung. Dazu will *«De corpore domini»* seine Leserinnen und Leser hinführen, nicht nur damals, als die eucharistische Frömmigkeit in allen Diözesen der römischen Kirche gerade erblühte, sondern auch heutzutage.

Bonn, 15. November 2016

Ruth Meyer

HINWEISE ZUR ÜBERSETZUNG

Die Übersetzung beruht auf dem lateinischen Text des eucharistischen Doppeltraktats im 38. Band der Opera Omnia Alberts des Großen (Paris 1899, 1-165 bzw. 191-434)[1]. Die in dieser Edition gebotene Gliederung von «*De mysterio missae*» in Traktate und Kapitel, bzw. von «*De corpore domini*» in Distinktionen, Traktate und Kapitel wurde übernommen, nicht jedoch die Untergliederung in Nummern. Kursiv gesetzte Zwischenüberschriften in den einzelnen Kapiteln stammen von der Übersetzerin und dienen der leichteren Orientierung über das Thema des Dargebotenen.

Wie eingangs schon erwähnt, wurde der sehr umfangreiche Kommuniontraktat «*De corpore domini*» nur in Auszügen übersetzt. Ausgewählt wurden Stellen, die dem Verständnis der Messerklärung dienen oder diese inhaltlich ergänzen. Aber auch die Messerklärung «*De mysterio missae*» wird nicht vollständig in Übersetzung geboten. Es wurden jene Passagen weggelassen, die lediglich inhaltliche Wiederholungen darstellen, oder die für den Trak-

---

[1] Der Text der Opera Omnia ist nicht fehlerfrei. Zweifelhafte, oder von Borgnet eigenmächtig gemäß der Tridentinischen Messe veränderte Stellen wurden an ausgewählten Handschriften überprüft und stillschweigend verbessert.

HINWEISE ZUR ÜBERSETZUNG

tat zwar typische, aber heutige Leserinnen und Leser vielleicht ermüdende Exkurse bzw. Häufungen an Belegen aus der hl. Schrift bieten. Da diese Übersetzung primär der geistlichen Lesung dienen soll, wurde darauf verzichtet, jede einzelne Kürzung zu kennzeichnen. Damit trotz der Auslassungen der Sinnzusammenhang gewahrt bleibt, gibt es, wo nötig, von der Übersetzerin verfasste Zusammenfassungen bzw. Überleitungen. Sie sind am Kursivdruck leicht erkennbar.

Für beide Albertus Magnus zugeschriebene Traktate wurde eine möglichst treue und zugleich lesbare Übertragung angestrebt. Die Zitate aus der Heiligen Schrift werden in der Regel nach dem Vulgata-Text übersetzt; die Psalmenzählung folgt ebenfalls der Vulgata. Da es nicht möglich ist, einen lateinischen Begriff immer mit demselben deutschen Wort wiederzugeben, und weil in beiden Traktaten zahlreiche Fachbegriffe aus Liturgik und Theologie verwendet werden, wird ggf. in Klammern auf den jeweiligen lateinischen Terminus verwiesen, um einen Rückschluss auf den originalen Wortlaut zu ermöglichen.

ÜBER DIE HEILIGE MESSE
(DE MYSTERIO MISSAE)

PROLOG

Im Prolog legt Albert die prophetische Ankündigung Jes 66,12 (Dicit dominus: Ecce ego declinabo super eam quasi fluvium pacis et quasi torrentem inundantem gloriam gentium, quam sugetis) als Verheißung der Eucharistie aus. In ihr werde alles Gute, Gott selbst, dem Menschen zur Seligkeit gegeben, und zwar auf eine dem Menschen fassbare Weise. Dieses Sakrament enthält alle Gnade und ist Vorgeschmack der Glorie. Die Messfeier selbst gliedert Albert in drei große Teile: Der Eröffnungsteil entspricht der Sehnsucht, mit der der Mensch «in via» das Kommen des göttlichen Heiles erwartet. Albert setzt die Erste Ankunft Christi parallel mit seinem Kommen im Sakrament: Jedes Kommen bringt «Wahrheit und Gnade», Erkenntnis und Anteilhabe bzw. Vereinigung; dem entsprechen in der Messfeier der Wortgottesdienst und die eucharistische Feier.

«So spricht der Herr: Siehe, ich will gleichsam einen Strom des Friedens auf sie herniedersenden, gleich einem Sturzbach die Herrlichkeit der Völker, an der ihr euch satt trinken werdet» (Jes 66,12).

Mit diesen Worten verheißt der Herr zweierlei und zeigt damit seine überströmende Güte: zum einen den

Empfang[1] seiner Güte *(perceptio bonitatis)* in einem Maß, das der Vollkommenheit der Gnade entspricht, und zum zweiten das Verkosten seiner Süße *(gustus dulcedinis)*, als einen Vorgeschmack der ewigen Herrlichkeit.

Was das erste betrifft, so sind fünf Aspekte zu betrachten: Erstens die unumstößliche Sicherheit, dieses Gut zu empfangen, zweitens die unausschöpfbare Vollkommenheit des Empfangenen, dem nichts mehr hinzugefügt werden kann, drittens die Anpassung dieser unermesslichen Vollkommenheit an unsere Fassenskraft, viertens das über alle Maßen reiche Einströmen seiner Güte in uns, fünftens die Stillung all unseres Verlangens dadurch.

Den ersten Aspekt erkennt man in dem Wort: «Siehe». Er will gewissermaßen sagen: Es ist offenkundig, und gewisser als alles Gewisse liegt es vor Augen. [...] Mit dem Wort: «Ich» – ein Wort der Bezeichnung und der Unterscheidung – wird der zweite Aspekt ausgedrückt, die unermessliche Vollkommenheit jener Teilhabe; es ist, als wollte er sagen: In Zukunft werde ich nichts Geringeres als das Gut, das ICH selbst bin, euch eingießen; und dies ist alles Gute *(omne bonum)*, das Gut aller guten Dinge. [...] Mit dem Wort: «ich werde auf euch herniedersenden» *(declinabo in vos)*, will er – drittens – sagen: Die Erhabenheit meines göttlichen Wesens, das die Himmel der Himmel nicht fassen können, lege ich keineswegs ab, doch ich nehme die niedrigere Natur an, in der ich mich zu euch herabneige, damit ihr an mir Teil haben könnt – wie der Psalmist es erbittet: «Herr, neig deinen Himmel

---

[1] Lat. *perceptio*. Später wird in gleichem Zusammenhang auch *participatio* gesetzt. Möglicherweise handelt es sich bei *perceptio* um einen Transkriptionsfehler.

und steig herab» (Ps 143,5). [...] So hat sich der Herr erbarmungsvoll und voll Mitleid zu uns herabgeneigt und erfüllt, was im Römerbrief (9,28) gesagt ist: «Ein kurzes Wort wird der Herr über die Erde hin ergehen lassen» (vgl. Jes 10,22f.). Vollendet und ganz kurz, so hat unser Gott Jesus Christus uns Gnade und Gerechtigkeit eingegossen; und noch kürzer als kurz ist er geworden im Sakrament, wo er in solch kleiner Gestalt ganz empfangen wird, zur Vollendung von Gerechtigkeit und Gnade.

Überfließend reich ist sein Einströmen, was ausgedrückt wird mit den Worten: «wie einen Strom»; denn Strom kommt von strömen. Das ist der vierte Aspekt. So steht im Psalm zu lesen: «Der Strom Gottes ist reichlich mit Wasser gefüllt» (Ps 64,10), das heißt: mit Gnaden. Er ist nicht eine ausgetrocknete Quelle ohne Wasser, wie es die Fluten der Geschöpfe sind. Er versiegt nicht, sondern wird noch stärker; er fließt selbst, wie Chrysostomus sagt, mit dem Strom seiner Gnaden unaufhörlich in uns und fließt zurück zur Fülle des Vaters. Das ist der Strom, von dem es heißt: «Die Wasser eines Stromes erquicken die Gottesstadt» (Ps 45,5), das heißt: die heilige katholische Kirche. [...] Dass all unsere Sehnsucht durch diesen Strom gestillt wird, drückt schließlich das Wort «Frieden» aus. Im Frieden werden wir sein, wenn wir dieses vollkommene Gut empfangen haben, und wir werden nichts weiter verlangen. [...] Das ist der Friede, von dem der Philipperbrief spricht (4,7): «der Friede Gottes, der alles Empfinden übersteigt»; und im 1. Korintherbrief (2,9) schreibt der Apostel darüber: «Kein Auge hat geschaut, kein Ohr gehört, in keines Menschen Herz ist eine Vorstellung aufgestiegen von dem, was Gott denen bereitet hat, die ihn lieben». [...]

Das erste dieser Worte weckt den Glauben, denn dieser ist ja, nach Augustinus, Gewissheit über das Unsichtbare. Das zweite entzündet die Sehnsucht, denn stets wird das ersehnt, was vollkommen gut ist. Das dritte erhebt zur Hoffnung, denn erhofft wird das, was zu uns eine Entsprechung hat. So sagt Augustinus, dass Hoffnung die sichere Erwartung des Guten sei, die aus den Verdiensten und der Gnade erwächst. Das vierte bewirkt, dass der Geist des Menschen und all seine Zielsetzungen weit werden. Das fünfte treibt zum Rufen und Schreien im Gebet.

Mit dem zweiten Teil des Schrift-Zitates werden drei Aspekte angesprochen: das Gut, das Gott gibt, ist stark *(firmum)*, es ist wundersam *(admirabile)*, und es ist rein *(purum)*. Stark, weil es unser Empfinden *(affectus)* durchdringt und erobert; wundersam, weil es tiefe Einsichten birgt; rein, weil seine Wonne den Menschen ganz durchströmt. [...]

Auf Bitten vieler Leute hin habe ich es unternommen, die Mysterien der Messfeier darzulegen. Ich habe die Darlegung in drei Teile gegliedert – entsprechend den Ausführungen im Prolog: Nämlich die *Eröffnung* (Introitus), wo mit kraftvollen Worten jenes Gut erfleht und erbetet wird, dann den Teil der *Belehrung*, wo wir über dieses Gut in vollkommener Weise erleuchtet werden; und schließlich den Teil der *Darbringung*, wo jenes Gut bereitet, ausgeteilt und Gemeinschaft in ihm gewirkt wird.

Die Eröffnung, bei der lautes Flehen aufsteigt, nimmt die Sehnsucht der Väter des Alten Bundes auf, die jenes Gut herbeiriefen. Der Wortgottesdienst *(instructio)* dient der vollkommenen Offenbarung dieses Gutes. Der Darbringungsteil *(oblatio)* bezieht sich auf den Empfang dieses Gutes, im höchsten Maß, wie sehr man es nur aufnehmen kann. Ebenso wie jenes Gut [d.i. Christus] erwartet und seine Ankunft in der Welt erfleht wurde, wie er in seinem Kommen der Welt das Licht brachte, damit er erkannt werde, und diese Erleuchtung Teilhabe an ihm gewährte, so wird jetzt sein Kommen im Sakrament erwartet, das Volk empfängt Erleuchtung über sein Kommen und die darauf folgende Darbringung und Teilhabe an diesem Gut ist Vollendung aller Gnade.

In rechtem Glauben, voll brennender Sehnsucht nach seinem Kommen, hochgemut und ausgespannt in der Hoffnung, mit weitem Herzen, wollen wir zu Beginn der Messe laut und inständig nach ihm rufen, in der Sehnsucht, wie sie die Väter des Alten Bundes beseelte. Dann findet die Belehrung des Volkes statt und schließlich die Darbringung und die Teilnahme an all seinen Gnaden.

Gebet am Ende des Prologs:

Gott, den wir anrufen, dass Er komme, dessen Erleuchtung uns Freude schenkt, so dass wir erkennen, was ein jeder wahrhaftig in Ihm findet, und bei dessen Opfer wir alles empfangen, was das gläubige Volk in Ihm besitzt: Er erwecke Herz und Mund zum flehentlichen Rufen, dass unser Geist in Ihm alles erfahre, was er ersehnt. Das gewähre uns unser Herr Jesus Christus, der mit dem Vater und dem Heiligen Geist lebt und herrscht von Ewigkeit zu Ewigkeit. Amen.

I. TEIL DER HEILIGEN MESSE
ANRUFUNG DES HERRN

KAPITEL 1
INTROITUS

Der Introitus ist in den Augen Alberts eine Reminiszenz an die Vorväter des AT, die voll Sehnsucht nach dem Anbruch des Heiles zu Gott riefen:

Das sehnsuchtsvolle Rufen nach dem Kommen des Erlösers wird gegenwärtig in jenem Gesang der Kirche, die ja vom Heiligen Geist durchweht ist, den wir «Introitus» nennen: Beim Beginn der Messe, in der die Ankunft Christi im Sakrament gefeiert wird, erhebt die Kirche ihre Stimme, gleichsam von plötzlichem leidenschaftlichem Verlangen überwältigt. «Introitus» heißt dieses «Lied des Einzugs» nicht so sehr deswegen, weil die Messfeier damit beginnt, sondern weil hier der Eintritt des Heils und der Gnade gefeiert wird. [...] Daher lesen wir im Hebräerbrief: «Wir haben die Zuversicht, Brüder, durch das Blut Jesu in das Heiligtum einzutreten *(introitus)*. Er hat uns den neuen, lebendigen Weg erschlossen durch den Vorhang hindurch, das heißt, durch sein Fleisch. Da wir einen Hohenpriester haben, der über das Haus Gottes gestellt ist, lasst uns mit aufrichtigem Herzen und in voller Gewissheit des Glaubens hintreten, das Herz durch Besprengung gereinigt vom schlechten Gewissen und den Leib gewaschen mit reinem Wasser» (Hebr 10,19-22).

Dieses Eingangslied wird seit alters auch «Antiphon» genannt – ein griechisches Wort, das soviel heißt wie «wiederkehrender Klang». Es ist zusammengesetzt aus den beiden Teilen «anti», was so viel bedeutet wie «herum» *(circa),* und «phone», was Klang oder Stimme *(vox, sonus)* bedeutet. Es ist ein Gesang, der sich, verdoppelt, um den Psalmvers und um das darauf folgende «Gloria patri» rankt. In der Frühen Kirche war es zu manchen Zeiten üblich, dass der ganze Psalm gesungen und die Antiphon nach jedem Vers wiederholt wurde. Diese allzu ausgedehnte Form hat man aufgegeben. Es gibt nur noch eine Wiederholung, um damit das Seufzen und oftmalige Rufen der Vor-Väter zu versinnbilden. Und weil man in glühender Sehnsucht sich mehr zum Rufen als zum Bitten gedrängt fühlt, darum beginnt die Hl. Messe nicht mit einer Bitte, wie die übrigen Tagzeiten – diese beginnt man mit den Worten: «Herr, öffne meine Lippen» oder: «O Gott, komm mir zu Hilfe» –, sondern der ganze Chor bricht mit einem Mal in den sehnsuchtsvollen Ruf nach der Ankunft des Herrn aus.

Sechs Beweggründe kann man dafür nennen, dass die Väter des Alten Bundes so inständig riefen: Die jammervolle Lage des Menschen *(miseria),* die Bedrohung durch den Feind, die Gewissheit der Verheißung, die Ermüdung durch das lange Warten, die Unvollkommenheit alles vorläufigen Trostes, die glühende Sehnsucht, dass der Befreier doch endlich da sei. [...]

Der erste Beweggrund: Im Psalm heißt es: «Arm bin ich, voll Mühsal von Jugend auf...» (Ps 87,16). Ja, arm: denn der Mensch genügt sich nicht selbst *(non sufficit).*

In der Mühsal dieses Lebens kann er letztlich nicht gewinnen *(non proficit)*, nur verlieren *(deficit)*. Erhebt er sich voll weltlichem Selbstbewusstsein, so ist das nur eine Einbildung, rasch stürzt er zu Boden, wie Erdenstaub wird er zerrieben, von all dem Unglück der Gegenwart bedrängt: «Mein Herz geriet in Verwirrung, meine Kraft hat mich verlassen» (Ps 37,11). [...] Wer würde beim Anblick dieser Lage nicht rufen und schreien: «Führ mich heraus, damit ich deinen Namen preise» (141,8), und fortwährend seufzen nach dem, der unsere Natur erlösen wird? Daran dachten unsere Väter und schrien zum Herrn; und uns treibt das Gedenken daran, den Erlöser anzurufen – wie der Apostel sagt: «Wir erwarten unseren Herrn Jesus Christus, der unseren armseligen Leib verwandeln wird in die verherrlichte Gestalt seines Leibes» (Phil 3,20f.).

Der zweite Grund ist die vom Feind drohende Gefahr.

Albert legt Ijob 41,10f. aus: «Feuergarben» sprühen vom bösen Feind aus, seine Stärke besteht in den Versuchungen, die den Menschen Schritt für Schritt ins Verderben ziehen.

Daher riefen die Väter einstimmig nach Dem, der stärker ist als der Starke: Er solle kommen und diesen in Fesseln schlagen und ihm die Gefäße wegnehmen, die dieser geraubt hatte.[2] Auch an diesen Hilferuf erinnern wir uns im Introitus: «Andere Herren beherrschten uns statt Deiner, o Herr, unser Gott» (Jes 26,13).

Der dritte Beweggrund war die Gewissheit, dass Er wirklich sein Versprechen halten und kommen werde:

---

[2] Vgl. Mt 12,29.

«Gott ist treu, kein Unrecht ist in ihm, er ist gerecht und gerade» (Dtn 32,4). Doch so zahlreich waren die Sünden der Menschen, dass viele sagten, Gott schiebe seine Verheißungen auf. Manche, die keinen Glauben hatten, sagten sogar, dass man sich einzig und allein um Irdisches kümmern solle; es gebe keine Ankunft eines Erlösers zu erwarten; die Propheten hätten nur aus ihrem eigenen Geist heraus gesprochen und nicht inspiriert vom Heiligen Geist. Wie auch jetzt viele sagen, es gebe keine Wiederkunft! So lesen wir im 2. Petrus-Brief: «In den letzten Tagen werden betrogene Betrüger auftreten, deren Lebenswandel ihren eigenen Begierden entspricht, und sagen: Wo bleibt die Verheißung, wo ist seine Wiederkunft? Seit die Väter entschlafen sind, ist seit Beginn der Schöpfung alles gleich geblieben» (2 Petr 3,3f.). – Gegen diese Leute riefen die Väter wie aus einem Mund zum Herrn.

Der vierte Grund war die Ermüdung durch das lange Warten: «Schon allzu lange muss ich hier wohnen, bei den Bewohnern von Kedar...» (Ps 119,5.6). «Wie lange noch, o Herr, vergisst du mich ganz?... Blick doch her und erhöre mich, erleuchte meine Augen, damit ich nicht entschlafe und sterbe» (Ps 12,1f.). Das lange Warten trieb die Väter dazu, zum Herrn zu schreien, er solle sich doch beeilen. Und wenn ein Prophet gesandt wurde zu trösten, dann hielten ihm manche vor – müde und erschöpft vom Warten: «Die Tage ziehen sich in die Länge, keine Vision erfüllt sich», wie wir bei Ezechiel lesen können (Ez 12,22). Andere spotteten – wie wir bei Jesaja (28,13) erfahren: «Warte, warte noch ein bisschen länger, warte, noch ein wenig! Ein wenig hier, ein wenig da...»: Wir haben bis jetzt so viel gewartet, dass wir keine Kraft mehr haben und der Verzweiflung nahe sind – so eile, o Herr, zögere nicht, komm uns mit deiner Gnade zu Hilfe, die unsere Sünden noch aufhalten!³

Der fünfte Grund ist, dass alle Tröster, die dem Volk in der Zwischenzeit gesandt worden waren, nur unvollkommen Trost spenden konnten. Ihr Trost hatte nicht die volle Wirkung; denn er bestand eben in der Verheißung. Daher wurden sie dem Volk Gottes «lästige Tröster». Denn was man bei ihnen suchte, fand man nicht: «Meine Freunde machen viele Worte; mein Auge aber weint seine Tränen zu Gott» (Ijob 16,21), weil er allein zu trösten weiß. Was für ein Trost kann bei Abraham zu finden sein, der von sich sagt: «ich bin Staub und Asche» (Gen 18,27)? Welcher Trost in Jakob (Gen 32,10) oder in Mose, der nicht beredt war (Ex 4,10)? Jesaja war «ein Mann mit unreinen Lippen» (Jes 6,5), Jeremia wusste «kaum zu reden, weil er noch jung war» (Jer 1,5): In allen fanden sich Schwächen und Versagen. Wenn ich getröstet werden soll – so könnte man sagen –, dann muss jemand kommen, in dem es kein Versagen gibt, dem die Kräfte nicht ausgehen; ohne ihn empfange ich keinen Trost, nur durch ihn. Und darum sprach jeder, der den Geist hatte: Wenn Er sich wirklich um mich kümmert, dann soll Er nicht noch weitere Boten schicken, sondern selbst kommen, um mich zu retten – Er, der retten kann! In dieser Sehnsucht aus tiefstem Herzen wurde auch jenes Wort gesprochen: «Er küsse mich mit dem Kuss seines Mundes» (Hld 1,1). Das heißt so viel wie: Wenn Er Freundschaft sucht und Versöhnung, wie Er es durch die Propheten ankündigen ließ, dann soll Er nicht mehr Boten schicken, sondern mich

---

³ Oration im Advent.

aufnehmen⁴ und mir seinen Kuss aufdrücken, und durch die Berührung Seines Mundes mit dem meinen Seinen Atem, Seinen Geist *(spiritus)* mit dem meinen verbinden. «Wer Gott anhangt, ist ein Geist mit ihm» (1 Kor 6,17).

Der sechste Grund für dieses Rufen war die glühende Sehnsucht danach, Christus, den Erlöser, gegenwärtig zu haben, in der gleichen Natur, sichtbar als Mensch: «Wer gäbe dich mir als Bruder, der an der gleichen Mutterbrust gesogen hat, damit ich dich draußen fände, dich küssen dürfte, und niemand dürfte mich verachten?» (Hld 8,1). «Draußen» möchte ihn die Kirche finden, außerhalb der Verborgenheit der göttlichen Wesenheit, mit Händen zu fassen in der menschlichen Wesenheit. Sie wünscht sich geküsst zu werden, Mund auf Mund durch die Gleichförmigkeit der Natur; Atem soll sich mit Atem, der geschaffene Geist mit dem ungeschaffenen Geist verbinden durch eine von Herzen kommende Übereinstimmung.⁵

Mit dieser innigen Empfindung ruft die Kirche im Introitus nach dem Kommen des Herrn; sie tut das in der Erinnerung an die Sehnsucht der Väter, die das Kommen Christi im Fleisch ersehnten.

Dieses Rufen bringt – in uns wie in den Vätern – sieben gute Wirkungen hervor: Entschiedene Ausrichtung des Geistes auf Gott, Glut der Hingabe, Befreiung von Angst und Bedrücktheit (denn es geschieht oft, dass jemand zum Gotteslob bedrückten Herzens hinzutritt, wegen seiner Sünden, aber während des Lobpreises in ihm Freude aufkommt und zuversichtliche Hoffnung auf Ver-

---

⁴ Anspielung auf die «Annahme der Menschennatur».
⁵ Albertus zitiert im Folgenden aus Bernhard von Clairvaux, *Sermones super Canticum*, sermo 2.

gebung; so löst sich die Bedrängnis, die zum inständigen Rufen antreibt, gerade indem mit ganzer Hingabe zu Gott gerufen wird!), sodann Süße im Herzen, Auferbauung des Mitmenschen, und schließlich die Abbildung des himmlischen Lobes auf Erden. [...]

Dem Psalmvers folgt das «Gloria Patri». Der Psalmvers versinnbildet nämlich das gute Werk, wie Cassian schreibt, die eingeschobene Doxologie aber weist darauf hin, dass für jeden Fortschritt in der Tugend Gott der Lobpreis gebührt. Dies geht auf Hieronymus zurück, der Papst Damasus vorschlug, das «Gloria Patri» zu den einzelnen Psalmen hinzuzufügen, was Damasus auch tat und außerdem noch das «Sicut erat» zufügte. Dadurch sollte der Glaube zum Ausdruck gebracht werden, dass die Dreifaltigkeit in der Vergangenheit und in der Zukunft stets von gleicher Herrlichkeit ist – gegen Arius' Lehre, der dem Sohn die Herrlichkeit absprach, sowie gegen Nestorius und Eutyches und gegen Paul von Samosata, die behaupteten, dass der Heilige Geist der Diener des Vaters und des Sohnes sei, und in der Vergangenheit keine Herrlichkeit gehabt habe.

Nun könnte jemand dagegen einwenden, nicht jeder Introitus vergegenwärtige das Sehnen der Väter, sondern nur der Introitus des Advents – z.B. *Ad te levavi* oder *Populus Sion* – nicht aber die übrigen Introitus-Gesänge des Kirchenjahres oder der Heiligenfeste. Doch darauf muss man antworten, dass Christus von den Vätern nicht einfach nur als ein einzelner Mensch ersehnt wurde, sondern als der Christus, der allen verheißen ist, der die Fülle der Gnade bringt, der umgeben von allen Heiligen als König kommt [...]. Und wir seufzen danach, dass er so komme, und wir freuen uns, dass er mit all den Gaben und Gnaden, die das Kirchenjahr hindurch gefeiert werden, gekommen ist. In Ihm jubelt der Chor der Apostel, und wir singen: «In höchsten Ehren stehen deine Freunde, o Herr». In Ihm rühmen wir den Sieg der Märtyrer, wenn wir singen: «In deiner Kraft freut sich der Gerechte». In Ihm klingt der Jubel der heiligen Bekenner wider, wenn wir singen: «Deine Priester bekleiden sich mit Gerechtigkeit und deine Frommen jubeln». In Ihm jauchzt der Chor der Jungfrauen: «Jungfrauen sollen zum König geführt werden». [...]

KAPITEL 2

KYRIE

Die Kyrie-Rufe versinnbilden, dass das gläubige Volk in das Rufen des Klerus – im Introitus – einstimmt.

Manche meinen, die neun Rufe des Kyrie entsprächen den neun Chören der Engel. Das zeigten angeblich die dreimal drei Anrufungen an; denn es gebe drei Hierarchien mit jeweils drei Ordnungen. Auch schließe sich ja an Festtagen – außer zu Zeiten der Bußtrauer – sogleich das Gloria, der Gesang der Engel, an. – Doch kann man diese Erklärung nur verwunderlich finden; denn das «Kyrie» richtet sich an den Herrn, nicht an Engel. Und dass man den Herrn neunmal anrufen sollte wegen der neun Chöre der Engel, scheint kein vernünftiger Grund zu sein; denn aus dem gleichen Grund könnte man ihn auch siebenmal anrufen, im Hinblick auf die sieben Gruppen von Seligen: Patriarchen und Propheten, Vorläufer des Herrn – wie Johannes der Täufer, Zacharias und Elisabeth und die selige Jungfrau –, Hirten und Könige, Apostel, Märtyrer,

Bekenner und Jungfrauen. Oder siebenmal im Hinblick auf die sieben Gaben des Heiligen Geistes, oder achtmal wegen der Seligpreisungen, oder sechsmal wegen der Schöpfungstage. Solche Zuordnungen, die nur in der Anzahl bestehen, haben mit Sicherheit wenig Bedeutung und sind eher lächerlich.

Wir folgen statt dessen in der Ausdeutung dem hl. Ambrosius und Dionysius. Ihnen zufolge sind vier Aspekte zu beachten: Erstens, warum zuerst dreimal «Kyrie» gerufen wird, zweitens, danach dreimal «Christe», drittens, abschließend wiederum «Kyrie», und viertens, warum hier griechisch und nicht lateinisch gesungen wird?

Nach der Auslegung des Dionysius ist «Herr» ein Name der Überordnung, das heißt, er bezeichnet eine Relation. Ambrosius dagegen sagt, es sei ein Name der Vollmacht. [...] Nach dem ersten Sinn wird der Name «Herr» jemandem wegen der Überordnung beigelegt, und in der Folge *(per intellectum consequentem)* bezeichnet er, dass jemand Vollmacht hat.[6] – Eine Überordnung in vollendeter Form, so Dionysius, schließt drei Aspekte ein: dass das Übergeordnete das Niedrigere überragt und dass jenes von nichts und niemandem aus seiner Stellung gedrängt werden kann, dass der Grund für die Überordnung in dem Übergeordneten selbst liegt und dass es die vollkommene Kraft in sich besitzt, sich auf dem erhabenen Stand zu halten und nicht gebeugt werden kann. [...]

«Herr-Sein» – so schreibt Dionysius[7] – besteht nicht nur darin, Schlechtere und Niedrigere zu überragen, son-

---

[6] Die ersten Anrufungen bezieht Albertus demnach auf den Herren-Namen im Sinn der «Überordnung», die abschließenden drei Anrufungen auf die Eigenschaft der «Mächtigkeit».

[7] *De div. nom.* XII, §2.

dern alles Gute und Schöne in umfassendem und vollendetem Maß zu besitzen, und die Stärke zu haben, nicht fallen zu können. – Wir aber sind durch die Sünde in ein dreifaches Elend gefallen: Wir wurden Sklaven der Sünde (Joh 8,34), wir sind arm geworden an Gütern der Gnade, denn sie wurden uns genommen (Offb 3,17: «Du weißt nicht, dass du arm, elend, nackt und blind bist!»), und wir gerieten unter das Joch unserer Feinde, der Dämonen, denen keine Ehre gebührt, die vielmehr selbst niedergetreten werden sollten, da sie Sklaven sind: «Sklaven herrschen über uns» (Klgl 5,8).[8]

Was Wunder also, dass das gläubige Volk einstimmt, wenn es den Klerus mit der Sehnsucht der Väter zum Herrn rufen hört: Im Bewusstsein der dreifach jammervollen Lage ruft es zu Dem, der wahrhaft der Erhabene ist, der alle Güter besitzt, und der solche Stärke hat, dass er nicht nur selbst seine Stellung behauptet, sondern auch «den Armen aus dem Staub emporhebt, ihn aus dem Schmutz erhöht und unter die Fürsten einreiht» (1 Sam 2,8). Aus der dreifachen Not ertönt der dreimalige Ruf nach Erbarmen: Das ist der Grund, warum dreimal «Kyrie eleison» gerufen wird, was bedeutet: «Herr, erbarme dich». Und so hat Ambrosius angeordnet, dass zu Beginn der Messe dreimal das Kyrie gesungen werde.

Unmittelbar nach der Anrufung des «Herrn» wird der Mittler angerufen, der unsere Natur erlöst und heiligt: *Christe eleison*. «Christus» heißt «Gesalbter». Öl, so schreiben Hieronymus und Bernhard, dient zur Salbung, zur Erleuchtung und zur Nahrung: Er schenkt Salbung durch die Gnade des Sakramentes, Erleuchtung durch Kräfti-

---

[8] Im Folgenden werden einige Schriftstellen angeführt.

gung der Einsicht, Weide oder Nahrung durch die Gnade der Tugend. Über die Salbung heißt es bei Jes 61,1: «Der Geist des Herrn ruht auf mir; er hat mich gesalbt; er hat mich gesandt, den Armen die frohe Botschaft zu verkünden und alle zu heilen, deren Herz zerknirscht ist». Dass das Öl auch erleuchtet, steht bei Jes 62,1: «Um Zions willen kann ich nicht schweigen, um Jerusalems willen nicht stille sein, bis sein Gerechter wie Glanz aufstrahlt und sein Retter gleich einer Lampe entbrennt». In der Lampe ist ja Öl. Das Öl weidet und nährt auch: Das Manna hatte den Geschmack von Brot mit Öl (Num 11,8). Im Hinblick darauf wird im Hohenlied gesungen: «Dein Name ist ausgegossenes Salböl» (1,2). Dieser Name ist Salbe gegen die Krankheit der Sünde, ist Licht gegen die Finsternis des Unwissens, und ist Nahrung, die unserem Unvermögen aufhilft, am Himmlischen Geschmack zu finden; wir haben uns ja den Geschmack verdorben, weil wir uns begierig auf die wandelbaren Güter gestürzt hatten. [...]

So ruft also das gläubige Volk, im Bewusstsein der Erkrankung, leidend unter der Finsternis und der geschmacklosen Nahrung, nach dem Gesalbten: Mit deiner Salbung, «Herr, heile mich, und ich werde heil sein» (Jer 17,14), «Mein Gott, erleuchte meine Finsternis» (Ps 17,29), weil wir wissen: «hört doch auf mich, esst das Gute, und eure Seele wird sich sättigen und freuen» (Jes 55,2).

Man ruft dreimal «Christe», nicht «Jesus, erbarme dich», weil der Name Jesus nicht die Bedeutung der Salbung hat, sondern «Erlöser aus göttlicher Macht» bedeutet. Man ruft also zuerst den «Herrn» an, damit er uns in seiner Macht erhöht, dann den «Gesalbten», damit er uns, die wir noch wund sind, mit dem Salböl heilt.

Nun wird wiederum dreimal der «Herr» angerufen; wie wir sagten, bedeutet dieser Name die Machtfülle. Dionysius schreibt, dass «Macht» dreierlei einschließe: Sie übt gerechte Vergeltung für Unrecht, hält bösen Willen durch Strenge in Fesseln, verteidigt die Tugend und alles Gute durch gerechte Gesetze. So beten wir im Psalm: «Gott der Vergeltung, o Herr, du Gott der Vergeltung, erscheine» (Ps 93,1); «Zerstreue die Völker, die Lust haben am Krieg» (67,31); und «Es gibt niemanden, der dir widerstehen kann, wenn du beschlossen hast, Israel zu erlösen» (Est 13,9).

So betet das gläubige Volk um Barmherzigkeit, im Bewusstsein, dass wir wegen unserer Missetaten Schuldner sind, damit wir nicht das Schwert spüren müssen. Weil wir fühlen, dass unser Wille unwillig ist zum Guten, rufen wir ein zweites Mal «Kyrie eleison»: Der Herr möge unseren widerstrebenden Willen in die rechten Bahnen lenken, ohne Zorn – «auch wenn du zürnst, wirst du an dein Erbarmen denken» (Hab 3,2). Und schließlich bitten wir darum, dass das, was in uns bereits dem Herrn entspricht, sich frei entfalten kann [...] Er möge uns frei machen zum Bekenntnis seines Lobes.

Warum wird hier griechisch, und nicht lateinisch gesungen? Vier Gründe werden von den Kirchenvätern genannt. Erstens: Die Blüte der Weisheit dieser Welt finden wir in griechischer Sprache – wie auch Paulus schreibt: «Die Juden verlangen nach Zeichen, die Griechen suchen Weisheit» (1 Kor 1,22). Die griechische Sprache an dieser Stelle soll also zeigen, dass diese Anrufungen höchste Weisheit sind. [...] Die Juden erkannten die Kraft Gottes im Evangelium durch die heiligen Schriften, die Griechen erkannten die Kraft des Evangeliums mittels erworbener Weisheit, auf dem Weg der Vernunft.

Zweitens: Bei den Griechen finden wir zuerst die Beobachtung von Gesetzen – das Zwölftafel-Gesetz und die Pandekten –, die bis heute auch bei uns beobachtet werden. Aufgrund dieser Gerechtigkeit erkannten sie auch die Gerechtigkeit des Gesetzes Christi und nahmen sie als erste unter den Heiden an.

Drittens: Die Griechen nahmen als erste den Aufruf zum Glauben an, der von den Aposteln ausging. Das sieht man an den Briefen des Apostels Paulus, die mit Ausnahme des ersten und des letzten alle an Griechen geschrieben sind. Auch die Evangelien sind – mit Ausnahme des Matthäus-Evangeliums – für Griechen geschrieben, ebenso die Apostelgeschichte und die Offenbarung. Die ersten sieben Kirchen, welche die Universalkirche versinnbilden, wurden in jenem Teil Asiens gegründet, der «Graecia» genannt wurde.

Viertens: Von den Griechen wurde der Glaube an uns Lateiner weitergegeben *(derivata est),* denn Petrus und Paulus kamen von den Griechen zu den Lateinern. So sind sie also Quelle und Ursprung des Heiles für uns. Um also der Weisheit und der entwickelten Rechtspflege der Griechen Ehrerbietung zu zollen, und um anzuerkennen, dass sie zuerst von Paulus und Barnabas das Heil annahmen, und uns daran zu erinnern, dass von daher diese Gnade zu uns floss, bewahren wir bis heute diese Worte, in denen die Barmherzigkeit Gottes schon in der ersten Zeit angerufen wurde. Wir sind den Vätern schuldig, die Traditionen ehrfürchtig zu bewahren, die sie eingesetzt haben *(haec enim reverentia Patribus debetur, quod traditiones eorum, sicut ipsi quondam instituerunt, observentur).*

Zum Zeichen dafür werden bis heute in besonders wichtigen Kirchen *(solemnibus ecclesiis)* an bestimmten Festen die Lesungen aus den Propheten und das Evangelium in Griechisch vorgetragen.

Auch wurden die feierlichen Konzilien – Konstantinopel, Nikaia, Antiochia, Ephesus – in Griechenland abgehalten; und auf diesen Konzilien wurden gerade die frühen Bestimmungen über die Feier der Messe gefasst – auch wenn später der hl. Gregor der Große manches Überflüssige zurückgeschnitten und die Feier neu geordnet hat, zu der Form, wie sie die Kirche auch heute noch befolgt.

KAPITEL 3

GLORIA

Da denen, die zum Herrn rufen, niemals seine Barmherzigkeit versagt war, versagt ist oder sein wird, darum soll das Volk an den Tagen des Trostes getröstet werden, indem ihm gewissermaßen vom Antlitz Gottes her Antwort zuteil wird: Darum antwortet derjenige, der an Stelle des «Engels des hohen Ratschlusses» am Altar steht, der Bischof oder Priester, mit dem «Gloria in excelsis Deo». Das ist, als ob er sagen würde: «So spricht der Herr: Ich denke Gedanken des Friedens, nicht der Bedrängnis über euch... Ihr werdet mich anrufen, ihr werdet zu mir kommen und mich bitten, und ich werde euch erhören» (Jer 29,11f.). In der Anrufung der Barmherzigkeit durch Klerus und Volk ist Gott bereits die Ehre gegeben und Friede den Menschen: «Hör nun auf zu klagen und zu weinen; denn dein Werk findet Lohn» (Jer 31,16), Ich werde das Rufen erhören und euch im Sakrament Ihn senden, den

Ich für die Väter in die Welt gesandt habe. – Zeichen dafür ist, dass der Zelebrant zuerst den Altar küsst, damit er dem Volk wirklich Frieden verkünden kann.

Nach der alten Ordnung beginnt der Bischof oder Priester also: «Ehre sei Gott in der Höhe und Friede auf Erden den Menschen seiner Gnade». Dann fällt der Chor ein: «Wir loben dich»; denn wir erinnern uns sogleich daran, was bei Lukas steht: «Es war aber bei dem Engel eine große himmlische Heerschar, die Gott lobte» (Lk 2,13). Der folgende Lobgesang, der mit erhobener Stimme und feierlich vorgetragen wird, ist von Papst Telesphorus, dem neunten Nachfolger des hl. Petrus, verfasst worden. Er hat festgesetzt, dass an Weihnachten in der ersten Messe gesungen werden solle, was der Engel und die himmlischen Heerscharen zum Trost des Menschengeschlechtes bei der Geburt des Herrn zum ersten Mal sangen. Manche behaupten, der Lobgesang sei von Hilarius von Poitiers verfasst, aber das stimmt nicht. Später hat Papst Symmachus festgelegt, dass das Gloria an den Festen der Apostel, Märtyrer und Jungfrauen gesungen werde, sofern diese Feste nicht in eine Buß-Zeit fielen, und außerdem an jedem Sonntag.

Man nennt das Gloria den «Hymnus der Engel», weil den ersten Teil ein Engel sang; das übrige aber ist vom Menschen – freilich in der Erinnerung an die singenden Engel: «Preist den Herrn, ihr Engel des Herrn, lobt und erhebt ihn in Ewigkeit» (Dan 3,58).

Der Engel aber sang von zwei Dingen: der Ehre, die Gott gebührt, weil er den Ratschluss der Erlösung gefasst hat, und dem Frieden, der für die Menschen guten Willens in diesem Ratschluss geschenkt wird.

ANRUFUNG DES HERRN

Albert bemerkt, dass es auch verkehrte Formen der «gloria» gibt: Personen, die sich böser Taten rühmen (mala gloria) *oder auf Nichtigkeiten größten Wert legen* (vana gloria) *oder stolz sind auf Dinge, die ihnen gar nicht eigen sind* (ficta gloria). *Bei Gott allein ist dagegen die wahre Ehre* (vera gloria); *denn er ist der Urheber alles Guten.*

Die wahre Ehre erwächst aus dem Guten, das jemandem zu eigen ist. Und hier können wir zwei Arten unterscheiden: die Ehre, die Gott als dem Urheber alles Guten gehört, und die Ehre dessen, den er daran teilhaben lässt. Von der Ehre im ersten Sinn spricht das Johannesevangelium im 11. Kapitel, oder Jes 35,2: «Sie werden die Herrlichkeit des Herrn schauen», oder Sir 45,3: «Er zeigt ihm seine Herrlichkeit». Herrlichkeit besagt hier: Glanz, Schönheit, Würde.[9] Die Herrlichkeit, die den Heiligen zuteil wird, ist Herrlichkeit *in Gott,* der ihnen an seinem Glanz und seiner Würde Anteil gibt. Davon spricht Jer 9,24: «Jeder, der sich rühmt, wird sich darin rühmen, Mich zu kennen und von Mir zu wissen», oder 2 Kor 10,17: «Wer sich rühmt, der rühme sich im Herrn». Die wahre Herrlichkeit, der wahre Ruhm ist also ein von Gott empfangener.

Dass die Ehre Gottes «in den Höhen» ist, ist keine Aussage über den Raum, sondern meint die alles überragende Schönheit und Großartigkeit, in der Gott seine Güte, seine Kraft und Würde in seinen wunderbaren Werken aufstrahlen lässt. Darum steht im Lukasevangelium: «Ehre Gott in den höchsten Höhen» *(in altissimis),* das heißt: in seinem allerhöchsten Ratschluss, seiner Macht und Majes-

---

[9] Lat.: splendor, decus, magnificentia.

tät, wodurch er wollte und will, dass sein Sohn Mensch werde – und täglich zur sakramentalen Speise.

Das ist die wahre Ursache der Glorie, und nur Gott kommt sie zu; denn er allein besitzt sie zu eigen. «Ehre» – ergänze: gebührt – «Gott in den Höhen», und unser Lobpreis wird Gott dargebracht, der allein «herrlich» ist, in sich selbst und in seinen Heiligen.

Friede «auf Erden» ist nötig; denn hier auf Erden ist Kampf. Wahrer Friede – von einem anderen kann ein Engel nicht künden. «Den Menschen guten Willens», zu ihnen passt der Friede: Menschen, die ihre Vernunft und Einsicht gebrauchen und sich um Vervollkommnung in der Wahrheit bemühen, die ihren Willen durch das Gute formen, so dass sie das Gute wollen, diesen entspricht der Friede.

Der wahre Friede hat drei Dimensionen: den Frieden der Zeit, den Frieden des Herzens und den Frieden der Ewigkeit. Der erste besteht im Verhalten, der zweite in einer inneren Süßigkeit, der dritte ist ein Vorgeschmack der Ewigkeit. Der Friede in der Zeit ist nicht, wie manche meinen, eine friedliche Zeit! Diese war den Heiligen auf dieser Erde nicht gegeben: «Alle, die fromm in Christus leben wollen, erleiden Verfolgung» (2 Tim 3,12). In Offb 1,9 ist von der «Teilhabe an der Trübsal, in Christus Jesus» die Rede, und bei Mt 10,6 heißt es: «Siehe, ich sende euch wie Schafe unter die Wölfe». Schafe mitten unter Wölfen haben keinen Frieden. Eher besteht der «Friede der Zeit» darin, dass man das, was einem an Trübsal oder Tröstung in der Zeit zustößt, im Frieden aufnimmt, ohne das innere Gleichgewicht zu verlieren: «Ich war friedfertig mit denen, die den Frieden hassten; ich brauchte nur zu reden, da griffen sie mich grundlos an» (Ps 119,7). [...]

Die zweite Dimension des Friedens besteht im Herzen, wenn es süß geworden ist, weil es beruhigt ist. Dieser Friede gründet im Gewissen, das sich der Vergebung der Sünden und der Versöhnung mit Gott bewusst ist, und darin, dass das Gewissen mit dem Willen in Einklang steht und alle Neigungen des Herzens ganz ruhig sind. Der Friede zwischen dem Gewissen und dem Wollen kommt nur zustande, wenn das Herz mit großer Kraft den Willen in der Hand hat, dass er sich nicht zum Bösen erhebt. Wenn der Wille dem Befehl des Gewissens nicht gehorcht, dann eröffnet dieses sogleich mit Gewissensbissen den Krieg. «Der Friede Gottes, der alle Sinne *(omnem sensum)* übersteigt, bewahre eure Herzen und Gedanken» (Phil 4,7): Das ist die süße Ruhe des Herzens, die alles abweist, was die Sinne zur Beunruhigung des Herzens hereintragen, und die unser Denken in der Beschauung und in der Freude des inneren Gutes festhält. «Im Frieden ist sein Wohnsitz gegründet» (Ps 75,3) – denn in solchem Frieden wohnt Gott.

Der Friede der Ewigkeit aber ist der Friede der himmlischen Stadt, wie Augustinus im 13. Buch *De Civitate Dei* schreibt. Dieser Friede ist die Eintracht, mit der sich die Bürger dieser Stadt Gottes erfreuen *(Deo frui)* und sich aneinander in Gott freuen *(frui invicem in Deo)*. – Wir genießen einen Vorgeschmack dieses Friedens, wenn wir uns innig *(in dulcedine)* am Gut Gottes in uns und im Mitmenschen erfreuen: «Selig, die Frieden wirken, denn sie werden Söhne Gottes genannt werden» (Mt 5,9).

Über diesen dreifachen Frieden – der Zeit, des Herzens und der Ewigkeit – sprach Jesus zu den Seinen: «Frieden hinterlasse ich euch, meinen Frieden gebe ich euch; nicht wie die Welt ihn gibt, gebe ich ihn euch» (Joh 14,27). Dieser Friede wird «Menschen» gegeben, vernünftigen Wesen, nicht wilden Tieren, die sich gegenseitig zerfleischen! Von solchen liest man im Galaterbrief: «Wenn ihr euch gegenseitig beißt und auffresst...» (Gal 5,15). Er wird «Menschen guten Willens» gegeben: Gut ist der Wille nur dann, wenn ihm die wirkende Gnade schon vorausgeht, damit er das Gute will – wie Augustinus sagt –, und wenn ihm die mitwirkende Gnade folgt, so dass er das Gute auch ausführt und sein Wollen nicht fruchtlos bleibt: «Gott ist es, der in euch das Wollen und das Vollbringen bewirkt, nach dem guten Willen *(pro bona voluntate)*» (Phil 2,13). [...] Ein solcher Wille hat Ähnlichkeit mit der Ruhe Gottes. So handelt Gott gütig an uns, nach *seinem* «guten Willen»: Er schafft die Menschen neu nach seinem Bild, so dass sie wirklich Menschen sind; und er vollendet durch die wirkende und mitwirkende Gnade *ihren* «guten Willen», so dass dieser ruhig wird und dem Frieden entspricht. Die Wildheit eines bösen Willens wird diesen Frieden nicht erlangen: «Es gibt keinen Frieden für die Frevler, spricht Gott, der Herr» (Jes 57,21). Frevler sind die Menschen, denen es nicht genügt, was der Engel ihnen zuteilte: Sie wollen Gott die Ehre nehmen, sie zerreißen den Frieden, und so verlieren sie auch ihre Herrlichkeit.

Es folgt eine Auslegung des Gloria-Hymnus, Vers für Vers. Für die Übersetzung wurden die letzten Abschnitte ausgewählt. Ein zentraler Gedanke ist die Zuordnung der Eigenschaften Christi zu seinem Wirken an den Menschen, er ist Erlöser und Offenbarer:

«Denn du allein bist der Heilige, du allein der Herr, du allein der Höchste»: Das wird vom Sohn gesagt, weil er Erlösung, Gnade und Verherrlichung schenkt. Weil er heilig ist, erlöst er; weil er der Herr ist, gibt er Gnadengeschenke; weil er der Höchste ist, versetzt er die, welche er erhöht, in die Herrlichkeit.

«Du nimmst hinweg die Sünden der Welt; denn du allein bist heilig». Dass diese Eigenschaft ausschließlich von ihm gesagt wird, heißt nicht, dass die beiden anderen göttlichen Personen nicht heilig wären. «Heilig» hat nämlich verschiedene Bedeutungsnuancen, die nicht äquivok sondern analog zueinander stehen; in erster Linie bedeutet es «sanguine tinctus» – in Blut getaucht.[10] Und auf diese Weise ist allein unser Erlöser heilig, weil er den Bund der Erlösung mit seinem Blut besiegelt hat (vgl. Hebr 9,22). Er ist auch deswegen «allein heilig», weil er immer rein war, ist und sein wird. Denn nach Dionysius besagt Heiligkeit, frei und vollkommen rein zu sein von jeder Befleckung. Er allein ist schließlich auch stark und fest, seine Tugendkraft schwankte nie, versagte in keiner Prüfung. [Der zweite Aspekt:] Ein Philosoph sagte einmal, Heiligkeit gewähre die Erkenntnis dessen, was vor Gott gerecht ist. Und auch in diesem Sinn ist Jesus Christus allein heilig; denn «niemand hat Gott je geschaut, der Einziggeborene Sohn, der im Schoß des Vaters ruht, er hat Kunde gebracht» (Joh 1,18).

So konnte also er allein durch sein Blut erlösen, durch sein schuldloses Blut reinigen, durch seine Tapferkeit den Tod besiegen – und den, der die Herrschaft über den Tod

---

[10] Um diese Etymologie zu stützen, verweist der Text auf die Gesetze und die Reinigungsriten des Alten Bundes.

innehatte. Und weil er allein die Geheimnisse des Herzens seines Vaters kennt, konnte er sie kundtun und offenbaren.

«Du allein der Herr»: Er allein konnte uns mit Gnaden und Tugenden beschenken und an allem Schönen und Guten reich machen, da er alles besitzt. «Du allein der Höchste»: Er allein kann nämlich erhöhen und verherrlichen, wie es der Psalm 8,6 sagt: «Mit Herrlichkeit und Ehre hast du ihn gekrönt, hast ihn über das Werk deiner Hände gesetzt».

«Jesus Christus»: Im Gloria werden die beiden Namen stets zusammen genannt; denn in ihnen kommt die Verbundenheit der beiden Naturen zum Ausdruck. Weil Christus Gott und Mensch ist, kann und muss er der Erlöser sein.[11] «Jesus», so sagt Johannes Damascenus, bedeutet den menschgewordenen Gott, «Christus» umgekehrt den zu göttlicher Würde erhobenen Menschen. Die beiden Naturen sind in der einen Person des Sohnes geeint. Es ist die göttliche Natur, die in den Taten des Menschgewordenen am Wirken ist, wenn durch die Berührung seiner menschlichen Hände der Aussätzige gesund wird, ein Toter zum Leben erweckt wird, ein Blinder das Augenlicht erhält, und so fort. Und die menschliche Natur bewahrt ihre Eigenart, auch wenn sie sich in der Macht der Gottheit zeigt: Bei seinem Sterben verfinsterte sich die Sonne, als er am Kreuz hing, spalteten sich die Felsen, er wurde begraben – gab aus eigener Vollmacht sein Leben und nahm es wieder.

---

[11] Die folgenden Sätze sind aus n. 16 (30b) entnommen, wo Albert den Namen «Jesus Christus» ausführlicher erläutert.

«Mit dem Heiligen Geist»: Hier wird zunächst die Person des Heiligen Geistes charakterisiert. Die Präposition «mit» verweist auf die Verbindung mit den anderen beiden Personen, der Name «Geist» bzw. «Hauch» *(spiritus)* bezeichnet das dieser göttlichen Person eigene Tun und die Beifügung «heilig» die heiligende Wirkung.

Der Heilige Geist ist ja das Band *(nexus)* zwischen Vater und Sohn, ihre Übereinstimmung, Liebe und gegenseitiges Wohlgefallen – wie Augustinus[12] schreibt. Er ist auch das Band, das den ganzen Mystischen Leib zusammenhält und mit dem Haupt verbindet, wie es im Eph-Brief steht (4,16). Der Heilige Geist ist nach den Worten des Hilarius die Übereinstimmung von Vater und Sohn, und er bewirkt, dass auch wir eines Sinnes sind und keine Spaltungen zulassen (1 Kor 1,10). Und er ist die Liebe zwischen Vater und Sohn, mit der sie einander lieben und auch uns an sich ziehen: «Mit Banden der Liebe will ich sie ziehen» (Hos 11,4). Er ist die Freude von Vater und Sohn, womit sie uns trösten, damit wir in ihnen, und nirgendwo anders, unsere Wonne finden: «Freu dich innig am Herrn, er wird dir geben, was dein Herz erbittet» (Ps 36,4).

«Atem», «Geist» wird er genannt, weil er «atmet» *(spirat):* Er haucht das Leben, die Einsicht in die Wahrheit, richtet unser Streben zum Himmel. «Heilig» heißt er, weil er auf jede Weise die Heiligung vollendet.

«Zur Ehre Gottes des Vaters. Amen». Das bezieht sich auf die Einheit der drei Personen in ihrem Wesen. Denn die drei Personen sind in ein und derselben Glorie, dem

---

[12] Vgl. Augustinus, *De trinitate* VI, 5, 7.

strahlenden ewigen Glanz. Doch wird besonders der Vater genannt, weil er der Ursprung ist, der keinen Ursprung hat, wie die Glosse zu Röm 11,36 sagt. Vom Vater hat der Sohn das Sein in der Glorie, und vom Vater und dem Sohn hat es der Heilige Geist.

«Amen»: Das bedeutet zwar manchmal: «es geschehe», zuweilen aber – wie hier – «es ist wahr». Und so spricht das Volk: Wahr ist es, was du im Lied gesungen hast.

II. TEIL DER HEILIGEN MESSE
VERKÜNDIGUNG

KAPITEL 1
Dominus vobiscum

Als der hl. Papst Gregor den Gottesdienst neu ordnete – das Überflüssige beschnitt, Notwendiges hinzufügte und Ungeordnetes in die rechte Ordnung brachte […] –, ließ er dem Eingangsritus, also dem Introitus, den Kyrie-Rufen und dem festtäglichen Gloria, sogleich den zweiten Teil der Messe folgen. Dieser ist der Belehrung, der Kundgabe der Wahrheit gewidmet und dauert bis zum Offertorium ausschließlich.

Die Belehrung umfasst zwei große Teile: Zuerst die Belehrung der Unvollkommenen, nämlich in der Lesung, dann die Belehrung der Vollkommenen, die mit dem Evangelium beginnt. Über die Belehrung von Vollkommenen und Unvollkommenen heißt es im 1. Korintherbrief: «Ich konnte zu euch nicht wie zu geistlichen Menschen sprechen […], wie kleinen Kindern in Christus gab ich euch Milch, nicht feste Speise, ihr wart dieser noch nicht fähig» (3,1f.). Und später: «Weisheit sprechen wir unter den Vollkommenen, nicht Weisheit dieser Welt, noch der Fürsten dieser Welt, die vergehen werden, sondern Gottes Weisheit im Geheimnis *(in mysterio)*, die verborgen ist» (2,6f.). So lehrte auch der Herr die Ungelehrten in Gleichnissen, den Aposteln aber erklärte er die Geheimnisse der vollen Wahrheit: «Euch ist es gegeben, das Geheimnis des Himmelreiches zu kennen...» (Mt 13,10f.). [...] Und er wollte, dass seiner Verkündigung die Verkündigung durch Johannes den Täufer vorausging, so dass seine Predigt leichter Eingang finde und sich als wirksamer erweise.

Diese dem Wort Christi vorangehende Lehre wird bezeichnet durch die Lesung: Die Predigt des Johannes hatte deutlich gemacht, was das Ziel von Gesetz und Propheten war; er zeigte den Jüngern mit seinem Finger Christus. Darum wird die Lesung zuweilen aus dem Gesetz, zuweilen aus den Propheten genommen, zuweilen aus der Verkündigung der Apostel; denn in deren Worten wird Christus sozusagen mit dem Finger der Gnade gezeigt. – Bei der Verklärung zeigte sich Christus mit Mose und Elija vor den Jüngern, und sein Angesicht leuchtete wie die Sonne. Das versinnbildet, dass die Erkenntnis Christi vor den Augen des Herzens wie die Sonne aufstrahlt, vermittels der Worte Moses und der Propheten, deren hervorragendster Elija war. [...]

Zur Lesung treten noch einige Elemente hinzu: Die einen bereiten auf den Empfang der Lehre vor, die anderen sind die Antwort des belehrten Volkes. Vorangeht der Gruß an diejenigen, die die Lehre empfangen sollen: «Der Herr sei mit euch», und das Tagesgebet (Collecta), damit Gott den Verstand öffne. Nach der Belehrung durch die Lesung folgen Graduale, Tractus, Alleluja und Sequenz.

Was den *Gruß* betrifft, so ist viererlei zu bedenken: Erstens, warum derjenige, der an Stelle Gottes steht – Bischof oder Priester – sich mit dem Gesicht zum Volk wendet, zweitens, warum der Gruß des Bischofs anders lautet als der des Priesters, drittens der Gruß selbst und viertens die Antwort des Volkes.

Der Bischof oder Priester steht an der rechten Seite des Altares, weil die rechte Seite das Geistliche bedeutet und die Guten, die zur Rechten stehen. Darum wird auch gesagt: «Werft das Netz auf der rechten Seite des Bootes aus» (Joh 21,6). Durch das Netz der Verkündigung und Belehrung soll die Bekehrung geschehen. Dass der Zelebrant sein Angesicht dem Volk zuwendet, soll zum Ausdruck bringen, dass das «Licht seines Angesichtes», das Licht der Gotteserkenntnis, in den Schriften des Gesetzes und der Propheten wie in einem Spiegel widerleuchtet und sich in der Lesung der Apostel offen zeigt.

Weil der Bischof, an der Stelle Christi stehend, ein höheres Amt ausübt als der Priester, bedient er sich beim Gruß der Worte Christi selbst. Der erste Gruß Christi an die Apostel lautete: «Der Friede sei mit euch» (Lk 24,36; Joh 20,19). Der Priester aber, der einen niedrigeren Dienst *(inferiori officio)* ausübt, wagt nicht, die gleichen Worte zu gebrauchen, sondern bedient sich der Worte der heiligen Väter, die sagten: «Der Herr sei mit euch» – wie Boas zu seinen Schnittern (Ruth 2,4).

Der Wunsch, dass der Herr mit uns sei, hat fünf Bedeutungen: Dass unser Wille dem seinen gleichförmig sei, dass er unsere guten Werke begleite, uns seine Macht zeige, uns im Sakrament an sich Anteil gebe, und dass er unsere Feinde besiege. – Die Gleichförmigkeit unseres Willens mit dem Willen des Herrn hat verschiedene Aspekte.[13] Es gibt eine Übereinstimmung in dem, was ge-

---

[13] Die vier Aspekte sind den vier «causae» der aristotelischen Metaphysik parallel gesetzt: materia, forma, causa finalis, causa efficiens.

wollt wird – wenn wir wollen, was Gott will; eine Übereinstimmung in der Art des Wollens – wenn wir das, was wir wollen, in der von Gott eingegossenen Liebe *(caritate)* wollen; eine Übereinstimmung in der Zielsetzung – wenn wir etwas mit dem gleichen Ziel wollen, wie Gott es will: zu seiner Ehre; und eine Übereinstimmung in der Wirkursache, so dass ich will, was Gott will, dass ich es wollen soll.

Warum aber antwortet das Volk nicht in gleicher Weise: «Der Herr sei mit dir», sondern «Und mit deinem Geiste»? Dafür lassen sich drei Gründe angeben: Erstens, der Priester am Altar muss ganz «im Geist» sein. Zweitens, der Geist des Menschen irrt häufig; das soll der Beistand des Herrn verhindern. Drittens, es soll damit deutlich werden, dass alles, was auf dem Altar geschieht, durch die Kraft des Geistes geschieht. Der Priester soll an nichts Körperliches denken, und nicht an die Sorgen dieser Welt. [...] Darum wünscht man ihm, der Herr sei mit seinem Geist. Und ebenso wie das «Der Herr sei mit euch» aus dem Gruß des Boas entnommen ist, so ist die Antwort aus dem 2. Timotheusbrief genommen: «Der Herr Jesus Christus sei mit deinem Geist» (2 Tim 4,22).[14]

KAPITEL 2
Oratio / Collecta (Tagesgebet)

Es folgt das Gebet, dass der Herr die Herzen öffne, damit die Lehre angenommen und auch die sakramentale Opfergabe würdig aufgenommen werde.

[14] Albertus deutet den Gruß noch ein weiteres Mal: MM tr. 3 c. 1, hier 115f.

Dieses Gebet trägt den Namen «Collecta». Der Grund liegt darin, dass der Priester, der die Geheimnisse der Menschen kennt, in diesem Gebet alle Anliegen des Volkes sammelt *(colligit)* und Gott darbringt. Oder weil das Volk «gesammelt» wird, während das Gebet gesprochen wird. Eine solche «Sammlung» kann bedeuten, dass alle Herzen auf Gott hin «gesammelt» werden, die sonst zerteilt und zerstreut sind. Das Werk Gottes besteht immer im Sammeln, das des Widersachers im Zerstreuen (Mt 12,30). «Sammlung» kann auch heißen, dass das gläubige Volk zu «einem Herzen und einer Seele» gesammelt wird. Und schließlich kann «Sammlung» auch im Hinblick auf das Corpus mysticum gesagt werden, das so geeint ist wie der Leib Christi aus vielen Körnern und das Blut Christi aus vielen Trauben. Es gibt kein größeres Werk des Herrn als die Gläubigen einzufügen in den Leib und das Blut Christi, in Christus selbst.

Zum Vollzug dieser Gebete: Zu Beginn herrschte Durcheinander, jeder Priester oder Bischof sprach die *Collectae,* die er wollte. Auf einer Synode in Afrika unter Vorsitz des hl. Augustinus wurde aber festgesetzt, dass innerhalb der Messe kein Gebet verwendet werden sollte, das nicht von einer heiligen Synode approbiert sei. Später hat Papst Gelasius, als er die Vielfalt und Verschiedenheit der Collectae sah, die sogar an ein und demselben Tag in verschiedenen Kirchen verwendet wurden, die überflüssigen gestrichen, einige geändert und dazu festgelegt, dass in der Messfeier überall die gleichen zu verwenden seien. Der hl. Papst Gregor schließlich stellte fest, dass die Priester in der Anzahl der Collectae das Maß überschritten; er ordnete das Offizium neu, strich vieles, änderte und ergänzte, und setzte fest, dass die Anzahl der *Collectae* ungerade sein solle: eine, drei, fünf oder sieben – aber keinesfalls mehr als sieben. Den Grund dafür nennt er selbst: Jede gerade Zahl ist durch zwei teilbar, und damit Ursache und Anzeichen der Vielheit und Geteiltheit (und damit eben nicht der «Sammlung» und Einheit). [...] Er wollte keine hohe Anzahl von Gebeten, weil der Herr ja sagt: «Wenn ihr betet, macht nicht viele Worte wie die Heiden, die meinen, sie werden nur erhört, wenn sie viele Worte machen» (Mt 6,7). Darum schreibt auch der hl. Benedikt in seiner Regel vor, dass jedes Gebet in der Gemeinschaft kurz sein solle, damit nicht Überdruss aufkomme und die innere Hingabe schwerfalle.

Wie schon im Kapitel über das Kyrie nimmt Albertus Bezug auf offensichtlich gebräuchliche, aber recht willkürliche «allegorische» Deutungen für die jeweilige Anzahl der Gebete: «eins» als Sinnbild für den Glauben an den einen Gott, «drei» für die Dreifaltigkeit, «fünf» im Hinblick auf die fünf Wunden Christi, «sieben» wegen der sieben Gaben des Hl. Geistes. Er selbst macht kein Hehl daraus, dass er derartige willkürliche Zuordnungen für sinnlos und lächerlich hält (penitus nullae sunt et derisibiles). *Sein eigener Vorschlag für eine Ausdeutung der Anzahl nimmt Bezug darauf, dass es sich um «Gebet(e)» handelt; hier wäre in Betracht zu ziehen die Absicht der Betenden (sie ist nur eine), die Gegenstände der Bitte (das können drei Arten von Gütern sein), oder die Weise des Bittens (in den fünf bzw. sieben Bitten des Vaterunsers). Weil das Vaterunser nicht mehr als sieben Bitten umfasst, ist dies die oberste Grenze. Zum Schluss geht er noch auf den (Miss-)Brauch ein, mehrere Collectae mit einer Schlussformel zusammenzufassen. Dies bedeutet in den Augen Alberts Geringschätzung der liturgischen Regeln der Kirche, die man auf diese Weise umgehen wolle.*

Die Schlussformel fast aller *Collectae* – mit ganz wenigen Ausnahmen – lautet: «durch unseren Herrn...». Dass man das Gebet so beschließt, stammt von den Aposteln her: Sie bedachten, was der Herr gesagt hatte: «Was immer ihr in meinem Namen vom Vater erbittet, das werde ich tun» (Joh 14,13). Wir müssen ja im Namen dessen bitten, durch dessen Verdienste wir erhört werden. Der Name, den wir hier setzen, ist der Name Jesu Christi – das sind die Namen des Mittlers. «Jesus» bezeichnet den Mensch gewordenen Gott, «Christus» bezeichnet den Menschen, der zu Gott erhöht ist. Der Mittler hat *einen* Namen; denn er streckt die Hand nach beiden Seiten aus, zu Gott und zum Menschen. Wie wir das Feuer der Sonne, die weit weg ist, uns nicht anpassen können, außer wenn wir einen Beryll oder Kristall oder etwas ähnliches als Medium benützen, so können wir von Gott Vater, von dem wir uns durch die Sünde weit entfernt haben, die Gnade nur durch den Mittler schöpfen, der uns und ihm nahe ist.

Diese Schlussformel ist also in jedem Gebet zu verwenden, das sich an den Vater richtet. Richtet es sich an den Sohn, so ist sie etwas abzuändern, zum Beispiel: «Der du das heilige Kreuz bestiegst und die Welt von ihrer Finsternis befreitest, schenke gnädig Licht unserem Herzen und unserem Leib». Das ist nur an den Sohn gerichtet; denn nur er wurde gekreuzigt. Daher müssen wir schließen: «Der du mit dem Vater und dem Heiligen Geist lebst und herrschest, Gott von Ewigkeit zu Ewigkeit». Wenn sich das Gebet aber an den Heiligen Geist richtet, muss man es mit den Worten schließen: «Der du mit dem Vater und dem Sohn lebst...». Wenn im Gebet an den Vater der Sohn erwähnt wird, dann nimmt man im Schluss auf den Sohn Bezug: «Durch ihn, unseren Herrn».

KAPITEL 3
DIE EPISTEL-LESUNG:
BELEHRUNG DER UNVOLLKOMMENEN

Im Buch Numeri 10,2 heißt es: «Mach dir zwei aus Silber getriebene Trompeten, mit denen du das Volk zusammenrufen kannst, wenn das Lager sich erheben soll». Das wird zu Mose gesagt, der hier die Stelle des Priesters Gottes vertritt. Die beiden Trompeten für den Priester (als den Vollender der Heiligung) sind der Diakon und der Subdiakon. Sie sind «silberne Trompeten», weil Silber einen angenehmen hellen Klang hat, und damit den Wohlklang der göttlichen Unterweisung bezeichnet. Sie sind «getrieben», mit Hammerschlägen geformt; denn Diakon wie Subdiakon müssen erprobt sein, was ihre Geduld (i.e.: Leidensmut) in Schwierigkeiten und ihr Tugend-Leben angeht. In Geduld und Leidensmut bewährt sich der Glaube: wenn ein Lehrer bereit ist, für den Glauben zu sterben.

Die eine dieser Trompeten entspricht den Unvollkommeneren; der Subdiakon verkündet die Lehre vom noch nicht Vollendeten. Ein biblischer Typos dafür ist die Predigt des Täufers Johannes, zur Zeit, als Christus noch nicht öffentlich bekannt war. Daher empfängt der Subdiakon vom Bischof oder Priester keinen Segen, er tritt ohne Begleitung von Kerzen-Trägern zum Ambo; denn er legt vor, was noch nicht offenkundig ist. Wenn man einwendet, die Briefe der Apostel seien doch Lesung einer offenkundigen Botschaft, so ist zu antworten, dass diese Worte ihre Ausrichtung auf das Evangelium hin haben: Im Evangelium besitzen sie ihre Leuchtkraft, ohne das Evangelium leuchten sie nicht, sie leuchten nicht aus eigener Kraft. [...]

Beim Lesen selbst sind vier Dinge zu beachten: Erstens, der Ort ist erhöht, wie es der Feierlichkeit entspricht; denn jeder Lehrer soll in der Tugend hochstehend sein. Zweitens, der Subdiakon wendet sich beim Lesen nach Osten; denn er bedarf einer Mehrung des Lichtes, um erleuchtet zu werden. Drittens, für die Art des Lesens gilt: Die Worte sind deutlich und vernehmlich auszusprechen, sie sind mit Ehrfurcht vorzulesen, auch muss der Lesende über eine klare Stimme verfügen. Viertens, wenn er zum Priester zurückkehrt, küsst er dessen Hand, um damit auszudrücken, dass er nicht sich selbst die Früchte zuschreibt, sondern Gott, an dessen Stelle der Priester steht. [...]

KAPITEL 4
Gradual-Psalm (Antwort-Psalm)

Die solchermaßen durch die Lesung Unterwiesenen antworten nun. Die gewöhnliche Antwort ist das Graduale; diesem wird aber zuweilen ein Tractus angefügt, zuweilen ein Alleluja mit Sequenz, zuweilen entfällt das Graduale ganz und an seiner Statt wird ein doppeltes Alleluja mit Sequenz gesungen, obwohl die Sequenz nicht zum Ritus der Alten Kirche gehörte.

«Graduale» kommt von «Gradus» – Stufen; denn Schritt für Schritt schreiten die durch den Subdiakon Belehrten in der Tugend voran. Das bekennt der Chor; darum wurde das Graduale früher auch «Responsorium» genannt. Weil nun der Fortschritt in der Tugend etwas Schwieriges und zugleich etwas Gutes ist – schwirig, weil mit Mühe und Anstrengung verbunden, gut, weil die Tugend süß ist für den Gaumen und freudvoll für das Herz (vgl. Spr 16,24; Ps 19,9) –, darum wird in der Buß-Zeit mit dem Graduale der Tractus verbunden; an Festtagen aber, wenn der gute Geist [Gottes] verkostet wird, wird dem Graduale das freudige Alleluja und die Sequenz angeschlossen.

Es folgen kurze Erläuterungen zum Vortragsstil im Graduale und ein längerer Exkurs über die verschiedenen Stufen der Tugendhaftigkeit, eigentlich ein moraltheologischer Abschnitt.

KAPITEL 5

TRACTUS

Während der Buß-Zeiten folgt ein Tractus; denn die Buß-Zeit ist ja eine Zeit der Trauer: Ein solches Schwergewicht hat unsere Ungerechtigkeit, dass wir uns kaum zum Guten hinziehen lassen, nicht einmal wenn wir mit Gewalt gezogen *(tracti)* werden. Darum seufzt und ruft die Braut des Hohenliedes: «Ziehe mich nach dir!» – «Trahe me post te» (Hld 1,3). Das geschieht, wenn wir die Anstrengung der Buße auf uns nehmen; und darum wird der Tractus in langgezogenen Tönen gesungen, die trauervoll und nicht lieblich klingen, und die Worte künden ebenfalls von Trauer. Zum Beispiel: «Herr, handle an uns nicht nach unseren Sünden, vergilt uns nicht nach dem Maß unserer Ungerechtigkeit» [...].

Ein Tractus hat häufig mehrere Verse; denn auf vielfache Weise muss der Mensch zur Buße und Umkehr gezogen werden, bevor die Sünde vernichtet ist. Man muss sich ja von der bösen Tat abwenden, den Willen zu sündigen mit der Wurzel ausreißen und die Reste einer langen Gewohnheit tilgen. Jer 1,10: «Siehe, ich setze dich heute über Völker und Reiche, damit du ausreißt und niederreißt, zerstörst und zerstreust, aufbaust und einpflanzest». Reiße also die sündige Tat durch das Bekenntnis aus, reiße den Willen zur Sünde durch Reueschmerz nieder, zerreiße die Wurzeln durch innige Hinwendung zu Gott, zerstöre die Reste, indem du dich von der Sünde fernhältst. Denn der Engel sprach zu Lot (Gen 19,17): «Rette deine Seele ... bleib in dieser Gegend nicht stehen». Baue auf, indem du dich an die Tugend gewöhnst, pflanze, indem du mit guten Werken Wiedergutmachung leistest. [...]

Darum also wird ein Tractus in Zeiten der Buße gesungen, in der Vierzigtägigen Fastenzeit, den Quatembertagen – außer er fällt in die Pfingstwoche, dann wird das Alleluja gesungen. Denn zu dieser Zeit wird aus überströmender Freude gefastet *(ieiunium exsultationis)*, nicht aus Niedergeschlagenheit. Wie Gregor der Große schreibt, hat dieses Fasten seinen Grund darin, dass die Heiligen die Berauschung durch die Fülle des Heiligen Geistes empfangen hatten und darum nach der leiblichen Speise keinerlei Verlangen hatten; denn sie waren im Inneren gesättigt von der Süße des Heiligen Geistes: «Wenn jemand den Geist gekostet hat, hört das Fleisch auf, ihm zu schmecken, und ebenso die fleischliche Ergötzung».[15]

KAPITEL 6
DAS ALLELUJA UND DIE SEQUENZ

Wir haben oben gesagt, dass der Fortschritt in der Tugend, den das Graduale bezeichnet, einerseits mühevoll ist und Trauer mit sich bringt, und andererseits freudvoll, und daher Jubel bringt. Zur Zeit der Freude, wenn man den Jubilus singt, wird nicht ein Tractus, sondern das Alleluja gesungen, das bedeutet: «Lobet den Herrn» oder «Lobpreisung des Herrn». Darum hat die Kirche festgesetzt, dass am Festtag der ewigen Freude das Alleluja zu singen ist, wie es geschrieben steht: «In all ihren Gassen – gemeint ist Jerusalem – wird man Alleluja singen» (Tob 13,22). […]

Dreifach loben wir Gott: Wir preisen ihn wegen des Guten, das er in sich selbst ist und hat, wegen des göttlichen Gutes, das wir bereits in uns haben und jetzt schon verkosten, und wir preisen ihn für das Gute, das uns an dem betreffenden Festtag vor Augen geführt und erwiesen wird. Darum lässt man den Tractus weg und singt sehr ausgedehnt, in lieblichen Melodien «Alleluja»; denn wir erinnern uns an das unendliche, grenzenlose Gut, das wir in Gott haben. Das göttliche Gut aber, an dem wir partizipieren, feiern wir im Vers des Alleluja – auch dieser Vers

---

[15] Man findet auch die Übersetzung: «… dann wird das Fleisch töricht» *(caro dissipit)*. – Bereits Bonaventura schreibt diese Formulierung Gregor zu. Sie findet sich auch bei Bernhard von Clairvaux, und später bei Johannes vom Kreuz.

VERKÜNDIGUNG 79

hat eine ausgedehnte Melodie, aber nicht ganz so lang wie das Alleluja selbst. [...] Die Güte Gottes, die spezifisch an einem Fest gefeiert wird, wird uns in der Dichtung der Sequenz vor Augen geführt. Sie ist nicht allgemeine Vorschrift *(non est generalis)* und war auch nicht seit den Anfängen in der Kirche gebräuchlich. Als erster führte sie Abt Notger von St. Gallen in die Liturgie ein; er ist der Verfasser so gut wie aller frühen Sequenzen. Später machten es ihm einige nach und führten Sequenz-Dichtungen in ihren Kirchen ein, und auch heute noch tun viele desgleichen. Fast alle Sequenzen sind ursprünglich auf der Grundlage der lang ausgedehnten Alleluja-Melodie gedichtet worden. Sie wurden mit Zimbelklang, Geigen oder Flöten musiziert, wie es Psalm 150,4f. entspricht.

Der Grund, warum später einiges zur Messfeier hinzugefügt worden ist, liegt also darin: Auf diese Weise ahmt man David nach, der den Gottesdienst vielfältig ausschmückte, indem er die Zahl der Sänger und der Priester erhöhte, und all das reich ausstattete, was zum Lob Gottes beiträgt.

KAPITEL 7

DAS EVANGELIUM: BELEHRUNG
FÜR DIE VOLLKOMMENEN

Nun folgt das Evangelium, gleichsam als Unterweisung für die Vollkommenen.[16] Hier soll man auf zwei Dinge achten: den Ritus, wie diese Unterweisung stattfindet –

---

[16] Dieser Abschnitt zeigt, dass Albertus sich durchaus auf symbolische Auslegung der Liturgie versteht.

das Evangeliar zu nehmen, um den Segen zu bitten, das Buch in einer Prozession zu tragen, niederzulegen und zurückzubringen –, und die besondere Vollkommenheit, die durch das Evangelium gewirkt wird.

Das Buch ist also zunächst vom Altar zu nehmen; denn der Altar bezeichnet das Geheimnis, die Schatzkammer der Schrift und der Heiligung: «Das Gesetz geht aus von Zion, das Wort des Herrn aus Jerusalem» (Jes 2,3). Daher darf jemand, der [sein Wissen] nicht aus Zion, das heißt: aus der Schau der heiligen Schrift,[17] empfangen hat, nicht lehren. Das Wort «geht von Jerusalem aus», weil der Lehrer der Vollkommenheit denen, die er unterweisen will, den Frieden ankündigt. «Wie schön sind die Füße dessen, der über die Berge kommt und Frieden ansagt, das Gute verkündigt, das Heil kündet!» (Jes 52,7). Die Verkündigung vom Guten ist das Evangelium. So sagte der Engel gleichsam als Evangelist: «Siehe, ich bringe euch das Evangelium der großen Freude» – «*evangelizo vobis gaudium magnum*» (Lk 2,10) [...] Dass das Buch vom Altar zu nehmen ist, wird angedeutet durch Offb 5,1: «Ich sah in der Rechten dessen, der auf dem Thron sitzt, ein Buch, innen und außen beschrieben, siebenfach versiegelt». Der Altar bezeichnet den erhabenen Thron Gottes, auf dem unsichtbar Christus, Gott, König und Priester, sitzt. Aus seiner Rechten empfängt der Diakon (oder der Priester) das Buch, wenn er «in der Kraft der Rechten Gottes» (vgl. Ps 117,16) hingeht, um das Evangelium zu verkünden.

Danach bittet der Diakon um den Segen und erhält ihn, entweder vom Bischof, als dem Vollender der Hei-

---

[17] «Sion» wurde etymologisch als «speculatio» gedeutet, wie «Jerusalem» als «visio pacis»: Isidor von Sevilla, *Etymologiae* VIII, 1, 4-6.

ligung *(sanctitatis perfector),*[18] oder vom Priester. Denn wer diesen Dienst übernimmt *(minister),* ist aus sich selbst unzureichend zur Verkündigung des Evangeliums, wenn nicht von Gott her, der alle Heiligung vollendet, Gnade und Segen auf ihn herabkommen (2 Kor 3,5; Sir 43,29).

Nachdem er den Segen erhalten hat, wird unter dem Segensgebet des Bischofs oder Priesters Weihrauch auf die Kohlen gelegt. Damit wird ausgedrückt, dass aller Wohlgeruch von Tugenden oder Gebeten beim Opfer vom Hohenpriester Christus her kommt, der unsichtbar alle Heiligung vollendet. Darum endet das Segensgebet auch mit den Worten: «Durch unseren Herrn Jesus Christus…». Weihrauch zu gebrauchen ist ein Ritus des Alten Testaments, den die Kirche bewahrt hat. Denn der Weihrauch bezeichnet nicht etwas, das einst vollzogen wurde, jetzt aber nicht mehr zu vollziehen ist, wie etwa die Opferung des Pessach-Lammes, sondern der Weihrauch bezeichnet etwas, was immer zu vollziehen ist und wiederholt werden muss, nämlich den süßen Duft der Innigkeit *(devotio)* beim Gebet und beim Opfer: «Mein Gebet steige vor dir auf, wie Weihrauch, Herr, vor deinem Angesicht» (Ps 140,2). «Ein anderer Engel kam, er stand vor dem Altar und hielt ein goldenes Weihrauchgefäß in der Hand, es wurde ihm viel Weihrauch gegeben, damit er von den Gebeten aller Heiligen [ein Opfer] darbringe auf dem goldenen Altar vor dem Throne Gottes» (Offb 8,3).

Dann schreitet der Diakon zur Lesung des Evangeliums. Bei der Prozession gehen ihm zwei Kerzenträger und zwischen ihnen ein Kreuzträger voraus. Die Kerzenflammen sind ein Abbild des Wortes, das wie eine Fackel das Licht

---

[18] Vgl. unten S. 114 Anm. 29.

des Wissens spendet und die Kraft gibt, zu leben,[19] was im Evangelium gesagt wird. «Gott, der gesprochen hat: Aus Finsternis soll Licht aufstrahlen, er ist aufgeleuchtet in unseren Herzen...» (2 Kor 4,6). Und: «So soll euer Licht leuchten vor den Menschen, damit sie eure guten Taten sehen und euren Vater im Himmel preisen» (Mt 5,16). Das in der Mitte hoch aufgerichtete Kreuz bedeutet, dass die Ehre des lehrenden Diakons und die Kraft seiner Lehre im Kreuz liegen: «Mir aber sei es fern, mich in irgendetwas zu rühmen, außer im Kreuz unseres Herrn Jesus Christus, durch den mir die Welt gekreuzigt ist und ich der Welt» (Gal 6,14); «den Berufenen aber, Juden wie Griechen: Christus, Gottes Kraft und Gottes Weisheit» (1 Kor 1,23).

Nach den Kerzenträgern und dem Kreuzträger in der Mitte folgt der Weihrauch-Träger. Das soll bedeuten, dass der Wohlgeruch eines guten Rufes dem Prediger des Evangeliums vorausgehen muss (2 Kor 2,14f.). Gleich danach folgt der Diakon mit dem Evangeliar, das er auf der Linken trägt und mit der Rechten umfasst.[20] Denn die Predigt ist nur so lange notwendig, als wir «auf der linken Seite» sind, das heißt: in diesem zeitlichen Leben voll Düsternis. Wenn wir einmal «zur Rechten» hinübergegangen sind, das heißt: zum ewigen Leben, werden wir «in der Umarmung», im Angesicht Gottes alles erkennen, was uns vollkommen selig macht. [...] Dem Diakon folgt der Subdiakon, wie es die alten Bestimmungen vorsehen, um anzudeuten, dass derjenige, der die Lehre empfangen soll, demjenigen folgt, der sie verkündigt.

---

[19] Oder: «zu verstehen»; im Lateinischen steht: «ad videndum». Dem Sinn nach wäre jedoch die Lesart «ad vivendum» konsequent, wie der folgende Passus zeigt.
[20] Wörtlich: «umarmt» – *amplexatur*.

Der Subdiakon trägt ein kleines Kissen vor der Brust als Zeichen dafür, dass nicht der Verkündiger des Evangeliums sich um die Unterstützung mit zeitlichen Gütern sorgen soll, sondern derjenige, der die Unterweisung empfängt, sich für ihn darum kümmern soll, wie es Gal 6,6 zeigt. Wenn jemand gelehrt worden ist, dann ist er verpflichtet, seinem Lehrer mit zeitlichen Gütern zu dienen, von dem er geistliche Güter empfangen hat. Dass ausgerechnet ein Kissen diese zeitlichen Güter versinnbildet, geht auf Mk 4,38 zurück: Der Herr «schlief auf einem Kissen» im Boot, mitten im Sturm. Da es also ab und zu nötig ist, auszuruhen und die Kräfte zu erfrischen, ruht der Verkündiger des Evangeliums auf dem Kissen zeitlicher Erquickung, um die sich die Untergebenen Gedanken machen sollen, damit nicht der Verkündiger gezwungen ist, die Beschäftigung mit der Wahrheit und ihre Erforschung zu unterbrechen. Denn der menschliche Geist kann sich nicht gleichzeitig um die irdischen Dinge kümmern und sich der Betrachtung der Weisheit widmen.

Sie gehen also vom Bischof, der neben dem Altar steht, zum Ambo. Dieser hat nach altem Brauch zwei Zugänge, einen nach Norden, den anderen nach Süden. Der Süden versinnbildet die Erleuchtung und Entflammung durch den Heiligen Geist. Denn das Licht der Wahrheit und die Glut der Liebe leiten uns auf dem rechten Weg der Evangelisierung. Diesen Aufgang nehmen alle: der Subdiakon, Kerzenträger und Weihrauchträger nehmen ihren Platz hinter dem Diakon ein. Nur das Kreuz bleibt vor seinen Augen stehen, der Kreuzstab ruht auf dem Boden. Damit wird verdeutlicht, dass sich alle vom Evangelium belehren lassen müssen, die Diener der Kirche ebenso wie die Laien.

Zu Beginn des Evangeliums wird Weihrauch über das Evangeliar geschwenkt, vor dem Gesicht dessen, der es liest; denn der Duft der Tugenden, von denen das Evangelium handelt, wird vom Diakon verkündigt. [...] Dass aber der Kreuzstab die Erde berührt und der Diakon sich gleichsam mit der Hand darauf stützt, ist ein Sinnbild dafür, dass die Kraft des Kreuzes ihn unterstützt, während er das Evangelium vorträgt. Dass er erhöht steht, bedeutet, dass sein Geist und seine Lebensführung hochstehend seien, wie Gregor sagt: «Wenn jemandes Lebensführung verachtet wird, dann wird in der Folge auch seine Verkündigung missachtet».[21] [...]

Bei der Lesung des Evangeliums steht der Diakon gen Norden gewendet; denn der Norden mit seiner Kälte und Dunkelheit bezeichnet die dunkle und kalte Bosheit des Feindes, der in den Herzen aller die kleine Flamme der Liebe erkalten lassen und das Licht der Wahrheit verdunkeln will, so weit er nur kann. Jer 1,14: «Von Norden her wird sich ausbreiten alles Übel über die Bewohner der Erde». Gegen diese Gefahr stellt sich der Verkündiger des Evangeliums, welcher die Lehre von der Vollkommenheit kundtut, um die Finsternis mit dem Licht der Wahrheit in die Flucht zu schlagen – denn «das Licht leuchtet in der Finsternis, und die Finsternis hat es nicht ergriffen» (Joh 1,5) –, und um die Kälte des Nordwinds von den Herzen der Hörer fernzuhalten. Er spricht gleichsam wie die Braut im Hohenlied (4,16): «Nordwind, heb dich weg *(surge)*, Südwind komme herbei *(veni)*, durchwehe meinen Garten, und sein vielfacher Duft wird strömen!» Der Nordwind soll sich hinwegheben aus den Herzen der

---

[21] *Hom. in Ev.* 12, 1.

Gläubigen, er soll ausgetrieben werden; der Südwind mit Feuchtigkeit und Wärme soll kommen, damit alle Tugenden duften und wachsen, bewässert durch die Gnade.

Der Diakon macht [zu Beginn] das Kreuzzeichen auf Stirn, Mund und Brust. Das gleiche tun auch die Hörer. Er bezeichnet seine Stirn, weil die Stirn der Sitz von Schmach oder Ehre ist; das Kreuzzeichen soll also bedeuten, dass er sich des Kreuzes nicht schämt, sondern sich im Kreuz rühmt, das er ja durch das Evangelium verkündigt (vgl. Röm 1,16). Dann bezeichnet er seinen Mund, um mit ihm die Wahrheit zum Heil zu bekennen (vgl. Ps 50,17), und schließlich die Brust, um mit dem Herzen zu glauben (vgl. Röm 10,9f.).

Das Volk steht, jedermann barhäuptig, und wenn jemand ein Gewand trägt, das die Hände bedeckt, dann streift er es soweit ab, dass die Hände frei und unverhüllt sind. Indem man aufgerichtet steht, zeigt man, dass man den Geist zu Gott erhebt. Man steht auch, um kämpfen zu können gegen die Bosheit des Nordwinds. Man steht, um dem Evangelium zu folgen. Kopfbedeckungen nimmt man ab, damit nichts zwischen dem Haupt des Menschen und Gott stehe, und damit die Ohren geöffnet seien: «Selig die Augen, die sehen, was ihr seht. Ich sage euch: Viele Propheten und Könige wollten sehen, was ihr seht, und haben es nicht gesehen, und wollten hören, was ihr hört, und haben es nicht gehört» (Lk 10,23f.). Dass die Hände frei sind, bezeichnet die Bereitschaft zum Werk: «Alles, was der Herr gesprochen hat, wollen wir tun; wir werden gehorsam sein» (Ex 24,7).

Im folgenden Abschnitt nennt Albertus sechs Gründe, warum dem Evangelium der Vorrang gegenüber allen anderen biblischen Schriften gebührt.

Wenn die Lesung beendet ist, schließt der Diakon das Evangeliar und gibt es dem Subdiakon zu tragen, zum Zeichen, dass dieser nun unterwiesen ist. Wenn der Diakon den Ambo verlässt, steigt er gen Norden hinab, um zu zeigen, dass er über die Bosheit des Nordwinds triumphiert hat. Wie vorher gehen ihm die Akolythen und der Weihrauch-Träger voraus, aber anders als vorher geht nun auch der Subdiakon vor dem Diakon. Sie kehren zum Vollender der Heiligung, dem Bischof zurück, als Sinnbild dafür, dass alles Gute auf Gott zurückgeführt werden muss. Zuerst küsst der Bischof das Evangelienbuch, dann der Diakon. Damit endet die Lesung des Evangeliums, die für uns Heil und Schutz gegen den Widersacher ist.

KAPITEL 8

SYMBOLUM – GLAUBENSBEKENNTNIS

Das Volk, das durch das Evangelium belehrt ist, bekennt nun laut, dass es glaubt. Warum aber stimmt der Bischof oder Priester das Credo an, und nicht jemand aus dem Volk oder aus dem Chor? Deswegen beginnt der Zelebrant – als derjenige, der die übrigen heiligt –, um zu zeigen, dass der Glaube ein Geschenk Gottes ist, und dass das Gute von Gott her über diejenigen, welche die Heiligung vollziehen, auf das Volk herabsteigt, so wie es den Stufen in der Kirche entspricht. So heißt es im Psalm (132,2): «Wie das Salböl vom Haupt herabfließt auf den Bart, Aarons Bart, und dann herabfließt auf sein Gewand...». Darum schreibt Dionysius in der *Himmlischen Hierarchie*[22], es ent-

---

[22] *Cael. Hier.* 10,2. Es ist ein Grundgedanke der Dionysischen Hierarchienlehre, dass Gnade oder Erleuchtung «vermittelt» gege-

spreche dem göttlichen Gesetz, durch die ersten Seienden die Mittleren, und durch die Mittleren die Letzten zurückzuführen.

Was das Glaubensbekenntnis selbst betrifft, stellen sich drei Fragen: Was bedeutet der Name «Symbolum»? Wie ist es gegliedert? Und warum gibt es mehrere Symbola?

Das griechische Wort Symbolum bedeutet das gleiche wie das lateinische Wort «collatio», «Zusammenstellung». Es ist zusammengesetzt aus «syn», das ist: «mit» (lat.: *cum*), und «bole», das bedeutet: «Bissen», soviel man auf einmal in den Mund nehmen kann; denn jeder Apostel hat zum Bekenntnis einen solchen Bissen beigesteuert, das heißt, einen Artikel, der seine vollendete Gestalt bekam durch das lange Kauen in der Betrachtung. Als die Zeit gekommen war, dass die Apostel sich trennen sollten, um in der ganzen Welt das Evangelium zu verkündigen, trafen sie sich in Jerusalem und stellten dort die Glaubensartikel zusammen – den Glauben, den sie verkündigen würden –, damit unter ihnen keine Spaltung auftrete. Daher lesen wir: «Ich beschwöre euch, Brüder, im Namen Jesu Christi unseres Herrn, dass ihr alle das gleiche sagt, und nicht Spaltungen unter euch aufkommen» (1 Kor 1,10), und: «Ich ging nach Jerusalem hinauf und verglich das Evangelium, das ich unter den Heiden verkündige, mit ihnen» – d.h.: Petrus und Jakobus –, «damit ich nicht vergeblich laufe oder gelaufen bin» (Gal 2,2).

Das Symbolum wird auch einfach als «der Glaube» (*fides*) bezeichnet.

---

ben werden, ähnlich wie die obere Brunnenschale an die mittlere und diese an die untere das Wasser weitergibt.

*Tugend des Glaubens und Glaubensinhalt
(fides qua – fides quae)*

Von «Glauben» aber sprechen wir in dreifacher Hinsicht: Erstens verstehen wir darunter die innere Form, wodurch man an Gott glaubt. In dieser Bedeutung ist der Glaube ein von Gott eingegossenes Licht, aufgrund dessen jemand der Ersten Wahrheit um ihrer selbst willen und mehr als allem anderen zustimmt, obwohl er diese Wahrheit mit der Vernunft nicht vollständig erfasst *(non comprehendit)*. «Der Glaube ist die Grundlage *(substantia)* der Dinge, die wir erhoffen, ein Argument für das, was nicht sichtbar ist». «Substantia» wird hier vom Apostel im Sinn von «Grundlage» *(fundamentum)* gebraucht; denn der Glaube legt den Grund für das, was man erhofft: Gnade, Herrlichkeit, Vergebung. Diese Dinge würden in uns nicht Wurzeln fassen aufgrund fester Zustimmung *(assensu immobili),* wenn nicht Gott sie in uns eingründen würde – durch sein Licht, das er uns oder unseren Vätern enthüllt hat. Ohne dieses eingegossene Licht würden wir diese Dinge bezweifeln oder sogar völlig leugnen. Weil aber der Mensch im Glauben Dingen zustimmt, die seinen Verstand übersteigen, und zwar fest, dauerhaft und ohne zu zweifeln, darum wird der Glaube auch «argumentum» für das Unsichtbare genannt. «Argumentum» bedeutet, «etwas, was Überzeugung bewirkt». So schreibt Richard von St. Victor, und vor ihm schon Hilarius: «Der Glaube überragt die Vernunft *(est supra rationem)*, bleibt aber unterhalb jener Einsicht in die Wahrheit, die wir durch die offene Schau Gottes in der himmlischen Heimat haben werden». Und Dionysius sagt im Buch Über die Namen Gottes,[23] dass der Glaube ein Licht sei, das die Gläubigen mittels ihrer geistigen Zustimmung in die Wahrheit Gottes stelle, und umgekehrt der Wahrheit Gottes Raum in den Gläubigen gebe. Das also ist der Habitus des Glaubens als Tugend.

«Glauben» bedeutet aber auch «das, was geglaubt wird»: dass Gott dreifaltig und einer ist, dass der Eingeborene Sohn Gottes empfangen und geboren wurde von Maria der Jungfrau, dass er gelitten hat, und das übrige, was die heilige Kirche glaubt. In diesem Sinn spricht man von «Glaubensartikeln». Nach der Definition des Richard von St. Victor ist ein «Artikel» die kleinste Einheit, die verpflichtend zu glauben ist – ähnlich wie der menschliche Körper aus «Gliedern» *(articuli)* zusammengesetzt ist, so dass jeweils zwei durch eine Verbindung geeint werden: etwa beim Daumen, wo zwei Verbindungen drei Glieder verbinden. Ähnlich sind auch die «Glieder» des katholischen Glaubens untereinander verbunden. Die Verbindung nennt man «Symbolum». [...] Dass man den Artikel als «die kleinste Einheit» bezeichnet, soll so verstanden werden, dass er im Symbolum nicht noch einmal unterteilt wird – ähnlich ist ja das Bein im menschlichen Körper durchaus ein großer Körperteil, wird aber nur in zwei Glieder geteilt. Dass er uns «zum Glauben verpflichtet», bedeutet, dass er verpflichtend zum Glauben gehört, und der Mensch ohne diesen Glauben das Heil nicht erlangen kann.

Zum Glauben als Glaubensinhalt gehören auch Dinge, die ihm vorausliegen *(antecedentia),* also seine Prinzipien. Sodann gehören dazu der Glaubensinhalt selbst, gewis-

---

[23] *De div. nom.* VII, §4.

sermaßen wie Schlussfolgerungen aus den Antecedentia. Und es gehören dazu Folgerungen, gewissermaßen noch weiter führende Schlussfolgerungen – was bei den Philosophen «Corollaria» (weiterführende Zugabe) heißt.

Was dem Glauben vorhergeht, ist die Überzeugung, dass Gott ist, dass er wahrhaftig ist in dem, was er sagt, dass das, was er offenbart, unwandelbar wahr ist, und dass die Heilige Schrift von ihm offenbart worden ist *(revelata)*. Daraus folgt, dass die Glaubwürdigkeit der Schrift größer ist als aller Scharfsinn menschlichen Geistes und daher der Schrift in allen Dingen zu glauben ist, selbst wenn sie etwas nicht in Entsprechung zum Menschenverstand zu sagen scheint.

Die «Schlussfolgerungen» sind die Glaubensartikel: Die Apostel haben sie aus der hl. Schrift entnommen und durch Offenbarung empfangen *(de Scriptura elicitos et per revelationem acceptos)* und dann uns zu glauben vorgelegt. Wir kommen bei der Auslegung des Symbolums noch darauf zurück. Die weiterführenden Schlussfolgerungen umfassen das, was zur näheren Erläuterung der Artikel gehört. Zum Beispiel gehört zum Artikel der Menschwerdung Christi, dass er von einer Mutter geboren wurde, zur Zeit des Kaisers Augustus, unter dem Wirken des Heiligen Geistes.

Dieser Glaube heißt «katholisch und apostolisch». «Katholisch» aus zwei Gründen: weil seine Grundlagen keine partikuläre Wahrheit sind, sondern in jeder Hinsicht und umfassend wahr *(universaliter verae);* und weil dieser Glaube in der ganzen Welt, und nicht nur in einem Teilbereich Geltung hat – anders als beim Alten Gesetz. […]

Es gibt noch eine dritte Bedeutung von «Glauben»: der Glaube, der durch die Liebe wirksam wird (vgl. Gal 5,6). Durch diesen innig vertrauenden, in Herz, Mund und Werk hingebungsvollen Glauben und durch den Fortschritt in guten Werken naht man sich Gott.

Wer glaubt, aber schlecht handelt, der hat Glauben im ersten Sinn,[24] wer glaubt und dementsprechend handelt, hat Glauben im dritten Sinn.

KAPITEL 9
DIE ZWÖLF ARTIKEL DES APOSTOLISCHEN GLAUBENSBEKENNTNISSES

Nehmen wir uns nun das Apostolische Glaubensbekenntnis vor. Wir werden es gliedern und auslegen.

Artikel 1:
Petrus, der erste der Apostel, trug den ersten Artikel vor: «Ich glaube an Gott, den Vater, den allmächtigen, den Schöpfer des Himmels und der Erde». Danach schwieg er.

«Ich glaube»: das heißt: Ich stimme im Herzen zu, und mein Sinnen und Trachten ist mit Hingabe auf Gott gerichtet. Als Vater ist er der Ursprung; denn von ihm stammt der Sohn durch Zeugung, von ihm geht auch der Heilige Geist hervor. Dass Gott «der Allmächtige» genannt wird, bedeutet, dass er alles kann, was er will, frei,

---

[24] Albertus fasst also die *fides qua* (Glauben im ersten Sinn) so auf, dass durch das göttliche Licht nur die Zustimmung zur Wahrheit bewirkt wird, aber keine innere Formung des Willens darüber hinaus; Glauben im ersten Sinn wäre daher «fides informis», Glauben ohne *caritas*.

ohne durch irgendein Gesetz eines untergeordneten Wesens eingeschränkt werden zu können – während wir von unserer schwerfälligen Natur her vieles nicht vermögen. Auch leidet Gottes Macht unter keiner Schwäche, und nichts, was ihm widersteht, kann ihn hindern: «Alles, was er wollte, hat er vollbracht» (Ps 113,11), «Wer kann seinem Willen widerstehen?» (Röm 9,19) u.v.a.

«Den Schöpfer des Himmels und der Erde»: Dies gehört zum ersten Artikel wie die Wirkung zur Ursache. Denn wenn ein Baumeister ein Haus bauen oder ein Handwerker einen Schrank machen will, dann muss er zuerst in seinem Geist den geistigen Begriff *(verbum)* und den Plan *(artem)* konzipieren, als Grundlage und Form des auszuführenden Werkes. Ebenso ist es notwendig, dass die Zeugung des WORTES in Gott der Erschaffung der Welt vorausging. Denn das «Wort» ist gewissermaßen die geistige Form und der Plan und der innere Grund *(ratio)* des Werkes. [...] Und weiter: Vom Künstler muss nach der Konzeption des Planes oder «Wortes» der Geist *(spiritus)* ausgehen, der das Wort ins Werk umsetzt. So muss auch vom VATER im Himmel der GEIST seines WORTES ausgehen, der das Wort ins Werk setzt: Werke der Schöpfung, der Heiligung, der Verherrlichung. Der Hervorgang der Personen in Gott ist somit die Ursache dafür, dass die drei Personen die Schöpfung, die Heiligung und die Verherrlichung wirken. Das schreibt Anselm im *Monologion* und beweist es. Bezeichnend dafür ist: Zu Beginn der Welterschaffung «sprach Gott: Es werde – dies oder jenes». [...] Über den GEIST und das WORT steht im Psalm (32,6): «Durch das Wort des Herrn wurden die Himmel geschaffen, all ihre Kraft durch den Geist aus seinem Mund».

Artikel 2:

Als zweiter sprach in der Versammlung Andreas, der Bruder des Simon Petrus: «Und an Jesus Christus, seinen eingeborenen Sohn, unseren Herrn».

Mit dem Namen «Jesus Christus» bezeichnet er den Mittler; dass er der «eingeborene Sohn» ist, besagt, dass er vom Vater durch Zeugung hervorgeht und ihm gleichwesentlich in der göttlichen Natur ist. Denn auch unter Menschen ist der vom Menschen Gezeugte von gleicher Natur wie der Zeugende. [...] Da die Gottheit weder dem Sein noch der Natur nach vervielfältigt werden kann, muss zwischen dem Gezeugten und dem Zeugenden Gleichheit der Natur bzw. des Wesens *(connaturalitas)* bestehen. Dass er als der «einzige» oder «eingeborene» Sohn geglaubt wird, bedeutet, dass er die gesamte Herrlichkeit des Vaters ungeteilt besitzt, wie Basilius ausführt. Dass er «Herr» ist, heißt, dass er allen Reichtum besitzt und spenden kann. Mit dem Wort «unser» aber wird gesagt, dass er «unser» geworden ist durch die Liebe, mit der er uns in sich aufnahm.

Artikel 3:

Dann sprach Jakobus der Ältere: «Empfangen durch den Heiligen Geist, geboren von der Jungfrau Maria». Empfängnis und Geburt gehören zusammen, sie bilden das Geheimnis der Menschwerdung.

«Durch den Heiligen Geist»[25] besagt, dass die Empfängnis durch die Macht und das Wirken des Heiligen Geistes geschah *(de potestate et operatione Spiritus sancti)*. Nicht die Substanz oder gleichsam «Materie» des Heili-

---

[25] Wörtlich: «Vom Heiligen Geist her» – *de Spiritu Sancto*.

gen Geistes ist gemeint; denn wenn jemand aus der Substanz eines anderen gezeugt wird, dann ist er dessen Sohn. Christus ist aber nicht der Sohn des Heiligen Geistes, auch nicht hinsichtlich seiner Geburt in der Zeit.

«Geboren» benennt zwei Aspekte *(duas nativitates)*: Christus wurde im Schoß der Jungfrau «geboren», indem er unsere Menschennatur annahm und mit sich vereinte, und er wurde geboren, als er den Mutterschoß verließ, ohne die Jungfräulichkeit der Mutter zu verletzen. Darum heißt es «von der Jungfrau Maria». Sie war vor der Geburt reine Jungfrau, und ebenso war sie ohne Begierde in der Empfängnis, ohne Beschwernis während der Schwangerschaft und ohne Schmerzen bei der Geburt. – Über die Empfängnis steht bei Lukas (1,35): «Der Heilige Geist wird über dich kommen und die Kraft des Allerhöchsten wird dich überschatten». Über die Geburt im Mutterschoß steht bei Matthäus (1,20): «Was in ihr geboren wird, ist vom Heiligen Geist». Über die Geburt aus dem Mutterschoß heißt es im Psalm (18,6): «In der Sonne hat er sein Zelt gebaut; er selbst geht hervor wie ein Bräutigam aus seinem Gemach». Hinsichtlich der Jungfräulichkeit vor der Geburt, in der Geburt und nach der Geburt steht bei Ezechiel (44,2): «Die Pforte», die du gesehen hast, «wird verschlossen sein und nicht geöffnet werden; denn der Herr, der Gott Israels ist durch sie eingetreten; sie wird für den Fürsten verschlossen sein», das heißt: zu Ehren des Fürsten.

Artikel 4:
Johannes der Evangelist sprach: «Gelitten unter Pontius Pilatus, gekreuzigt, gestorben und begraben». Hier geht es um das Leiden Christi, mit einer genaueren zeitlichen

Bestimmung: «unter Pontius Pilatus». «Gekreuzigt» bezeichnet die Art des Leidens, «gestorben» die großen und vielfältigen Leiden: «Er wurde dem Vater gehorsam bis zum Tod, bis zum Tod am Kreuz» (Phil 2,8). «Begraben» besagt nur die Bestattung, die dem Tod folgte.

Artikel 5:

Dann sprach Philippus: «Hinabgestiegen in die Unterwelt; am dritten Tage auferstanden von den Toten».

Hier sind viele unsicher, ob der «Abstieg in die Unterwelt» und die «Auferstehung» zu einem einzigen Glaubensartikel zusammengehören. Ohne einer besseren Einsicht vorgreifen zu wollen, wäre zu sagen: Es gibt eine zweifache Auferstehung, der Seele und des Leibes. In die Unterwelt, so schreibt Johannes Damascenus, stieg Christi glorreiche Seele ab – die Seele, die mit der göttlichen Natur geeint ist –, und auf diese Weise brachte sie in die Unterwelt das selige Leben, weil die mit der Seele geeinte Gottheit geschaut werden konnte. So hat sich erfüllt, was bei Hosea verheißen ist (Hos 13,14): «Tod, ich werde dein Tod sein, Unterwelt, ich werde dein Untergang!» Den Tod zu töten und die Unterwelt zu vernichten ist aber das Werk des Lebens, nicht des Todes! Hier erfüllt sich das Wort bei Matthäus (12,29), dass Christus als der Stärkere «in das Haus des Starken einbricht», nämlich des Teufels, «und ihn fesselt und alle seine Gefäße wegnimmt». Das alles sind Taten des Lebens, die sich auf die Auferstehung beziehen.

Artikel 6:

Bartholomäus sprach: «Aufgefahren in den Himmel, er sitzt zur Rechten Gottes, des allmächtigen Vaters».

Zur Rechten Gottes des Vaters zu sitzen ist das Ziel der Himmelfahrt. Daher gehört beides in einen Artikel. Das «Sitzen zur Rechten» bedeutet hinsichtlich der göttlichen Wesenheit des Sohnes die gleiche Würde mit dem Vater *(aequalitas)*; hinsichtlich der menschlichen Wesenheit bedeutet es, sich der erhabensten Güter zu erfreuen, mehr als jedes andere Geschöpf.

Artikel 7:
Thomas fügte hinzu: «Von dort wird er kommen, zu richten die Lebenden und die Toten» – entsprechend Apg 1,11: «Er wird wiederkommen, so wie ihr ihn habt zum Himmel auffahren sehen». Er ging in menschlicher Gestalt; denn gemäß seiner göttlichen Wesenheit *(in forma divina)* ist oder war er nirgends abwesend. So wird er auch in menschlicher Gestalt wiederkommen zum Gericht, so dass er von Guten wie Bösen gesehen wird. Die göttliche Gestalt kann von den Bösen nicht gesehen werden; denn «niemand kann diese schauen, der sich nicht an ihr freut und über sie jubelt», sagt Augustinus. [...]

Artikel 8:
Matthäus sprach: «Ich glaube an den Heiligen Geist»; denn nachdem von den Geheimnissen des Sohnes in seiner Gottheit und Menschheit die Rede war, muss nun das Bekenntnis zum Heiligen Geist folgen, der vom Vater und vom Sohn ausgeht.

«Geist» [«Hauch», «Atem»] wird er genannt, weil er das Leben der Gnade und der Einsicht haucht: «Der Geist ist es, der lebendig macht» (Joh 6,64), «der Hauch des Allmächtigen gibt Einsicht» (Ijob 32,8). Das erste zeigt, dass es der Geist der Gutheit, der gute Geist ist (vgl. Ps

142,10); das zweite, dass es der Geist der Wahrheit ist (vgl. Joh 16,13). Und aus beidem wird offenbar, dass es der Geist Jesu Christi ist: denn «die Gnade und die Wahrheit kamen durch Jesus Christus» (Joh 1,17).

«Heilig» wird er genannt, weil er alle Heiligung vollendet. Heiligkeit bedeutet Reinheit, Frei-Sein von aller Befleckung (Dionysius). Der Heilige Geist befreit Herz und Leib von der Befleckung der Sünde, er reinigt unsere Tugendhaftigkeit von jeder Verstellung und Heuchelei, befreit den Intellekt vom Irrtum, unser Tun von Nachlässigkeit und Unterlassungen.

Artikel 9:
Jakobus der Jüngere fügte hinzu: «Die heilige katholische Kirche, die Gemeinschaft der Heiligen».

Der Heilige Geist wird zur Heiligung der Geschöpfe gesandt. Die durch ihn gewirkte Heiligkeit der Kirche kennt keinen Verfall, auch wenn es zuweilen Versagen bei einzelnen Personen gibt. Darum bekennen wir: «die heilige Kirche». Da jeder Glaubensartikel in der ewigen Wahrheit Gottes gründet – und nicht in einer geschaffenen Wahrheit; denn alles Geschaffene leidet an einem Mangel an Sinn und fester Wahrheit – darum muss dieser Glaubensartikel auf den Heiligen Geist, bzw. sein Werk, zurückbezogen werden: «Ich glaube an den Heiligen Geist», und zwar nicht nur «an sich», wie es im vorhergehenden Artikel ausgedrückt ist, sondern auch in dem ihm eigentümlichen Werk. Das ist die Heiligung der Kirche, die Eingießung der Heiligkeit in den Sakramenten, den Tugenden, den (Sieben) Gaben zur Vollendung der Heiligkeit, und schließlich in den Charismen des Wunderwirkens und anderer «umsonst gegebener Gnaden» *(gratiae gratis datae):* Weisheit, Wissen, Glaubenskraft, Unterscheidung der Geister, Heilungsgabe, prophetische Begnadung, und all dessen, was der Heilige Geist gibt, um die Heiligkeit der Kirche zu erweisen. [...][26]

«Die Gemeinschaft der Heiligen» besagt nichts anderes, sondern gehört zum gleichen Glaubensartikel: Die Gemeinschaft der Heiligen bezieht sich auf die Vollendung der Heiligkeit der Kirche. Im einzelnen Menschen bewirkt sein Geist, dass das Gute eines einzelnen Gliedes auch anderen zugute kommt; für Empfindung und Bewegung ist das Haupt zuständig, das Herz für den Herzschlag und den Lebensatem, die Leber und der Magen für die Verdauung der Speisen und die natürlichen Lebensgeister. Ähnlich ist es im Mystischen Leib: der Geist Christi geht vom Haupt Christus aus und lässt die Güter besonders edler Glieder, wie der Apostel, der seligen Jungfrau Maria, der Märtyrer und anderer großer Heiliger, allen Gliedern zugute kommen: Auf diese Weise wird das, was jedem eigen ist, «gemeinsam», und so vollendet sich die Heiligkeit in der Kirche.

Artikel 10:

Simon Kananäus, genannt der Zelot, schloss sich seinem leiblichen Bruder Jakobus an – dieser Jakobus war Bischof von Jerusalem. Simons Beitrag lautete: «Vergebung der Sünden», und er sagte dies im Hinblick auf das heiligende Wirken des Heiligen Geistes: Ich glaube an den Heiligen Geist, der die Vergebung der Sünden bewirkt [...]: «Empfanget den Heiligen Geist. Wem ihr die Sünden nachlasset, denen sind sie erlassen» (Joh 20,22f.). So geschieht

---

[26] Zur Katholizität der Kirche hatte sich Albert bereits in Kapitel 8, oben 90, geäußert.

auch jede Taufspendung, die ja die Reinigung von Schuld wirkt, im Heiligen Geist.

Artikel 11:
Danach ergriff Judas Thaddäus, der dritte Bruder der beiden anderen, das Wort. Die Apostel nannten ihn «Thaddäus», was so viel bedeutet wie Herzenswächter. Er fügte als seinen Beitrag hinzu: «Die Auferstehung des Fleisches». Dieser Glaubensartikel gründet sowohl im Werk des Sohnes wie des Heiligen Geistes: Im Werk des Sohnes, weil die Auferstehung Christi die Ursache unserer Auferstehung ist, wie Augustinus schreibt. Das ergibt sich ebenfalls aus 1 Kor 15,16 sowie 20f. und Offb 1,5: «Der Erstgeborene von den Toten, der Fürst über alle Könige der Erde». Im Werk des Heiligen Geistes gründet die Auferstehung, weil der Geist der Herrlichkeit und Unverweslichkeit den Leib der Auferstandenen durchwehen wird, und dieser Geist ist ein Geschenk des Heiligen Geistes.

Artikel 12:
Als letzter trat Matthias vor, der zur Zahl der zwölf Apostel hinzugefügt worden war, und vollendete das Symbolum mit den Worten: «Das ewige Leben».

Dieser Glaubenssatz ist gegründet auf dem Werk der drei göttlichen Personen, sie wirken die Herrlichkeit des ewigen Lebens: der Vater gibt das Können, der Sohn das Erkennen, der Heilige Geist das Leben. Das ewige Leben ist ewig, weil es von dem Leben kommt, das keine Begrenzung hat; Gott bewirkt es, indem er es in die Seligen eingießt *(est actus influens divinus a Deo in beatos)*. Dadurch wird alles, was in ihren Fähigkeiten liegt, auf beseligende Weise unterstützt, alle Schwäche oder Vorboten des Sterbens aber vertrieben. Dieses Leben trinkt man aus dem Quell des Lebens, dem Dreifaltigen Gott: «Bei dir ist die Quelle des Lebens, in deinem Licht schauen wir das Licht» (Ps 35,10).

KAPITEL 10
NIZÄNISCHES CREDO

Artikel 1
Als vielfältige Häresien auftraten, versammelten sich die Väter der Alten Kirche zu einer Synode in Nizäa. Dort stellten sie nicht ein anderes Glaubensbekenntnis als das eben zitierte auf, sondern sie erläuterten die gleichen Artikel mit dem Ziel, Irrtümer auszuschließen. Sie formulierten: «Ich glaube an den einen Gott, den Vater, den allmächtigen, den Schöpfer des Himmels und der Erde, alles Sichtbaren und Unsichtbaren». Das alles ist gegen den Irrtum der Heiden und der manichäischen Irrlehrer gerichtet – der Name ist von Mani, ihrem Stifter, abgeleitet. Die Heiden behaupteten, es gebe viele Götter, die alle an der göttlichen Wesenheit teilhätten und zugleich voneinander verschieden seien. Mani aber lehrte zwei Götter und zwei Prinzipien, einen Gott des Lichtes und einen der Finsternis, einen Gott als Ursprung des Guten und einen anderen Gott als Ursprung des Bösen. Das kam daher, dass sie das Böse für ein Wesen hielten, das daher auch eine es bewirkende Ursache habe; und da dies nicht der gute Gott sein könne, nahmen sie einen bösen Gott als Ursache dafür an.

Dagegen setzten die Väter das Bekenntnis: Ich glaube an den einen Gott; denn in Dtn 6,4 heißt es: «Der Herr, euer Gott, ist einer», und Ex 20,2: «Du sollst keine fremden Götter neben mir haben», und Ps 80,10f. (Vg): «Du sollst keinen fremden Gott anbeten; ich bin der Herr dein Gott».

Wenn jedoch gesagt wird: «ein Gott», dann ist damit nicht eine Einheit gemeint, die unter eine Gattung fiele bzw. eine Unterart geschaffener «Einheit» sei. Jede geschaffene Einheit vervielfältigt sich in den Subjekten bzw. Trägern, in denen sie sich verwirklicht. Peter und Martin sind nicht ein einziges Lebewesen, auch nicht ein einziger Mensch. Die Einheit des göttlichen Wesens aber ist von solcher Art, dass sie sich in den Trägern, den drei Personen, nicht vervielfacht. Vater, Sohn und Heiliger Geist sind nicht drei Götter, die an der göttlichen Wesenheit teilhätten, sondern ein Gott. Sie sind daher ein Wesen, eine Wesenheit, eine Weisheit. Das gilt von allen Eigenschaften, die nicht spezifisch von einer Person in ihrer Relation zu den anderen ausgesagt wird. [...]

Die Sekte der Manichäer aber hatte drei Zweige: Die einen behaupteten zwei Götter, wie sich aus Manis Brief *«Fundamentum»* ergibt – den Augustinus in seiner Schrift *Gegen den Brief genannt Fundamentum* widerlegt. Ein anderer, davon abgeleiteter Zweig lehrte, dass es einen Gott, aber zwei Schöpfer gebe, welche den von dem einen Gott erschaffenen Grundstoff zu Verschiedenem formten. Sie meinten, der eine Schöpfer habe Unvergängliches erschaffen, wie den Himmel und die Himmelskörper, der andere Schöpfer Vergängliches, das sich untereinander bekämpft und gegenseitig zerstört. Wieder andere sagten, dass der eine Schöpfer das Unsichtbare, wie Engel und Seelen, erschaffen habe, ein anderer das Sichtbare, Irdische. Um jeden dieser Irrtümer auszuschließen, formulierten die

Väter: «Den Vater, den allmächtigen, den Schöpfer des Himmels und der Erde, alles Sichtbaren und Unsichtbaren». Sie stützten ihre Erklärung auf das Wort des Apostels (Kol 1,16): «In ihm ist alles erschaffen, im Himmel und auf Erden, Sichtbares und Unsichtbares».

Artikel 2
«Und an den einen Herrn Jesus Christus, Gottes eingeborenen Sohn, aus dem Vater geboren vor aller Zeit, Gott von Gott, Licht vom Licht, wahrer Gott vom wahren Gott, gezeugt nicht geschaffen, eines Wesens mit dem Vater, durch ihn ist alles geschaffen».

Das alles ist gegen die Irrlehre des Arius gerichtet. Arius behauptete, dass es einen Herrn und Gott gebe, dass aber Christus nicht Herr und Gott sei, der über allem stehe, sondern eher untergeordnet wie ein Geschöpf. Daher formulierten die Väter: «an den einen Herrn Jesus Christus», der die gleiche Herrschaft und den gleichen Rang besitzt wie der Vater. Die Väter bedachten, was der Apostel im 1. Korintherbrief (8,6) schreibt: «Wir haben einen Gott, den Vater, von dem alles ist, und wir leben auf ihn hin. Und einer ist der Herr, Jesus Christus. Durch ihn ist alles und wir sind durch ihn».

Auch hatte Arius gesagt, Christus werde zwar Sohn genannt, aber er sei nicht der einzige Sohn, sondern Adoptiv-Sohn wie viele andere auch. Das gleiche sagte auch der Häretiker Sabellius. Dagegen setzten die Väter das Bekenntnis: «Gottes einziggeborenen Sohn».

Auch hatte Arius gelehrt, der Sohn sei geworden vor der irdischen Zeitrechnung *(ante temporalia saecula),* aber nicht vor aller Zeit; denn «saeculum» bezeichne einen Zeitabschnitt von bestimmter Dauer, die einem Geschöpf zukomme, und daher meinte Arius, dass der Sohn nicht ins Dasein getreten sei, bevor *seine* Zeit gekommen war. Um diese Vorstellung auszuschließen, bekannten die Väter: «aus dem Vater geboren vor aller Zeit».

Arius hatte auch gesagt: Als Gott die Welt erschaffen wollte, erschuf er noch vorher eine Art Kraft oder Weisheit, die man Wort oder Sohn nenne, durch den er dann die sichtbare Welt erschaffen habe. Er hat sich getäuscht; denn er glaubte, bei Gottes Welterschaffung gehe es genau so zu, wie wenn ein Künstler ein Kunstwerk herstellt. Der Künstler formt zuerst in seinem Inneren den Gedanken und Plan des Kunstwerkes und überlegt, welche Kräfte er einsetzt, um den Plan umzusetzen. Dieser Plan und diese Kraft sind von der Wesenheit des Künstlers verschieden; auch formen sie sich in seinem Geist zu einer bestimmten Zeit, ohne dass sie vorher da gewesen wären. Und so mutmaßte Arius, rein menschlich denkend, es verhalte sich bei Gott genauso wie beim Menschen. Darum fügten die Väter hinzu: «Gott von Gott» – nicht geschaffene Kraft oder geschaffener Plan.

[...]

Weil Arius schließlich auch behauptet hatte, dass diese sichtbare Welt vom Wort bzw. von der Weisheit gemacht worden sei, nicht aber «alles» vom Wort geschaffen sei [...], darum fügten die Väter hinzu: «Durch den alles geschaffen ist». Damit hatten sie alle Irrtümer des Arius verworfen, gestützt auf Joh 1,3: «Alles ist durch ihn [den Logos] geworden, ohne ihn wurde nichts, was geworden ist».

Artikel 3
«Für uns Menschen und zu unserem Heil ist er vom Himmel gekommen, hat Fleisch angenommen durch den

Heiligen Geist aus Maria der Jungfrau, und ist Mensch geworden».

Den Glauben an die Menschwerdung so auszudrücken war gegen die Manichäer gerichtet. Diese behaupteten, dass er nicht wegen der Menschen oder zu ihrem Heil herabgekommen, sondern vielmehr durch Luzifer herabgestürzt worden sei, und dass Luzifer immer noch versuche, wieder zu seinem Sitz aufzusteigen, nachdem er umgekehrt in der Himmelfahrt Christi gestürzt worden sei. Sie erdenken sich Geschichten über «den großen Kampf, der im Himmel entstand», wie er in Offb 12,7 erwähnt wird, und behaupten: im ersten Kampf sei Christus gestürzt worden, im zweiten Luzifer. Und das sei ein Kampf zwischen zwei Göttern, dem des Lichtes und dem der Finsternis, bzw. dem guten und dem bösen Gott.

Das wollten die Väter völlig ausschließen und formulierten: Der Herr kam vom Himmel auf die Erde, nicht weil irgendein Zwang oder Gewalt ihn gestoßen hätte, sondern aus Liebe zu den Menschen und dem Willen zu ihrem Heil; seiner Gottheit nach verließ er nicht den Himmel, sondern er nahm unsere Natur an und erschien sichtbar auf Erden. Eph 4,10: «Er ist es, der herabstieg und der hinaufstieg über alle Himmel, um alles zu erfüllen». Siehe auch Joh 3,13; Joh 3,16.

Weil aber Mani auch gelehrt hatte, dass das Fleisch Christi nicht wirklich Fleisch, sondern ein Scheinleib gewesen sei – denn dieses mit Schwächen behaftete Fleisch könne nicht vom guten Gott erschaffen sein, sondern nur vom bösen Gott – darum fügten die Väter hinzu: «Er ist Fleisch geworden durch *(de)* den Heiligen Geist», der nur der gute Gott sein kann. Wenn die Präposition «de» in Verbindung mit dem Heiligen Geist gebraucht wird, bezeichnet sie sein machtvolles Wirken, nicht den «Stoff» *(materia)*. Andernfalls wäre der Heilige Geist der Vater des Sohnes in seiner Menschheit. Das wäre ein verdrehtes Denken, denn Christus hat keinen Vater außer dem, der ihn ewig zeugt. So sagt Augustinus: Der auf Erden ohne Vater ist, ist im Himmel ohne Mutter.

«Aus Maria»: Denn Christus war in seinem Fleisch wirklich von gleicher Art wie seine Mutter, er hatte keinen Scheinleib, wie die Manichäer behaupteten.

«Der Jungfrau»: Das wird gegen die Ebioniten gesagt, die behaupteten, Maria sei in der Geburt und nach der Geburt nicht Jungfrau gewesen; denn sie glaubten auch, Maria habe nur den Menschen Christus aus ihrem Schoß zur Welt gebracht, nicht aber Gott. Ein bloßer Mensch aber wird nicht auf jungfräuliche Weise geboren. [...]

Und weil Mani gelehrt hatte, dass Christus in seiner menschlichen Erscheinung gewissermaßen nur wie in einen Mantel oder eine Hülle eingekleidet gewesen sei, nicht aber wirklicher Mensch, so dass er die menschliche Natur wirklich mit sich geeint hätte, dass Christus also nur äußerlich die menschliche Natur angezogen habe, darum fügte das heilige Konzil hinzu: «Er ist Mensch geworden» – *homo factus est;* das ist ein wirkliches Geschehen: *factum,* wie Joh 1,14 sagt: «Das Wort ist Fleisch geworden», und Gal 4,4f.: «Gott sandte seinen Sohn, geworden *(factum)* aus der Frau, gestellt *(factum)* unter das Gesetz...».

Artikel 4
«Er wurde für uns gekreuzigt unter Pontius Pilatus, hat gelitten und ist begraben worden».

Hier wurde kaum etwas ergänzt – außer «für uns» *(pro nobis)*. Das wurde hinzugefügt wegen der Manichäer, die meinten, er sei eben nicht für uns gekreuzigt worden, sondern alles, was über die Passion Christi verkündigt werde, sei nur ein scheinbares Geschehen. Der Zusatz richtet sich aber auch gegen die Sabellianer, die behaupteten, wir bräuchten Christus nicht zu unserem Heil. Wir könnten Söhne Gottes sein, wir müssten es nur wollen. Und diese Meinung hatten sie, weil sie Christus nicht für den Heiligen Gottes hielten, sondern für einen bloßen Menschen. Darum sagt das heilige Konzil: «für uns»; denn wir sollen wissen, dass wir zu nichts fähig sind ohne das Blut Christi. Darum sagt der Herr Joh 17,19: «Ich heilige mich für sie»; das heißt: Ich bringe mich als heiliges Opfer dar. Ohne dieses können wir nicht erlöst werden. […]

Artikel 5
«Auferstanden am dritten Tage gemäß der Schrift».

Den Abstieg zur Unterwelt ließen die Väter aus; denn es gab hier keinen Irrtum zu widerlegen. Wohl aber gab es Streit über die Auferstehung; denn einige sagten, Christus sei nicht am dritten Tage auferstanden, da er nicht drei Tage im Grab gelegen habe: Er wurde am Abend des Rüsttages begraben und lag im Grab nur bis zur Nacht des Sabbat, er erstand ja vor dem Morgengrauen. Darum sagten die Väter, er sei erstanden am dritten Tag «gemäß der Schrift», das heißt, wenn man so zählt, wie die Heilige Schrift es lehrt. Augustinus schreibt dazu, die Schrift zähle sozusagen «per synecdochen», sie nehme den Teil für das Ganze: Der Teil des Rüsttages samt der vorhergehenden Nacht, an dem Christus begraben wurde, wird als ein voller Tag gezählt, ebenso die Nacht zwischen Rüsttag und Sabbat und der Sabbat selbst, und der Abend des Sabbat mit dem folgenden Tag.

Warum Christus aber nach unserer konventionellen Zeitrechnung nur einen Tag und zwei Nächte im Grab lag, dafür gibt Augustinus eine Begründung: In Christus war keine Finsternis, der helle Tag ist das Zeichen für seinen Tod. Für uns aber, die wir Finsternis sind, gibt es einen zweifachen Tod, den der Sünde und den der Strafe. Diese beiden werden durch die beiden Nächte versinnbildet, die Christus in seinem ganz und gar lichten Tod zum Licht der Gnade zurückführte, Ps 138,11: «Die Nacht wurde meine Erleuchtung in meiner Wonne»[27].

Artikel 6
«Aufgefahren in den Himmel, er sitzt zur Rechten des Vaters».

Auch dieser Artikel bekam keine Ergänzung, denn den Vätern war keine Häresie zu Ohren gekommen, die sich gegen diese Glaubenswahrheit gerichtet hätte.

Artikel 7
«Er wird wiederkommen in Herrlichkeit, zu richten die Lebenden und die Toten. Seines Reiches (oder: seiner Herrschaft) wird kein Ende sein».

Im seinem ersten Teil ist dieser Artikel gegen die Fantasien des Origenes gerichtet. Dieser hatte angenommen, Christus werde in einem leidensfähigen Leib, einem luftartigen Körper, wiederkommen und dann für die Dämonen im Luftraum leiden, wie er für die Menschen auf Erden gelitten habe.

Der zweite Teil: «seines Reiches wird kein Ende sein», richtet sich gegen eine judaisierende Irrlehre, Christus werde kommen und tausend Jahre in einem goldenen

---

[27] Der Ps 138 (139) wird in der Osternacht gesungen.

Jerusalem herrschen, dann werde sein Reich enden und ein anderes beginnen. Die Väter aber begründeten ihr Bekenntnis mit dem Wort aus Dan 7,14: «Seine Macht ist eine ewige Macht, die nicht genommen wird, sein Reich wird nie vergehen», und Lk 1,32: «Gott der Herr wird ihm den Thron seines Vaters David geben, er wird herrschen im Haus Jakob auf ewig, und seines Reiches wird kein Ende sein».

Artikel 8
«Und an den Heiligen Geist, der Herr ist und lebendig macht, der aus dem Vater und dem Sohn hervorgeht, der mit dem Vater und dem Sohn angebetet und verherrlicht wird, der gesprochen hat durch die Propheten».

Viele Irrlehren über den Hervorgang des Heiligen Geistes waren entstanden, die mittels einer deutlicheren Formulierung des Bekenntnisses ausgeschlossen werden mussten.

«An den Heiligen Geist, der Herr ist»: Das richtet sich gegen Eutyches und Nestorius, die meinten, der Heilige Geist stehe im Dienst von Vater und Sohn. Ursache dieses Irrtums war es, dass sie den «Geist» in Gott so auffassten, wie den Lebensgeist im Menschen. Im Menschen ist der «Geist» eine Art luftiger oder lichter Hauch, der dem Feuchten in der menschlichen Natur entstammt; die Seele bedient sich seiner bei ihren vitalen, natürlichen Tätigkeiten, er bewegt sich in alle Teile des Körpers [...]. So ähnlich, behaupteten sie, gehe der «Geist» als geschaffen aus dem Vater hervor und vermittle die Kräfte der Macht und der Weisheit, die Kräfte von Vater und Sohn, in alles Geschaffene. Er diene also dem Vater und dem Sohn und mache nicht selbst lebendig, sondern sei nur das Werkzeug dabei. Denn in Joh 5,26 heiße es: «Wie der Vater das Leben in sich selbst hat, so hat er auch dem Sohn gegeben, das Leben in sich zu haben», und vom Heiligen Geist stehe da nichts.

Die Väter traten also dieser irrigen Lehre entgegen, indem sie formulierten: «und der lebendig macht». Die Väter gebrauchten das Substantiv «Lebendigmacher» *(vivificator),* um darauf noch mehr Nachdruck zu legen; aber bei der Übersetzung des Glaubensbekenntnisses nahm der Übersetzer das Wort «lebendig machend» *(vivificans),* was nicht die perfekte Übersetzung ist. Die Absicht der Synode war nämlich zu betonen, dass der Heilige Geist aufgrund seines lebensspendenden Wesens Lebendigmacher ist, wie der Vater und der Sohn. Die Väter stützten sich hier auf Joh 6,64: «Der Geist ist es, der lebendig macht», und auf Ez 1,20: «Der Geist des Lebens war in den Rädern».

Von dem Satz: «der aus dem Vater und dem Sohn hervorgeht», sagt das Konzil nur: «der aus dem Vater hervorgeht»; die Lateiner übernahmen das Bekenntnis aus dem Griechischen und fügten in der lateinischen Übersetzung gestützt auf die Autorität Papst Leos des Großen «und dem Sohn» hinzu. Dass das Konzil diese Worte auslässt, bedeutet nicht, dass der Heilige Geist nicht aus dem Sohn hervorgeht, sondern einfach, dass damals diesbezüglich keine Irrlehre zu widerlegen gewesen war. Auch sagt Jesus im Johannesevangelium (Joh 15,26): «Ich werde euch vom Vater her den Geist der Wahrheit senden, der vom Vater ausgeht»; und die Konzilsväter wollten nicht mehr sagen, als was im Evangelium steht, zumal damals nichts darüber hinaus nötig war. Die Lateiner aber hatten im Blick, dass der Apostel vom Geist des Sohnes spricht, Röm 8,9:

«Wenn jemand den Geist Christi nicht hat, gehört er nicht zu ihm», und Gal 4,6: «Gott sandte den Geist seines Sohnes in eure Herzen, der laut ruft: Abba, Vater!». Diese Stellen zeigen klar, dass der Geist aus dem Sohn hervorgeht, wie aus dem Vater. Die Zufügung im lateinischen Text, gestützt von der Autorität Papst Leos, wurde hauptsächlich deswegen gemacht, weil die Griechen einen Streit darum anfingen und gestützt auf die Formulierung des Konzils behaupteten, der Geist gehe nicht aus dem Sohn hervor. Darum formulierte Athanasius, der berühmte Bischof von Alexandrien und Lehrer der Griechen, in seinem zu Trier herausgebrachten Glaubensbekenntnis «Quicumque», das als Erläuterung des früheren Bekenntnisses gedacht war: «Der Heilige Geist, vom Vater und vom Sohn, nicht gemacht, nicht geschaffen, auch nicht gezeugt, sondern hervorgehend». Doch die Griechen sagen, die Lateiner seien deswegen exkommuniziert; denn die Heilige Synode habe festgestellt, dass niemand, welcher Vollmacht auch immer, auch nicht die Synodenväter selbst, etwas hinzufügen oder wegstreichen dürfte. Wer also etwas hinzufügt oder weglässt, der sei exkommuniziert. Doch die Lateiner antworten darauf, dass eine Erläuterung *(explanatio)* keine äußerliche Hinzufügung ist, sondern offenlegt, was innerlich bereits verborgen da war. Andernfalls wäre das Konzil selbst exkommuniziert: Es hat ja vieles erläuternd zum Symbol der Apostel hinzugefügt.

«Der mit dem Vater und dem Sohn zugleich angebetet und verherrlicht wird». Das ist gegen Nestorius gesagt. Es soll deutlich werden, dass dem Heiligen Geist göttliche Verehrung erwiesen wird. [...]

«Der gesprochen hat durch die Propheten»: Das haben die Väter in Abweisung der irrigen Lehre des Philosophen

Porphyrius hinzugefügt. Dieser hatte behauptet, dass die Propheten aus ihrem eigenen Geist oder aus eingebildeter Inspiration gesprochen hätten. [...] Die Väter stützten sich auf die Autorität des Apostels Petrus, 2 Petr 1,21: «Nicht weil Menschen es wollten, wurde eine Prophetie vorgebracht, sondern unter dem Anhauch des Heiligen Geistes haben Gottes heilige Menschen gesprochen».

Artikel 9
«Die eine, heilige, katholische und apostolische Kirche».

Hier setzten die Väter nur das Wörtchen «eine» hinzu, gegen die Schismatiker, welche das Gewand des Herrn, das ohne Naht gewebt ist, zerteilen wollen. Die Väter stützten sich auf das Hohelied 6,8: «Eine ist meine Taube». – Darüber habe ich in meinem Buch *Über den Leib des Herrn* schon ausführlich geschrieben.[28]

Artikel 10
«Ich bekenne die eine Taufe zur Vergebung der Sünden».

Im Glaubensbekenntnis der Apostel hatte es geheißen: «die Vergebung der Sünden». Hier wird «die eine Taufe» hinzugesetzt, weil die Sünden nur durch die Sakramente Christi vergeben werden, deren Pforte und Grundlage die Taufe ist. [...] Siehe Joh 3,5: «Wenn jemand nicht wiedergeboren ist aus Wasser und dem Heiligen Geist, kann er in das Reich Gottes nicht eintreten».

Die Väter sprachen von der «einen» Taufe, um darauf hinzuweisen, dass es nur eine Taufe Christi gibt, und sich die Taufe nicht etwa vervielfacht, wenn es viele Taufspender gibt. Es gab nämlich Leute, die behaupteten, die Taufe

---

[28] CD d. 3 tr. 1 c. 5, unten 216f.; tr. 4 c. 3, 245f.

durch den einen sei besser als durch einen anderen. Darum sagt das Konzil: «die eine Taufe», das heißt: die Taufe, von Christus eingesetzt und gemäß der Weise der Kirche gefeiert, hat jedesmal die gleiche Kraft, ob sie nun von einem guten oder schlechten Menschen gespendet wird. Denn es ist der Herr Jesus Christus selbst, der die Gabe gibt, durch einen Guten ebenso wie durch einen Schlechten. Darum sagt Augustinus: «Was tut es zur Sache, dass der Diener des Sakraments ein schlechter Mensch ist, da doch der Herr gut ist?» Er will sagen: Nichts. Denn Christus ist es, der im Inneren tauft, auch wenn irgendjemand den äußeren Akt vollzieht. Joh 1,33: «Der mich gesandt hat, mit Wasser zu taufen, er sagte mir: Über wen du den Geist herabsteigen und auf ihm bleiben siehst, der ist es, der mit dem Heiligen Geist tauft». So ist also die Taufe «eine» aufgrund ihrer Form und weil es nur Einer ist, der im Inneren tauft. [...]

Artikel 11
«Ich erwarte die Auferstehung der Toten».

Hier fügten die Väter nur das Verb «ich erwarte» hinzu; denn es gab einige Irrlehrer, die behaupteten, die Auferstehung der Toten sei schon geschehen und brauche nicht mehr erwartet zu werden. Sie sagten, es gebe nur eine Auferstehung der Seele, die sich täglich vollziehe, nämlich wenn jemand sich von seinen Sünden abwende, also «aufstehe». Dagegen heißt es in 2 Tim 2,17f.: «Zu ihnen gehören Hymeneus und Philetus, die aus der Wahrheit herausgefallen sind, indem sie sagen, die Auferstehung sei schon geschehen...».

Artikel 12
«Und das Leben der kommenden Welt».

Dafür hatten die Apostel gesagt: «das ewige Leben». Die Synodenväter aber entschlossen sich, von der «kommenden Weltzeit» zu sprechen, damit niemand glaube, die Glückseligkeit sei in diesem Leben zu erwarten. [...] Sie stützten sich dabei auf 2 Kor 4,17f.: «Die kleine Last der gegenwärtigen Zeit...».

Beim liturgischen Vollzug des Symbolum sind zwei Dinge zu beachten:
Erstens: Das Symbolum des Konzils wird gegenüber dem Apostolischen Glaubensbekenntnis bevorzugt in der Kirche beim öffentlichen Gottesdienst gesungen; denn das Bekenntnis des Konzils entstammt einem öffentlichen Vollzug der Kirche und enthält den Glaubensinhalt in deutlicherer Entfaltung. Das Apostolicum wird im Stillen gesprochen; denn es geht auf die Zeit zurück, wo der Glaube noch nicht in der Öffentlichkeit gepredigt wurde, und es enthält den Glaubensinhalt mehr implizit als ausgeführt. [...]
Zweitens: Das Symbolum des Konzils wird nur an Festtagen gesungen, an denen auf es Bezug genommen wird: an den Sonntagen von Ostern, an Weihnachten, Himmelfahrt und Pfingsten *(festo Spiritus sancti)* sowie an deren Oktavtagen, wegen der Osteroktav. Dann an den Festen der allerseligsten Jungfrau Maria, weil auch von ihr [im Symbolum] die Rede ist, an den Apostelfesten, weil wir die heilige katholische und apostolische Kirche bekennen, am Fest der Kirchweihe, weil wir die heilige Kirche bekennen. Manche fügen auch das Fest der hl. Maria Magdalena hinzu, weil sie die Apostola Apostolorum war, und das Fest Kreuzerhöhung, weil wir an den Gekreuzigten glauben. [...]

III. TEIL DER HEILIGEN MESSE
EUCHARISTISCHES OPFER

KAPITEL 1
OFFERTORIUM

Wir kommen nun zum dritten Teil der Messe, in dem die Vollendung des gesamten Lebens ins Werk gesetzt wird; denn die Vollendung aller Heiligung besteht in unserer Eingliederung in Christus *(incorporatio ad Christum)*.

Vier Aspekte dieser Vollendung sind hier in den Blick zu nehmen: Die Darbringung *(oblatio)*, die Heiligung *(sanctificatio)*, die Austeilung der geheiligten Gabe *(sanctificati distributio)* und die Gemeinschaft in der ausgeteilten Gabe *(distributi communio)*. Zuerst werden Gaben dargebracht, dann werden diese Gaben Gottes würdig gemacht, drittens werden sie den Einzelnen je nach ihrem Maß zugeteilt, zuletzt wird alles – in den Leib Christi eingefügt – Gott übergeben. Das erste vollzieht der Priester[29] bei der Gabenbereitung *(offertorio)*, in der *ersten Stille*

---

[29] Der hier und im Folgenden öfter verwendete Ausdruck *sanctitatis perfector* – wörtlich: «derjenige, der die Heiligung vollendet» – lässt offenkundig die Ekklesiologie des Dionysios Areopagita durchscheinen; der Bischof gilt dort als «Vollender» des heiligenden Handelns, während dem Presbyter die «Erleuchtung», dem Diakon die «Reinigung» der Gläubigen zukommt: *De eccl. hier.* V, 5 und 7. In einem weiteren Sinn bezeichnet die Umschreibung das dem Priester (im Sinne des *sacerdotium,* an dem Bischof und Presbyter

(silentio), die mit der Präfation beschlossen wird.[30] Das zweite geschieht in der *zweiten Stille,* die mit dem Vaterunser beschlossen wird; das dritte in der *dritten Stille,* die vom Agnus Dei beschlossen wird, und das vierte in der *vierten Stille,* die mit dem Kommuniongesang beschlossen wird.

Was das erste Geschehen betrifft, so sind wiederum fünf Aspekte zu betrachten: der Gruß, den der Priester dem Volk entbietet, das Offertorium, die Vorbereitung des Priesters, das Gabengebet *(Secreta)* und die Präfation.[31]

Der Gruß

Beachte, dass der Zelebrant das Volk zum ersten Mal [zu Beginn der Messfeier] mit den Worten grüßt: «Der Herr sei mit euch», um es in seinem sehnsuchtsvollen Rufen nach dem Herrn zu trösten. Dann grüßt er es [beim Evangelium]: Der Herr soll mit dem Volk sein, um alle Unterweisung zu vollenden. Und jetzt besagt der Gruß, der Herr möge da sein, um das Volk als Opfergabe anzunehmen. [...]

Daher spricht der Zelebrant: «Der Herr sei mit euch», wobei er sich zum Volk wendet: «Der Herr mit euch», damit ihr eine Opfergabe für Gott werdet *(offeramini);* «der Herr mit euch», damit ihr angerührt werdet von dem Wohlgeschmack dieser Opfergabe *(afficiamini);* «der Herr mit euch», damit ihr der dargebrachten Opfergabe eingefügt werdet *(incorporemini).* Der Herr ist mit euch, wenn

---

Anteil haben) eigene Tun, insofern er das Haupt der Kirche repräsentiert, das die Heiligung der Glieder bewirkt.

[30] Die Präfation ist der Übergang zum Kanon; später rechnet Albert sie zu den vier Hauptteilen des Kanons.

[31] Wörtlich: «et communio, quae est Praefatio».

ihr euch ihm darbringt und er euch annimmt, er ist mit euch, wenn er euch in sein Opfer mit hineinnimmt, wenn er euch in die Einheit mit sich aufnimmt. […]

Das Volk aber antwortet: «Und mit deinem Geiste», weil dieses Opfer, das im Geiste dargebracht wird, von Gott angenommen werden wird: «Wenn wir mit zerknirschtem Herzen und im Geist der Demut kommen, werden wir Aufnahme finden» (Dan 3,39); «ein reumütiger Geist und ein zerknirschtes Herz ist eine Opfergabe für Gott» (Ps 50,19).

Offertorium – Gesang zur Gabenbereitung

Dann folgt das Offertorium. Der Priester wendet sich dem Altar zu und spricht: «Lasset uns beten»; es folgt aber nicht sofort das Gebet, sondern es wird zunächst das Offertorium gesungen. Die Aufforderung «Oremus» bedeutet, dass es eines großen, kraftvollen und reinen Gebetes bedarf, auf dass das Volk dem Leibe Christi eingefügt und Gott dargebracht werde. Gebet meint, dass sich Wille und Empfinden des Geistes ausdrücklich Gott zuwenden,[32] und so muss das Volk, das Gott dargebracht werden soll, sich zuerst mit ganzem Herzen zu Gott erheben, damit aus ihm eine würdige Gabe wird.

Nach der Aufforderung zu beten wird also der liebliche Lobgesang des Offertoriums angestimmt. Da wird nicht nur eine äußere Opfergabe vom Volk dargebracht, sondern eine innere! […] Die äußere Gabe ist ein Zeichen der inneren Gabe, wie wenn ein Mensch, der seinem Herrn den Zehnten gibt, damit die Herrschaft des Herrn aner-

---

[32] Die Formulierung erinnert an die klassische Definition: Gebet sei ein Aufschwung des Herzens zu Gott; Albertus formuliert: «pius mentis affectus in Deum directus».

kennt, wie es aus Dtn 26,2.10f. zu entnehmen ist [...]. Durch die äußere Gabe erkennt der Mensch also an, dass er zum Herrn gehört; dem Herrn übereignet wird er mit ihm zu Tisch sitzen: beim Gastmahl von Leib und Blut des Herrn.

Die äußere Opfergabe muss «von Nutzen» sein, sie muss «fett» sein, d.h. aus aufrichtig frommer Gesinnung stammen, sie muss «mit Liebe gegeben» sein, und sie muss «rein» sein, d.h. rechtmäßig erworben. Von Nutzen (Mal 1,13f.) – nicht wie es manche Leute machen, die Falschgeld oder irgendwelche völlig wertlosen Dinge zum Altar bringen. Fett – die Gabe soll mehr aus der aufrichtigen Hingabe des Herzens *(devotio)* hervorgehen als aus der Hand. Mit Liebe gegeben – bei Mt 5,23f. liest man: «Wenn du deine Gabe zum Altar bringst und dir dabei einfällt, dass dein Bruder dir etwas vorzuwerfen hat, lass die Gabe vor dem Altar liegen, geh und versöhne dich zuerst mit deinem Bruder; und dann komm und opfere deine Gabe». Ähnlich bei Mal 1,10: «Ich habe kein Gefallen an euch, eine Gabe aus eurer Hand nehme ich nicht an». Und rein. Wenn es in Spr 3,9 heißt: «Ehre Gott mit deinem Vermögen, gib ihm» – das bedeutet: den Armen – «Anteil von den Erstlingsfrüchten deiner Ernte», dann heißt das so viel wie: Gib von dem, was dir gehört, und nicht vom Eigentum eines anderen! Eine Verhöhnung ist es, kein Opfer, wenn man etwas gibt, das aus Diebstahl, Wucher oder sonst irgendwie unrecht erworben ist.

Die Gabe aber soll frohen und fröhlichen Herzens gegeben werden, wie Paulus in 2 Kor 9,7 schreibt: «Einen fröhlichen Geber hat Gott lieb». Das wird vom Klerus, dessen Los ja ganz der Herr ist (Num 18,20; Jos 13,14.33), im Gesang des Offertoriums zum Ausdruck gebracht. Es muss mit lieblicher Melodie und in fröhlich klingenden Tonschritten *(laetis neumatibus)* gesungen werden. In manchen Kirchen wird das Offertorium nach Art eines Jubilus[33] gesungen und lange ausgedehnt.

KAPITEL 2
DIE VORBEREITUNG AUF DIE DARBRINGUNG DES OPFERS: WEIHRAUCH, HÄNDEWASCHUNG, GABENGEBET

Der Priester bereitet sich dreifach vor: durch die Inzensierung, die Händewaschung und durch Gebet. Der Weihrauch soll den aufsteigenden Duft der Hingabe an Gott fördern, die Waschung der Hände den Glanz innerer Reinheit, das Gebet das Feuer des Herzens.

Albertus gibt hier alttestamentliche Parallelen; er erläutert die dreifache Inzensierung der Gaben, nicht aber des Priesters oder der Gläubigen.

Nach Inzens und Waschung der Hände begibt sich der Priester zur Mitte des Altares, um zu beten. Er betet für sich und er fordert die Gläubigen auf, ihn betend zu unterstützen. Zuerst also spricht er tief geneigt vor dem Altar: «Herr, unser Gott, wir kommen im Geist der Demut und mit zerknischtem Herzen, nimm uns an und gib, dass unser Opfer dir gefalle». Diese Worte stammen aus Dan 3,39f. Das Opfer wird dargebracht zum Gedächtnis *(recordatio)* der Passion des Herrn. Wenn wir dessen eingedenk sind, dass er als Opfer für uns und unsere Sünden am Kreuz dargebracht worden ist, bringen wir den inne-

---

[33] *Jubilus:* wortlose (in diesem Fall: ausgedehnte) Melismen.

ren Schmerz dar, den wir in der Erkenntnis unserer Sünden und in der Reue darüber empfinden. In dieser Demut und Reue der Kirche bittet der Priester um die Annahme seines Opfers. [...]

Darum wendet er sich dem Volk zu und bittet in der Einheit der Kirche um die Unterstützung im Gebet. «Betet, Brüder und Schwestern, dass ebenso mein wie euer Opfer vor Gott Gefallen finde».[34] Der Appell an die Brüder und Schwestern verweist darauf, dass die Kirche durch das Band der Liebe versammelt und daher eine Einheit ist.[35] Zwar steht der Priester an der Stelle dessen, der alle Heiligung vollendet, dennoch bittet er um Gebetsunterstützung. Das lässt an das Wort des Apostels in Hebr 5,2 denken: «Auch er selbst trägt die menschliche Schwachheit», und als schwacher Mensch bedarf er der Unterstützung durch die Kirche. Dass er sagt: «mein und euer Opfer», bedeutet, dass auf dem Altar sowohl die Opfergabe wie die Opfernden dargebracht werden, wie ich schon gesagt habe.

Auf diese Weise ist der Priester nun bereit und gerüstet, und kann das «Still-Gebet» *(Secreta)* beten, welches die Darbringung vollendet. In jeder heiligen Messe, das ganze Jahr hindurch, wird hier um nichts anderes gebetet, als dass das darbringende Volk, in seinen Gaben und zusammen mit seinen Gaben, in der Einheit des Leibes Christi und diesem immer tiefer eingegliedert, eine Opfergabe für Gott werde. [...] Am Ursprung all dessen steht die Darbringung, mit der sich Christus selbst dargebracht hat.

---

[34] «Orate, fratres et sorores, ut meum pariter et vestrum sacrificium sit acceptum ante Deum».

[35] Lat.: «innuit Ecclesiae in unitate charitatis colligationem et unionem».

Das Gebet wird «Still-Gebet», «Secreta», genannt, weil es still, im Schweigen gebetet wird. Dafür haben verschiedene Leute verschiedene Gründe angegeben, die man aber vernachlässigen kann. Der wahre Grund ist, dass die vom Priester *(sanctitatis perfector)* hier vorgebrachte Bitte etwas Hochheiliges *(sanctissima)* zum Inhalt hat. Dies soll vor dem gewöhnlichen Volk verhüllt sein, damit die Ehrfurcht tiefer werde.[36] Was man durch häufigen Gebrauch kennt, das schätzt man leicht gering. […]

KAPITEL 3
EINLEITUNGSDIALOG ZUR PRÄFATION

«Präfation» bedeutet so viel wie «vor (jemandem) sprechen» *(praelocutio):* Der Priester weiß [nach dem «Amen»], dass das Volk bereit ist, und so spricht er zu ihm öffentlich *(publice)* über die Erhabenheit und die dem Sakrament geschuldete Ehrfurcht. […] Die Präfation hat zwei Teile: eine Aufforderung zur Aufmerksamkeit und eine Unterweisung.

«Aufgeweckt» wird das Volk erstens durch einen Segensgruß, zweitens durch die Aufforderung zum Fortschritt, drittens durch die Ermahnung zur Danksagung. Der Gruß lautet: «Der Herr sei mit euch»; dazu habe ich oben schon eine Erläuterung gegeben. […]

Dann will der Priester das Volk, das er bereits im Zeichen dargebracht hat [bei der Darbringung, in der *Secreta*], zu den höheren Dingen hinführen, indem er laut ruft: «Die Herzen empor», das heißt: «Erhebet eure Herzen».

---

[36] Albert verweist auf Dionysius, *De eccl. hier.* I, 1.

Nach oben: zu wahrhafter Erkenntnis, liebendem Wollen, tugendhaftem Handeln, aufrichtiger Absicht.

Sein «Herz in der Höhe» hat jemand, wenn er über dieses Sakrament nicht «dem Fleisch entsprechend» denkt, sondern versteht, dass hier alles ein hoch erhabenes Geheimnis ist: Christus, der hier in der Speise genossen wird, wird nicht von den Zähnen zerkaut, noch wird er zerteilt, wenn das Sakrament aufgeteilt wird, vielmehr bleibt Christus ganz; und indem er aufgenommen wird, nimmt er uns in sich auf; nicht wird er verdaut, um vernichtet zu werden. Wenn er auf den Altar herabsteigt, bleibt er dennoch zur Rechten des Vaters, so dass er uns, die wir in seinen Leib aufgenommen werden, ebenfalls zum Thron des Vaters erhöht. Und ähnliches. Im Kolosserbrief 3,2 steht: «Habt Geschmack an dem, was droben *(sursum)* ist, nicht am Irdischen». Wir kosten und suchen das Himmlische, wenn unsere Liebe begeistert in Jubel ausbricht. Und das vollendet sich gerade in diesem Sakrament, wenn wir die übergroße Liebe des Herrn bedenken und innewerden, dass er selbst sich uns zur Speise gibt, er, der uns in sich aufnimmt. […]

Über die «Erhebung des Herzens» in einem tugendhaften Leben steht in Phil 3,20f.: «Unser Wandel ist im Himmel, von wo wir unseren Retter erwarten» – den Retter, der zu uns im Sakrament kommt –, «den Herrn Jesus Christus, der unseren armseligen Leib seinem verherrlichten Leib gleichgestalten wird» – indem er uns in seinen Leib aufnimmt.

Über die «Erhebung des Herzens» in der rechten Ausrichtung heißt es in Ijob 16,21: «Die Tränen meiner Augen fließen zu Gott hin». Das heißt: das Auge blickt nach oben, wenn man in inniger Liebe der Passion des

Herrn eingedenk ist und darüber Tränen vergießt, wenn das Wollen und Streben einzig auf Gott als Ziel ausgerichtet ist. [...]

Das Volk antwortet darauf: «Wir haben sie beim Herrn», denn höher kann man das Herz nicht erheben, und nirgends kann man es sicherer bergen, um die erhabenen geistlichen Güter zu empfangen.

Darauf folgt die Aufforderung zum Dank: «Lasset uns danken dem Herrn unserm Gott». Hier zählt sich der Priester zum Volk; denn der Priester, der die Heiligung vollzieht, und das Volk, das sich der Heiligung erfreut, haben beide teil an einer einzigen Gabe. Danksagung schließt dreierlei ein: die Gaben Gottes zu empfangen, wie es ihrer Würde entspricht, sie klar zu erkennen und jeder Gabe Ursprung aus ihm, dem Geber, anzuerkennen. [...]

Diese Aufforderung beantwortet das Volk, oder der Chor anstelle des Volkes, mit den Worten: «Würdig und gerecht ist es». Würdig im Hinblick auf die herrliche Großzügigkeit des Gebers. Gerecht im Hinblick auf die Dankesschuld, die für uns aus dem Empfang der Gaben erwächst. [...]

KAPITEL 4
PRÄFATION

Nach dieser Antwort trägt der Priester eine große Preisung vor [37] auf diese herrliche Gabe, um alle zum Staunen und zum Lob zu bewegen. Hier ist zunächst auf den Ursprung

---

[37] Lat.: «magnitudinem tam magnifici doni praefatur».

der Präfation hinzuweisen und dann eine Auslegung des Inhalts zu geben.

Zur Herkunft: In der Geschichte der Päpste kann man lesen: «Papst Gelasius dichtete Hymnen und Tractus-Gesänge, sowie Präfationen für die Feier der Geheimnisse, er bediente sich dabei einer ausgefeilten Sprache». Papst Sixtus bestimmte, dass das (dreimalige) *Sanctus* zu singen sei, und zwar nach der Präfation, vor der Wandlung.

Die Präfation beinhaltet drei Gedanken: Zuerst wird die Antwort des Volkes aufgegriffen und bestätigt. Dann wird die Erhabenheit des eucharistischen Geheimnisses hervorgehoben. Schließlich folgt die Bitte, dass sich die Stimme der Kirche mit der Stimme der Engel vereinen möge.

«In Wahrheit ist es würdig und recht»: Insofern wir nämlich dieses Sakrament als die Wirklichkeit der Schattenbilder des Alten Bundes betrachten, ist es Sakrament der Wahrheit; denn jene Sakramente des Alten Bundes waren Zeichen der Gnade, bewirkten sie aber nicht. Dieses Sakrament aber enthält den Urheber aller Gnade. Daher heißt in Joh 1,17: «Das Gesetz kam durch Mose, die Gnade und die Wahrheit aber durch Jesus Christus». Auch ist es ein würdiges Opfer, ja das einzige Gottes würdige Opfer. Daher fand man im Alten Testament auf die Frage, was man würdig Gott opfern könne, keine Antwort (Mi 6,6). Und der Seher in Offb 5,4 fasst das Seufzen der Vorväter zusammen, welche dieses Opfer noch entbehrten: «Ich weinte sehr, weil niemand für würdig befunden wurde, das Buch zu öffnen und es anzusehen». Dieses Sakrament öffnet alle Geheimnisse Gottes (Offb 5,8f.). Das Buch bedeutet nämlich den verborgenen Ratschluss der Weisheit Gottes, die Ordnung und den Schmuck, den er der Kirche durch die Sakramente geben wollte; und dieses Buch konnte nur derjenige öffnen, aus dessen Herzen zusammen mit seinem Blut die Sakramente flossen.

Es ist auch «recht»; das heißt, es entspricht der Gerechtigkeit, dass wir an dem vom Herrn eingesetzten Sakrament festhalten. Und da er es uns mit solcher Liebe anvertraut hat – Lk 22,19: Tut dies zu meinem Gedächtnis –, ist es nur recht, dass wir es mit inniger Hingabe feiern. […]

«Dir immer und überall zu danken»: Immer, das heißt: sowohl in der Zeit der Gnade wie einstens in der Ewigkeit der Glorie. In dieser jetzigen Zeit wird [die Gabe] unter sakramentalen Zeichen empfangen, dann aber in offenbarer Wahrheit.

«Heiliger Herr, allmächtiger Vater»: Er, der der Herr ist, und alle Schönheit, Wahrheit und alles Gute besitzt, will aus Liebe Vater sein – «Vater», weil er uns in seiner übergroßen Zuneigung eine solche Speise geben will. […] «Ewiger Gott»: Denn in diesem Sakrament gibt er uns Speise zum ewigen Leben. «Durch unseren Herrn Jesus Christus»: «Unser Herr» bezeichnet hier seine ganz besondere Herrschaft; denn er hat uns mit seinem Blut zu eigen erworben. So schreibt Chrysostomus im Johanneskommentar, dass ebenso wie ein Mensch Sklaven um Gold kauft, sie dann schmückt und ziert, Christus uns mit seinem Blut als seine Knechte erworben hat und uns schmückt mit dem so kostbaren Sakrament seines Blutes. 1 Kor 6,20: «Ihr seid um einen teuren Preis erkauft…». 1 Petr 1,18f.: «Losgekauft nicht mit Gold oder Silber, sondern mit dem kostbaren Blut Christi, des makellosen Lammes».

«Deine Majestät»: Majestät bedeutet überragende, bleibende Größe, die niemals geringer wird. Diese seine

Majestät zeigt Gott aber gerade hier: In seiner Majestät bewirkt er, dass er, den niemand umfassen kann, in einem so kleinen [Brot] gefasst wird, wenn er aufgenommen wird, dennoch in sich selbst bleibt, während er ewig herrscht, auf dem Altar sakramental geschlachtet wird. «Wer hat so etwas je gehört?» (Jes 66,8). «Wenn dich die Himmel und die Himmel der Himmel nicht fassen können, wie viel weniger dieses Haus, das ich gebaut habe!» (1 Kön 8,27). Und wie viel weniger dann noch das bisschen Brot und Wein auf dem Altar! Das ist wirklich «Majestät»: Der auf keinen Ort begrenzte *(incircumscriptus),* von keinem Maß zu fassende Gott, schloss sich ein in ein kurzes Wort (Röm 9,28: *breviatum verbum super terram),* um bei euch zu sein. [...]

Hier nehmen wir Christus im Sakrament auf, und doch bleibt er unversehrt zur Rechten des Vaters im Himmel. Wir essen ihn, um in ihm zu leben (Joh 6,58). Er bleibt im Himmel, damit wir mit ihm zusammen herrschen (Lk 22,29f.). Im Sakrament wird er geschlachtet, Er, der unsterblich bleibt. 1 Kor 11,26: «Sooft ihr dieses Brot esst und den Kelch trinkt, verkündet ihr den Tod des Herrn, bis er kommt». Der Kelch dient uns als Grab, die Patene als Stein vor dem Eingang des Grabes, Altartuch und Corporale als Leinentuch, in das Joseph von Arimathäa den Leib des Herrn ehrfürchtig einhüllte. Das bedeutet dieser Reim:

> Es steht der Altar für das Kreuz,
> der Kelch für das Grab,
> des Steines Dienst übernimmt die Patene,
> im Linnen erblicke das Grabtuch.

«Es loben die Engel, es beten an die Mächte, es erbeben die Gewalten»: «Lob» ist ein Preisgesang auf die Macht und Kraft *(virtutis praeconium)*. Die Engel lobpreisen Gottes Majestät in diesem Sakrament, und ihr Lob ist ein Staunen über die Weisheit und Erhabenheit (wie Gregor der Große sagt), mit der solch eine Machttat vollbracht wird. – «Anbetung» heißt, sich niederzuwerfen auf die Erde, weil derjenige, der anbetet, anerkennt, dass er aus Nichts erschaffen ist (Offb 5,11f.). «Ehrfurcht» *(reverentia)* aber bedeutet über die Anbetung der Ehre und Majestät Gottes hinaus auch eine Art scheues Zurückschrecken, in der Erkenntnis, wie klein man selbst ist – was gerade im Akt der Anbetung der Größe Gottes erfasst wird. Und darum heißt es: «Es erbeben die Gewalten».

Im Folgenden begründet Albert, warum gerade die «Mächte» (dominationes) *und «Gewalten»* (potestates) *genannt werden: Die Ehrerbietung, um die es hier geht, wird Christus im Sakrament erwiesen. Wer «Macht» hat und über anderes herrscht, beugt sich hier in der Haltung der Anbetung. Wer Gewalt hat, braucht vor niemandem zittern, doch hier «erbeben die Gewalten» – in Ehrfurcht* (reverentia), *nicht in Furchtsamkeit* (timiditas).

Und wenn die Gewalten des Himmels und seine Grundfesten in Ehrfurcht erbeben vor der Größe Christi, dann soll auch jeder Mensch im Inneren erschüttert stehen vor diesem Sakrament, soll erbeben und erbleichen.

KAPITEL 5
Sanctus

Das Sanctus ist die Antwort des Chores, es ist zugleich der Gesang der Engel.

Der erste Teil stammt aus Jes 6,3: «Heilig, heilig, heilig, der Herr, der Gott der Heerscharen; erfüllt ist die ganze Erde von seiner Herrlichkeit». Und in der Offenbarung (Offb 4,8) steht, dass «die vier Lebewesen nicht ruhten, weder bei Tag noch bei Nacht, und immerfort riefen: Heilig, heilig, heilig, der Herr, der allmächtige Gott, der war, der ist und der kommen wird». Der zweite Teil: «Hosanna in der Höhe! Gepriesen sei der kommt im Namen des Herrn, hosanna in der Höhe!», findet sich in Joh 12,13; es ist der Ruf der Volksmenge, die dem Herrn vorausging und ihm folgte, die ihn begleitete, als er nach Jerusalem zum Ort seines Leidens einzog. Zusammengestellt wurde dieser Gesang von Papst Sixtus, er ist sowohl Lob – im Bekenntnis «sanctus» –, wie Bitte – im Ruf «hosanna» –, wie auch Dank – «gepriesen sei er».

Hochgebet

Das Hochgebet vor der Wandlung umfasst nach der Präfation drei große Abschnitte, deren Thema die verschiedenen Dimensionen der «Communio» sind:
1. Der Abschnitt, der mit «Te igitur» beginnt, spricht von der «Communio auctoritatis» im Leib der Kirche; dem entspricht auf der Ebene des physischen Leibes die Verbin-

dung aller einzelnen Glieder zu bestimmten Haupt-Organen, welche die anderen mittels Nerven und Adern beleben: Gehirn, Herz, Leber.

2. Mit den Worten «Memento famulorum» beginnt der zweite Abschnitt; er betrifft die «Communio societatis». Im menschlichen Leib entspricht dieser «Gemeinschaftlichkeit» die Aufgabenteilung der verschiedenen Glieder, wie Hand, Fuß, Auge, Ohr etc.

3. Ab den Worten «Communicantes» geht es um die Communio zwischen der himmlischen und der irdischen Kirche – wie auch der menschliche Körper in Verbindung steht mit Kräften, die ihn von außen, d.h. «vom Himmel her» beeinflussen: Gestirne, Witterung.

Der Abschnitt «Te igitur» ist seinerseits dreifach gegliedert: Zuerst (a) geht es um die Gemeinschaft der Darbringenden und die Heiligung der Opfergaben, damit sie gewandelt werden können; der Teil der Wandlung beginnt mit den Einsetzungsworten: «Qui pridie» (b). Schließlich werden die Gaben im Bittgebet Gott vor Augen gestellt (c): «unde memores».

KAPITEL 6

«Te igitur» – Gemeinschaft zwischen Volk und Hierarchie

Der Kanon ist so aufgebaut, dass zuerst Bittgebete für alle vor Gott gebracht werden: Alle sollen eins sein und Gemeinschaft haben, wofür die heilige Kommunion das Zeichen ist. So werden sie also Gott dargebracht und geheiligt. Denn die Brotsgestalt der heiligen Kommunion, die in den Leib Christi gewandelt wird, ist aus vielen reinen Körnern bereitet – und ebenso ist die Kirche aus vielen Gläubigen zusammengefügt, als der eine Mystische Leib. So schreibt Paulus (1 Kor 10,17): «Denn ein Brot ist es, ein Leib sind wir, die Vielen». Ebenso ist es beim Kelch, in den so viele Trauben flossen. Die Einheit der Kirche und die Gemeinschaft ihrer Glieder untereinander wird also durch die für das Sakrament erwählte Materie abgebildet.

Eine erste Art von Gemeinschaft beruht auf dem Band des Gehorsams bzw. der Autorität, das uns mit bestimmten herausgehobenen Gliedern der Kirche verbindet: dem Papst, den Patriarchen und Bischöfen, sowie den übrigen untergeordneten Vorstehern. Durch ihr Amt fließen dem Mystischen Leib die Gnade des geistlichen Gespürs und Verständnisses, die Gnade der Bewegung zu verdienstvollen Werken und die geistliche Nahrung zu, in der Verkündigung der Glaubenslehre und im Sakrament der Eucharistie, und Ähnlichem.[38]

Eine weitere Art der Gemeinschaft beruht auf der Verbundenheit der Liebe, wie sie unter Gefährten besteht. In der Liebe, der Gerechtigkeit, den Werken der Barmherzigkeit und so fort gilt nicht die Überordnung.

Die dritte Art der Gemeinschaft ist der Austausch zwischen der streitenden Kirche und der schon triumphie-

---

[38] Eine in der antiken und mittelalterlichen Medizin gebräuchliche Theorie, die auch auf geistliche Realitäten übertragen wurde: den Einfluss Christi als des Hauptes auf die Glieder seines Leibes; vgl. dazu Romano Guardini, *Systembildende Elemente in der Theologie Bonaventuras. Die Lehren vom Lumen mentis, der Gradatio entium und der Influentia sensus et motus*, Leiden 1964.

renden Kirche des Himmels. Die Kirche auf Erden stützt sich auf die Hilfe und das Fürbittgebet der himmlischen Kirche. Ja, sie bringt in der Freude der himmlischen Kirche Gott das Lobopfer dar. Darum steht geschrieben: «Eine einzige ist meine Taube» (Hld 6,8), die Kirche, ob sie nun im Himmel oder auf Erden wandelt.

Wer zum Leib Christi gehört, muss in diesen drei Arten von Gemeinschaft stehen. Das erste Band zerreißen die Häretiker und Schismatiker. Das zweite Band wird verletzt durch das schlechte Beispiel falscher Christen. Am dritten Band haben die endgültig Verworfenen keinen Anteil. Darum haben sie in der Darbringung des Opfers keinen Platz.

Wir beten zum «gütigsten Vater». Güte ist die Tugend, bereitwillig Böses zu vergeben, das einem zugefügt worden ist. Gerade das geschieht in diesem Sakrament, das ja «zur Vergebung der Sünden» dargebracht wird (Mt 26,28). Auch im Buch Joel heißt es: «Gütig und barmherzig ist der Herr, langmütig und von großem Erbarmen, er hat am Bösen keine Freude» (2,13). Du hast uns in deiner väterlichen Kraft gebildet, mit väterlicher Liebe denkst du an uns, mit väterlicher Vorsehung setzt du uns zu Erben deiner Güter ein, väterlich erziehst du uns, gibst uns zu unserem Nutzen Unterweisung und heiligst uns. Denn einzig seine väterliche Kraft erschafft uns zu seinem Ebenbild – gibt es doch keine andere Kraft im Himmel oder auf Erden, welche ein Kind zum eigenen Abbild formen kann, als nur die Kraft des Vaters.

KAPITEL 7
«Memento, Domine» – Gemeinschaft im Mystischen Leib

Hier geht es nun um die zweite Ebene der Communio im Mystischen Leibe Christi, insofern jedes Glied jedes andere teilhaben lässt an seinem Tun und auch für andere zum Nutzen ist.

Wenn gesprochen wird: «Gedenke, Herr», dann heißt das nicht, dass Gott jemals jemanden vergäße; vielmehr sprechen wir vom «Gedenken» Gottes hinsichtlich der Wirkung, die es hat – während es bei uns ein Empfangen oder Erleiden *(passio)* besagt. Denn bei uns ist das Gedächtnis eine Fähigkeit, die bewirkt, dass uns etwas früher Gewusstes gewissermaßen zurückkehrend wieder begegnet und vor Augen steht, als wäre es gegenwärtig. Auf diese Weise erinnert sich Gott nicht; denn sein Wesen ist nicht zusammengesetzt, so dass er erkennend oder erinnernd von einem Gegenstand zum anderen überginge, vielmehr sind für ihn alle Dinge gegenwärtig. Aber wenn er jemandem die Wirkung der Gnade nicht zuteil werden lässt, dann scheint er diese Person vergessen zu haben. Und wenn er später wiederum seine Gnade schenkt, dann scheint ihm sozusagen das Wissen um seinen Heilswillen zurückgekehrt zu sein. In diesem Sinn sagen wir, er sei eingedenk. Jes 38,3: «Ich flehe dich an, o Herr, gedenke doch, wie ich vor dir wandelte in Wahrhaftigkeit und reinen Herzens, und dass ich tat, was gut ist in deinen Augen». – Wir sagen also: Gedenke, Herr, der du reich bist an Erbarmen, und die Fülle aller Gnaden in Händen hältst.

«Deiner Diener und Dienerinnen»: Hier sind die Namen der Lebenden zu nennen, besonders derer, die ihre

Gaben zum Altar brachten und damit ausdrückten, dass sie sich als «Diener» wissen. Dann wird hinzugefügt: «und aller, die hier versammelt sind», die sich selbst als Opfergabe darbringen, um verbunden mit dem eucharistischen Opfer dir dargebracht zu werden. So schreibt Paulus, Röm 12,1: «Ich bitte euch inständig, Brüder, durch die Barmherzigkeit Gottes, bringt euren Leib als lebendiges, heiliges, Gott wohlgefälliges Opfer dar, als geistigen Gottesdienst».

«Deren Glauben du kennst»: Der Glaube nämlich, der sich auf die Wahrheit stützt, eint sie mit dem Sakrament der Wahrheit. Die Liebe aber, durch die der Glaube wirksam wird, vervollkommnet sie, so dass sie die Kraft des Sakramentes empfangen, so dass sie wahrhaft und wirksam mit dir vereint sind, durch Erkenntnis und Liebe. Diesen Glauben «kennst» du, da du sie in Gnaden angenommen hast: «Der Herr kennt die Seinen» (2 Tim 2,19), «Ich kenne die Meinen, das heißt: meine Schafe, und die Meinen kennen mich» (Joh 10,14).

Auch «ihre Hingabe» kennst du; sie haben sie zum Ausdruck gebracht, indem sie sich und ihre Gaben darbrachten. «Ich erfülle dir meine Gelübde, die meine Lippen dir gelobten» (Ps 65,13f.). Hingabe ist die Glut des Herzens, sagt Ambrosius, mit der jemand aus freiem Willen sich oder seine Güter Gott verspricht.[39]

---

[39] «Devotio» – «Hingabe» ist abgeleitet von «votum»: die freiwillige Gabe, die man Gott «gelobt», bzw. das «Gebet» als Opfergabe und inniger Wunsch (das griechische «euche» hat ebenfalls die Bedeutung von «Gelübde»). Im folgenden Text spielt dieser Ausdruck eine große Rolle; die «vota» sind die Weise, wie das Gottesvolk an der Darbringung des sakramentalen Opfers aktiv teilnimmt – mit den Worten von Sacrosanctum concilium: «participatio actuosa» (vgl. SC nn. 11.14.19.21).

Hier wird also in besonderer Weise für diejenigen gebetet, die ihre Opfergaben bringen, «die dir dieses Lobopfer bringen». Die Gläubigen, die sich selbst und das Ihrige zum Altar bringen, bringen Gaben mit besonderer Hingabe *(speciali voto),* darum werden sie auch auf besondere Weise mit dem Opfer der Eucharistie vereint und zusammen mit ihm dargebracht. Wie der Priester das sakramentale Opfer darbringt, so opfern jene durch ihr inniges Gebet *(voto spirituali).* [...] Das bedeutet der Satz: «die dir dieses Opfer des Lobes darbringen». «Opfer» *(sacrificium)* wird es genannt, weil es sie «heilig» macht *(sacros facit).*

Sie bringen es dar «für sich und alles, was mit ihnen verbunden ist»[40]: Freunde, Blutsverwandte, Personen, die uns Gutes erwiesen haben, zeitliche Güter, die uns zum Unterhalt unseres Lebens zugestanden sind – obwohl der Herr sagt: «Sucht zuerst das Reich Gottes und seine Gerechtigkeit; all das andere wird euch hinzugegeben». Doch darf man zeitliche Güter erbitten, insofern sie einen im Dienst Gottes erhalten und Hilfen zu einem tugendhaften Leben sind.

«Für die Erlösung ihrer Seelen»: Die Erlösung der Seele von den Sünden vollzieht sich durch die Gnade und die Tugenden, die Erlösung von der Erbschuld geschieht durch das Blut Christi, und die Erlösung von all dem Elend unseres Lebens in dieser Verbannung und dem Arbeitshaus unseres Leibes wird geschenkt durch die ewige Seligkeit.

«Und für die Hoffnung auf das Heil»: Das bezieht sich auf den Leib. Für die Kranken wird das Opfer dar-

---

[40] Albertus fasst «suisque omnibus» als Neutrum auf, wie sich aus der folgenden Auslegung ergibt.

gebracht «für die Hoffnung auf Heil», für die Gesunden wird es dargebracht «für die Hoffnung auf Unversehrtheit». Wir beten um Gesundheit für die Kranken, damit sie stärker werden im Dienst Gottes; hat ja auch der Herr viele leiblich Kranke geheilt. Es gibt aber auch eine Hoffnung auf Heil, die sich darauf bezieht, feindlichen Machenschaften zu entkommen, wie es im Ps 21,22 heißt: «Rette mich *(salva me)* aus dem Rachen des Löwen», oder im Buch Daniel (13,62): «Gerettet wurde unschuldiges Blut an jenem Tag». Als «Unversehrtheit» aber wird die volle Gesundheit bezeichnet; und diese erbitten wir für die Gesunden, denn wenn nicht der Herr sie bewahrt, hat die Gesundheit keinen Bestand. Sie steht ja auf sehr schwachen Füßen, ständig ist Widerstreit zwischen warm und kalt, feucht und trocken, leicht und schwer, hart und weich, und anderer Gegensätze, die den Körper bestimmen. Darum betet der Psalmist: «Bewahre mich *(conserva me)*, Herr, denn ich habe meine Hoffnung auf dich gesetzt» (15,1). Und: «Verwirf mich nicht, wenn ich alt bin; wenn meine Kräfte schwinden, verlass mich nicht!» (Ps 70,9). Und im Buch der Weisheit heißt es: «Weder Kräuter noch Salben heilten sie, sondern dein Wort, Herr, das alles gesund macht» (Weish 16,12).

KAPITEL 8
«COMMUNICANTES» – GEMEINSCHAFT DER IRDISCHEN MIT DER HIMMLISCHEN KIRCHE

Die dritte Ebene der Communio wird berührt mit den Worten «communicantes», «in Gemeinschaft». Diese Gemeinschaft ist geheimnisvoller als die beiden anderen. Auf welche Weise haben wir bei der Feier des Altarssakramentes Gemeinschaft mit den Heiligen im Himmel? Was sie in der Wirklichkeit des Gehaltes *(in rei veritate)* empfangen, das erhalten wir unter den sakramentalen Gestalten *(in sacramentali specie)*. So sprechen wir im Credo: «ich glaube an die Gemeinschaft der Heiligen».

Maria

«Vor allem», zu Recht an erster Stelle, wird *sie* genannt, deren Vorausbild die Sühnestätte (Ex 26,34) war, wo Gott leibhaft erschien, um sich versöhnen zu lassen, auf die alle Engel blicken, um von ihr glanzvolle Erleuchtung zu empfangen. Sie hat zwei besondere Vorzüge, wie der Text sagt: «allzeit reine Jungfrau und Gottesgebärerin». «Glorreich» ist sie, weil sie geistig und leiblich ganz jungfräulich war, so dass sie allein von jeder unreinen Begierde frei war. «Glorreich», weil sie als erste Gott die vollkommene Keuschheit gelobte und damit die Reinheit der Engel zu den irdischen Menschen brachte, tapfer den Sieg über Fleisch und Blut errang und über den Erzfeind der Keuschheit triumphierte.

Sie ist gemeint, wenn im Hld 2,5 gesprochen wird: «Erquickt mich mit Blüten, stärkt mich mit Äpfeln, denn ich bin krank vor Liebe». Sie war dermaßen krank aus sehnlichem Verlangen nach der Liebe des himmlischen Bräutigams, dass sie sich durch keine fleischliche Liebe trösten lassen konnte. […]

«Glorreich» heißt sie, weil sie in einer Reinheit erstrahlen durfte, die nächst Gott die größte ist, so dass die ganze Dreifaltigkeit in ihr Wohnung nahm. […] Sie war Jungfrau vor der Geburt, in der Geburt und nach der Geburt.

Dem entspricht, was Ezechiel schaute (44,2): «Diese Pforte wird geschlossen sein, niemand wird sie öffnen, kein Mann wird sie durchschreiten; denn der Herr, der Gott Israels, ist durch sie geschritten».

Sie ist «Gottesgebärerin», «theotokos», nicht «christotokos», wie es das Konzil von Ephesus festhält; denn ihr Sohn wird «Emmanuel» genannt. Er ist wahrer Gott und wahrer Mensch, und sie ist Mutter der Person des Sohnes, die in zwei Naturen wahrhaft Gott, des ewigen Vaters Sohn ist. Der Vater hat ihn gezeugt der Gottheit nach, ohne Einbuße, von Ewigkeit, und denselben hat die jungfräuliche Mutter geboren der Menschheit nach, ohne jede Minderung der Jungfräulichkeit, in der Zeit. Daher ist dieses Gebären der Mutter ein einzigartiges und besonderes Abbild des Gebärens des Vaters.[41]

Apostel und Märtyrer [42]

Dann werden die «seligen Apostel» genannt; denn sie haben durch ihre Verkündigung unseren Glauben grundgelegt. Sie sind die zwölf auserlesenen Steine aus der Mitte des Jordan (Jos 4,20), wegen der Festigkeit ihres Glaubens. Sie sind durch die zwölf Rinder unter dem ehernen Meer (1 Kön 7,25) voraus versinnbildet, wegen ihrer Mühe in der Arbeit der geistlichen Ernte. Sie sind die zwölf Quellen, die man in Elim fand (Ex 15,27); denn die Quellen

---

[41] Albertus verwendet jeweils den Terminus «gignere» und Ableitungen («genitura»), was im Lateinischen sowohl «zeugen» wie «gebären» heißen kann. Auch «natus» (von «nasci») kann für den Hervorgang des Sohnes aus dem Vater angewendet werden.

[42] Die einzelnen Apostel und Märtyrer werden nicht nur genannt, sondern auch kurz charakterisiert.

bezeichnen den reinen Fluss der Wahrheit in ihrer Lehre. Sie sind auch die zwölf Tore der Stadt (Offb 21,12); denn sie sind die Eingangstore zur Kirche. Sie hat der Herr erwählt mit den Worten: «Ich habe euch erwählt, dass ihr hingeht und Frucht bringt und dass eure Frucht bleibt» (Joh 15,16).

«Und deine Märtyrer»: denn sie waren die Zeugen unseres Glaubens.

Patriarchen und Propheten aber werden nicht genannt; denn sie stiegen zum Limbus hinab, wo sie in seliger Hoffnung den Trost der Erlösung erwarteten. Auch die Bekenner werden nicht genannt, weil die Kirche hinsichtlich ihres Verdienstes nicht dieselbe Sicherheit hat wie hinsichtlich der Märtyrer. Daher lässt Leander von Sevilla im Ordo des Messkanons, den er der Kirche von Sevilla hinterlassen hat, das Opfer für die Bekenner darbringen, nicht aber zum ehrwürdigen Gedächtnis der Bekenner.

Einige von diesen Märtyrern, über deren Glauben Gewissheit und über die Ursache für ihr Martyrium keinerlei Zweifel besteht, werden namentlich genannt. Viele nennt die Kirche nicht mit Namen; denn man kann in der Kirchengeschichte lesen, dass zuweilen auch Irrlehrer zusammen mit den Märtyrern litten. Damals konnten wegen der Verfolgung keine Synoden, Visitationen und Prüfungen vorgenommen werden. Zu Beginn werden also die herausragenden Märtyrer aus dem Schoß der Römischen Kirche genannt: Linus, der Papst, der verschiedene Qualen für Christus durchstand und siegte. Kletus, ebenfalls Papst, strahlend und berühmt für seine vielen Leiden und seine Zeichen. Klemens, jener Papst, der Schüler und Nachfolger des Petrus war, und der die Akten Petri in zwölf Büchern schrieb. Sixtus, Papst und Märtyrer, der für die Heilige Messe den Gesang des Sanctus und des Agnus Dei anordnete. Kornelius, dessen Martyrium unzweifelhaft ist, wie es die heiligen Väter Augustinus und Ambrosius bezeugen. Cyprian, der einen solchen Glauben hatte, dass er bei der Verkündigung seines Todesurteils vor dem römischen Gericht öffentlich «Dank sei Gott» ausrief. Auf seinem Herzen, so heißt es, seien die Umrisse des Kreuzes wie mit Gold sichtbar gezeichnet erschienen. Laurentius, Archidiakon der Römischen Kirche, der es mit sicherem und unbezweifelbarem Glauben ertrug, lebendig auf dem glühenden Rost gemartert zu werden, in Gegenwart des Kaisers Decius. Er war es auch, der den Besitz der Kirche freigebig an die Armen verteilte: darum «wird seine Gerechtigkeit Bestand haben für immer» (vgl. Ps 111,9; 2 Kor 9,9). [...]

KAPITEL 9
«Hanc igitur» – die Bitte um Annahme des Opfers

Bei den Worten: «Dieses Opfer, das wir als deine Knechte darbringen» *(hanc oblationem nostrae servitutis)* muss der Priester sein Haupt zu den Opfergaben neigen. Dieses Wort von der «Dienerschaft» spricht er für den gesamten Klerus [...]. «Und deiner ganzen Familie»: Das wird gesprochen für das gesamte Volk, das ja – wie wir schon oft gesagt haben – durch das Gebet *(per votum)* in der Opfergabe des Altares einbeschlossen ist. [...]

«Ordne unsere Tage in deinem Frieden und errette uns vor der ewigen Verdammnis»: Das ist es, was Gott uns gewähren soll, wenn er dieses Opfer annimmt. Zweierlei wird erbeten; das eine bezieht sich auf die Zeit, das andere auf die Ewigkeit. Wir erbitten «deinen Frieden» für unsere Tage; denn nur dieser ist ein sicherer Frieden; und nur Gottes Weisheit kann Vorsorge treffen gegen künftiges Unglück und uns im Frieden bewahren. Danach wird um ewige Güter gebetet: gerettet zu werden vor dem ewigen Verderben und der Schar der Erwählten zugezählt zu werden.

Dann folgt der Abschluss des Gebetes: «Durch Christus unseren Herrn» – worauf niemand mit «Amen» antwortet, nur die Engel, die als dienende Geister anwesend sind, wie man sagt. So ist es auch bei den anderen Still-Gebeten.

KAPITEL 10

«QUAM OBLATIONEM»

Um dieses Opfer zu unterscheiden von den Opfern der Vorzeit, werden hier fünf Eigenschaften genannt. Die früheren Opfer enthielten die Gnade nicht, daher waren sie nicht «gesegnet» *(oblationem benedictam)*. Die früheren Opfer waren nicht zu ewigem Gedenken festgeschrieben *(adscriptam),* sondern eher von Menschen erdacht, und sie erhielten von Gott ihre Ordnung, um dem Götzendienst zu wehren. Die Opfer der Vorzeit entbehrten des vollen Sinnes *(ratam)* und der Vernünftigkeit *(rationabilem),* und sie waren nicht, was das Herz Gottes gern annehmen konnte *(acceptam)*.

Darum heißt dieses Opfer: «gesegnet», voll des Segens der Gnade; «eingeschrieben», zum ewigen Gedenken; «fest begründet», das bedeutet: sicher, stark, so dass es durch keinen Grund verdreht oder ausgelöscht werden kann – denn dieses Opfer wird niemals Zurückweisung erfahren. Daher heißt es im Psalm 109,4: «Der Herr hat geschworen und nie wird's ihn reuen: Du bist Priester auf ewig nach der Ordnung des Melchisedek». [...] Dabei macht der Priester drei Kreuze, um anzuzeigen, dass die Gnadenwirkung von dem ausgeht, der alle Heiligung vollendet und als dessen Stellvertreter er am Altar steht.

Ein «vernunftgemäßes» Opfer ist es; denn Christi Blut reinigt die Befleckten. Es entsprach ja keineswegs der Vernunft, dass das Blut von Böcken, Stieren oder Lämmern jemanden reinigen sollte. Darum heißt es im Hebräerbrief 9,13f.: «Wenn schon das ausgesprengte Blut von Böcken und Stieren oder die Asche einer Kuh die Befleckten dem Fleisch nach reinigt *(ad emendationem carnis),* wie viel mehr wird dann das Blut Christi, der im Heiligen Geist sich selbst als makellose Opfergabe Gott darbrachte, unser Gewissen von den Werken des Todes reinigen, damit wir dem lebendigen Gott dienen?» «Willkommen», «annehmbar» möge dieses Opfer vor Gott sein – im Unterschied zu den Opfern der Vorzeit.

«Damit sie [für] uns werden Leib und Blut», «Leib»: damit wir Dir einverleibt werden, «Blut»: damit daraus dein Lebensatem den Heiligen Geist in uns einströme, so dass wir in Dir leben.[43] Und hier macht der Priester wiederum zwei Kreuze, um die Kraft der Eingliederung und der Belebung auszudrücken, die uns durch das Sakrament von Gott her zuteil werden. «Wer mein Fleisch isst und mein Blut trinkt, der bleibt in mir», heißt es in Joh

---

[43] Albertus assoziiert mit «Blut» den Lebensatem, -geist wie auch den Heiligen Geist, der mit Christus verbindet, und der von Christus gegeben wird.

6,57 – er «bleibt», insofern er eingegliedert *(incorporatus)* und mit dem Geist Christi verbunden *(sociatus)* ist. «Und ich in ihm» – wie das Haupt in den Gliedern gegenwärtig ist und das Leben in denen, die lebendig sind.

«Deines geliebtesten Sohnes»: Es ist ein Übermaß an Liebe, dass Du uns deinen Sohn im Sakrament als Speise gegeben hast. Daher heißt es «Sakrament der Liebe» *(sacramentum caritatis)*. «Unseres Herrn»: der die Fülle alles Guten und Schönen besitzt, «Jesus Christus»: wahrhaftig unser Mittler, der zu Dir die Hand ausstreckt, um wahre Vermittlung zu wirken.

Erneut kritisiert Albertus in scharfen Worten bestimmte allegorisierende Interpretationen (die drei Kreuzzeichen seien ein Hinweis auf die 30 Silberlinge, für die Jesus verkauft worden sei; in den Adjektiven, mit denen die Opfergabe beschrieben werde, sei ein Hinweis auf Judas enthalten etc.). Für Albert handelt es sich dabei um «Spinnereien» (deliramenta) *ungebildeter Leute, die sich aber als Gelehrte aufspielen und mit ihren unsinnigen, kleinkrämerischen Deutungen* (per insanias et nugas) *die Theologie in Verruf bringen.*

KAPITEL 11
«Qui pridie» – Einsetzungsworte über die Brotsgestalt

Zuerst wird die Zeit genannt, zu der Christus dieses Sakrament einsetzte, dann wird dargetan, wie er durch die Berührung mit seinen göttlichen Händen der Materie die Möglichkeit mitteilte, verwandelt zu werden. Drittens wird gezeigt, wie man dem Vater dieses Sakrament darbringen soll, viertens, wie der Herr für dieses Gut Dank sagte. Fünftens, wie er diesem Sakrament die Fülle allen Segens und aller Gnade mitteilte. Sechstens, dass er das Sakrament brach, zum Zeichen dafür, dass es jedem nach seinem Maß gegeben wird. Siebtens, dass er den Jüngern auftrug, dieses Sakrament immer wieder zu feiern. Achtens, welche Form (Konsekrationsworte) er festlegte.

«Am Abend vor seinem Leiden» [...], das war der 14. Nisan, da gab es nichts Gesäuertes im Hause der Juden. Damit ist erwiesen, dass das Sakrament mit ungesäuertem Brot gefeiert wurde. [...][44]

«Er nahm das Brot in seine heiligen Hände», das heißt: in seine heiligenden Hände, «in seine ehrwürdigen Hände», denn die menschlichen Hände sind der göttlichen Person geeint. Er «nahm» das Brot, um diesem durch die Berührung mit seinen heiligen, göttlichen Händen die Fähigkeit zu verleihen, zu aller Zeit in den Leib Christi verwandelt werden zu können. Ebenso hat er auch dem Wasser die Kraft verliehen, das neue Leben mitteilen zu können, indem er es mit seinem heiligsten Leibe berührte. Eine solche Kraft empfängt etwas Geschaffenes nur durch die Berührung des Schöpfers.

«Er erhob die Augen zum Himmel»: Damit zeigt er uns, dass dieses Opfer stets zum Himmel erhoben werden muss. [...] «Er sagte dir Dank»: Dank für solch ein großes Geschenk, solch eine überragende Gnade, solch eine wirksame Speise, solch ein hochwürdiges Sakrament.

---

[44] Auf die kontrovers diskutierte Frage nach der Angemessenheit oder Notwendigkeit von ungesäuertem Brot und die theologischen Argumente der Ostkirchen geht Albert in CD d. 6 tr. 4 c. 1 ein, unten 279-282.

«Er sprach den Segen»: Er goss diesem Sakrament die Fülle aller Gnade ein. Manche sagen, dass er das Brot mit einem Zeichen seiner Hände segnete. Andere dagegen meinen, dass er im Stillen Worte sprach, welche die Wandlung des Brotes in seinen Leib bewirkten. Wieder andere sagen, dass die Wandlung ohne Worte und Zeichen, allein durch die göttliche Kraft Christi bewirkt wurde; denn Christus hatte weder Worte noch Zeichen nötig, er verfügte über eine überragende Vollmacht – nicht wie ein Diener. Da aber keine dieser Erklärungen durch die Autorität der Apostel gestützt wird und die erste Erklärung nichts Zweifelhaftes enthält, gefällt [mir] die erste am besten.

«Er brach es»: Gebrochen wird nur die sakramentale Gestalt, nicht der Leib Christi. Bei dieser besonderen Art der Brechung enthüllt sich die Gotteskraft: Das Brot wird gebrochen, der Leib bleibt ganz und unversehrt. Daher heißt es bei Lk 24,35: «Sie erkannten ihn», nämlich den Herrn, «als er das Brot brach». [...]

«Er gab es seinen Jüngern»: Er gab es als Gabe [...] und nur seinen Jüngern, zum Zeichen dafür, dass ein Unwürdiger nicht hinzutreten darf, wie es auch in 1 Kor 11,29 heißt: «Wer unwürdig isst und trinkt, der isst und trinkt sich das Gericht». Einem Unwürdigen muss man also in der Beichte den Empfang untersagen. Wenn er aber öffentlich zusammen mit den anderen hinzutritt, dann reicht ihm der Priester das Sakrament, denn er stellt niemanden bloß, wiewohl derjenige einen Raub begeht *(rapit);* denn auch der Herr hat Judas nicht gehindert, als er mit den anderen zum Mahl hinzutrat.

«Nehmt»: Das heißt: Übernehmt ihn, so dass diese Feier eure Aufgabe sei *(accipite in officium).*

«Und esst alle davon»: Ihr, meine Jünger, damit ihr alle in meinen Leib eingefügt werdet und Gemeinschaft mit meinem Geist habt; denn auf andere Weise könnt ihr keine Opfergabe für Gott den Vater werden.

«Das ist nämlich mein Leib». Hier finden wir die Konsekrationsformel, die jeder Priester seitdem verwenden muss. Sie ist im Evangelium enthalten. In dieser Formel steigt das ungeschaffene Wort herab in das geschaffene Wort und bewirkt durch seine unsichtbare Macht die Wesenswandlung des Brotes in den Leib Christi, so wie im Anfang der Schöpfung alles Geschaffene durch das Wort ins Sein gesetzt wurde.[45]

KAPITEL 12
«Simili modo» – Konsekration des Weines

«In gleicher Weise», das heißt: in der gleichen Güte, Liebe und Wundermacht, «nahm er nach dem Mahl den Kelch»: nachdem die Jünger das Paschalamm als Vorausbild gegessen hatten und den Leib Christi empfangen hatten. Der Herr setzte dieses Sakrament am Ende, nach allen anderen Speisen ein, damit es dem Gedächtnis ganz fest eingeprägt bleibe. Doch aus Gründen der Ehrfurcht vor dem Sakrament legten die Apostel dann fest, dass es nüchtern empfangen werde (vgl. 1 Kor 11,20), außer Schwäche bzw. Krankheit erfordern etwas anderes.

Er nahm also «den erhabenen Kelch», den «herrlichen Kelch» *(praeclarum calicem),* der alle anderen übertrifft.

---

[45] Konsekration, Transsubstantiation und Realpräsenz werden ausführlich in CD d. 6 tr. 2 sowie d. 3 tr. 3 dargelegt.

Diesen Kelch trinkt der Herr täglich in seinen Gliedern;[46] so singt der Psalm (22,5): «Mein berauschender Kelch, wie herrlich ist er!» – Er nahm ihn «in seine heiligen, ehrwürdigen Hände», denn durch die Berührung seiner Hände verlieh er dem Wein, auch in Zukunft in sein Blut gewandelt werden zu können. «Er sagte wiederum Dank», für die Erlösung des Menschengeschlechtes. Diese ersehnte er so sehr, dass er sein Blut beim Kreuzesleiden mit Freude vergoss.[47]

«Er segnete ihn»: Dabei macht der Priester das Kreuzzeichen, um anzuzeigen, dass dieser Segen vom Vater im Himmel herabkommt. «Er gab ihn»: Er gab ihn nicht um Geld, gab ihn nicht zurück,[48] sondern gab ihn als Geschenk, umsonst. «Seinen Jüngern», denn nur sie waren dessen würdig. Und er sprach: «Nehmt» – das heißt: übernehmt dieses Amt – «und trinkt alle daraus»: alle, ohne Unterschied. «Das ist nämlich der Kelch meines Blutes»: Das Blut ist ein Trank zur Vergebung der Sünden (Hebr 9,22; Offb 1,5). Um von Sünden rein zu werden, muss man sich innerlich waschen lassen, denn die Sünde ist ein innerer Flecken, darum muss das Blut getrunken werden.

Mit den Worten «Das ist der Kelch meines Blutes» enden meiner Ansicht nach die eigentlichen Konsekrationsworte; die sakramentale Formel wäre dann nicht ausgedehnter als die Worte über die Brotsgestalt.

---

[46] Das heißt: Die Verheißung Mt 26,29 wird als erfüllt angesehen: «... bis ich von neuem davon trinken werde mit euch im Reich meines Vaters».
[47] Die Freude Christi bei der Einsetzung dieses Sakramentes, die auch durch den furchtbaren Ernst des bevorstehenden Leidens nicht geschmälert wurde, wird in CD d. 2 tr. 1 cap. 2 meditiert.
[48] Der lat. Text spielt mit verschiedenen Composita von «dare».

Jedoch hat das Blut Christi noch weitere Wirkungen. Erstens verbürgt es unser Erbe; das wird gesagt mit den Worten: «des neuen und ewigen Bundes». Neu ist dieser Bund sowohl im Vollzug wie in der Wirkung (Offb 21,5; Jes 65,17). Ewig ist er, weil ihn niemals ein anderer Bund oder ein anderes Sakrament übertreffen kann (Jer 31,40; Jes 55,3; Hebr 10,14). Darum handelt es sich um ein «Testament»: In seinem Blut hat er alle Verheißungen bestätigt (Hebr 9,17; Sach 9,11).

Zweitens ist es «Geheimnis des Glaubens». Mysterium kommt vom griechischen «mystes» und bedeutet «verborgen», «abgeschieden». Denn es ist geheimnisvoll verborgen, wie der Herr im Tod das ewige Leben und in seinem Blut die Heiligung erwirkte. Darum erscheint es vielen Weisen dieser Welt als Torheit. Wie die Welt durch das Blut Christi erlöst wurde, ist ein Geheimnis der abgrundtiefen Weisheit Gottes. In diesem Geheimnis sind alle anderen Glaubensgeheimnisse offenbart worden.

Das Blut wird «für euch und für viele vergossen»: Für euch, denn auch ein Bischof und Priester bedarf des erlösenden Blutes. Für viele: Das heißt, für die Guten ist das Blut heilswirksam, für alle aber ist es vergossen, damit sie ausreichende Gnade erhalten.[49]

---

[49] *Efficienter – sufficienter:* Die Unterscheidung bringt das Dilemma zum Ausdruck, dass Gottes Heilswille universal ist, aber des Menschen freier Wille, etwa in der erforderlichen Glaubenszustimmung, dadurch nicht überflüssig wird. Christus hat sein Blut für alle vergossen, da Gott das Heil aller will und allen ausreichend Gnade gibt, das Heil zu erlangen. Aber ob die Gnade auch tatsächlich ihr Ziel erreicht, das vergossene Blut für ihn «wirksam» ist, hängt auch von der Bereitschaft des Menschen ab. – Eine andere, überraschende Deutung legt Albert in CD d. 6 tr. 2 c. 3 vor, 276f.

Wir konnten uns in diesem Abschnitt kurz fassen, da ja noch ein ziemlich langer Teil folgt, in dem wir speziell auf das Sakrament eingehen.[50]

KAPITEL 13
«UNDE ET MEMORES» – ERHEBUNG DER GABEN ZU GOTT

Im nun folgenden Teil des Kanons werden die gewandelten Gaben wie auch diejenigen, die daran teilnehmen, vor das Angesicht Gottes erhoben und ihm vorgestellt *(elevatio)*. Dieser Teil lässt sich in drei Abschnitte untergliedern: Im ersten geht es um die sakramentalen Gaben, die diese Erhebung bewirken; im zweiten – beginnend mit den Worten: «Demütig bitten wir dich» – um die Art und Weise dieser Erhebung, und im dritten folgt eine Fürbitte für diejenigen, die im Sakrament erhoben werden sollen [Verstorbene wie Lebende] – ab den Worten: «Gedenke o Herr». Der erste dieser Abschnitte ist wiederum zweigeteilt: Zunächst wird davon gesprochen, was Christus selbst getan hat, dann von den alttestamentlichen Vorausbildern für das Opfer Christi.

Wir, Priester, Klerus und das heilige Volk Gottes, «sind eingedenk»: wir werden niemals vergessen, dass wir Christus eingegliedert sind. Wir sind eingedenk «seines so seligen Leidens» *(tam beatae passionis),* das heißt, des

---

[50] CD d. 3: Transsubstantiation, Realpräsenz, d. 6 tr. 1: Einsetzung durch Christus, tr. 2: Transsubstantiation, Konsekrationsworte.

Leidens, das uns so überreich selig macht, das die Toten von den Fesseln des Todes löst, so dass sie voll Freude rufen: «Du hast meine Fesseln gelöst; ich will dir ein Opfer des Lobes bringen und anrufen den Namen des Herrn!» (Ps 145,7). Wir gedenken seiner Auferstehung; denn in seiner Auferstehung erwirkte er die Auferstehung anderer – einige erstanden leibhaft (Mt 27,52f.), andere in der sicheren, gewissen Hoffnung (1 Kor 15,22f.): «Wie in Adam alle sterben, so werden in Christus alle zum Leben gebracht...». So stehen wir also vom Tod der Seele auf, indem wir gerechtfertigt werden, und vom leiblichen Tod, wenn wir in die Glorie eingehen. Wir gedenken seines glorreichen Aufstiegs in die Himmel: Dadurch erwirkte er uns, die wir im Sakrament Christus eingegliedert sind, dass auch wir zum Himmel emporsteigen. So sagt der Prophet Micha (2,13): «Er geht hinauf und öffnet den Weg vor ihnen»; und ebenso der Herr selbst (Joh 14,2): «Sonst hätte ich nicht zu euch gesagt: Ich gehe euch einen Platz zu bereiten».

Wir bringen diese Opfergabe dar, «von dem, was du uns geschenkt und gegeben hast»: Ein Geschenk ist eine unwiderrufliche Gabe. Er nimmt also an, was er selbst geschenkt hat. Das «reine Opfer» *(hostia pura),* das uns rein macht von der Anziehungskraft der Sünde, die als Folge der Erbsünde noch in uns ist. Das «heilige Opfer», das uns die Kraft zur Heiligkeit schenkt; denn in ihm ist der Heilige der Heiligen. Das «makellose Opfer», das uns reinigt von den Flecken unserer Sünden; denn in ihm ist der Herr, das Lamm ohne Fehl und Makel gegenwärtig, der seine Kirche ohne Makel vor sich erscheinen lässt (Eph 5,27). Bei diesen Worten macht der Priester drei Kreuzzeichen, um zu zeigen, dass diese Fülle des Segens vom Vollender aller Heiligung in seinen Mystischen Leib strömt.

«Das heilige Brot»: Dieser Ausdruck nimmt Bezug auf 1 Kor 10,17: «ein Brot ist es, daher sind wir viele ein Leib» in Christus. Von «Brot» wird gesprochen, weil es so aussieht; denn die Substanz des Brotes ist verwandelt in den Leib Christi, sie ist nicht mehr da. «Das Brot des ewigen Lebens»: denn es belebt, gibt das ewige Leben, wie der Herr selbst sagt (Joh 6,33.59).[51]

Beachte, dass der Priester alle Gebete mit ausgebreiteten Armen spricht, in Angleichung an den gekreuzigten Christus: Zum einen, damit dem Volk das Zeichen des Kreuzes vor Augen stehe, zum anderen, um die Entsprechung zum alttestamentlichen Vorausbild sichtbar zu machen – denn Mose betete in dieser Haltung (Ex 17,12) –, und drittens, um seine Bereitschaft zu zeigen, alle in die Umarmung der Liebe aufzunehmen. Doch dieses Gebet spricht der Priester, indem er die Hände nach oben ausstreckt und die Arme noch weiter ausbreitet: Dadurch wird die Absicht sichtbar, die Opfergabe möge zum Himmel erhoben werden – wie wenn er spräche: «Das Erheben meiner Hände sei wie das Opfer am Abend» (Ps 140,2), das Christus am Abend dieser Welt zum Himmel emporsandte.

---

[51] Siehe CD d. 6 tr. 2 c. 1, 266.

KAPITEL 14
«Supra quae propitio» –
die alttestamentlichen Vorausbilder

«Schau gnädig herab...»: mit dem Auge der Liebe; denn wo die Liebe ist, da ist das Auge.[52] «Und nimm es mit Wohlgefallen an – wie du angenommen hast...». Daraufhin werden die Opfer der Vorzeit in Erinnerung gerufen, Vorausbilder des wahren Opfers, jedoch nicht diesem gleichrangig. Der Reihenfolge nach offenbart ein jedes etwas mehr vom Wesen des wahren Opfers als das vorhergehende. Das erste [Abel] zeigt das Leiden der Opfergabe, das zweite [Abraham – Isaak] verweist auf die Würde des einzigen Sohnes, das dritte [Melchisedek] lässt den Ritus des wahren Opfers erkennen.

Gott hat in Gnaden diese Opfer angenommen, weil sie Vorausbilder unseres Opfers waren, Gaben, die der Opfernde von Gott selbst empfangen hatte: «Abel brachte von den Erstgeborenen seiner Herde dar». Dass Abel als «Knecht» bzw. «Kind» *(puer)* bezeichnet wird, bedeutet nicht, dass er noch unverständig gewesen wäre, sondern dass er gehorsam und aufrichtig war. In Abel selbst ist zum ersten Mal jenes Lamm geschlachtet worden, von dem Offb 13,8 sagt: «Das Lamm, das geschlachtet ist, von Anbeginn der Welt».

---

[52] «Ubi amor, ibi oculus» – ein geflügeltes Wort, dessen Ursprung Richard von St. Victor zugeschrieben wird. Es kann zweifach verstanden werden: Wie in der obigen Übersetzung – dass man seine Augen bei dem hat, was man liebt –, oder dass die Liebe überhaupt ermöglicht, das Wesentliche zu sehen. Letztere Deutung kann auf Gott nicht angewandt werden.

Dann «das Opfer des Patriarchen Abraham» [...], der dir seinen einzigen Sohn darbrachte, aber an seiner Stelle den Widder schlachtete. Der Widder bezeichnet die menschliche Natur Christi; denn die Gottheit des Sohnes kann nicht geopfert werden.

Und schließlich die Gabe des Hohenpriesters Melchisedek. «Priester» – «sacerdos» bedeutet: «sacra dans» – «der Heiliges gibt», oder «sacra dos» – «heilige Gabe». Sein Name wird übersetzt als «König der Gerechtigkeit» oder «König des Friedens», da er König von Salem war, wie der Apostel mit Bezug auf Gen 14,18f. schreibt (Hebr 7,1f.).

Beachte, dass diese drei Vorausbilder aus der Zeit des Naturgesetzes, der Zeit vor dem mosaischen Gesetz, stammen.[53]

KAPITEL 15
«SUPPLICES» – FÜRBITTE FÜR DIE KOMMUNIZIERENDEN

«Wir bitten dich demütig, allmächtiger Gott: Befiehl, dass dein heiliger Engel diese Opfergabe auf deinen himmlischen Altar vor das Angesicht deiner göttliche Majestät trage».

Diese Worte betreffen die Erhebung der Opfergabe mit allem was dazu gehört. Sie heben an mit einem flehentlichen Gebet, Gott möge den Befehl dazu geben – denn

---

[53] Albert leitet daraus ab, dass die Opfer des Gesetzes bei Gott nicht so sehr willkommen *(acceptae)* als vielmehr für eine bestimmte Zeit, nämlich die Zeit des Alten Bundes, geduldet waren, um Schlimmeres – Aberglauben, götzendienerische Opfer – zu verhindern. – Zum Altarssakrament als «Opfer»: CD d. 5, 252ff.

ohne seine Anordnung geschieht hier nichts. Dann wird vom Dienst der Engel gesprochen. Drittens soll die Opfergabe auf den Altar Gottes erhoben werden. Viertens sollen mit und in der Opfergabe alle zum Himmel erhoben werden, die daran teilnehmen. Fünftens wird darum gebetet, dass sie dort allen Segen und alle Gnade empfangen.

Dieses Gebet spricht der Priester tiefgeneigt; mit der Körperhaltung bringt er die Demut zum Ausdruck. Dabei denkt er an die Verheißung: «Das Gebet des Demütigen dringt durch die Wolken, es lässt sich nicht vertrösten, bevor es angekommen ist, es lässt nicht ab, bevor der Allerhöchste herblickt» (Sir 35,21).

Dass nur von «deinem heiligen Engel» in der Einzahl die Rede ist, bedeutet nicht, dass nur einer gemeint ist oder nur ein einziger Chor der Engel, sondern alle Engel. Im Buch Daniel steht geschrieben, dass «tausend mal tausend ihm dienten, zehntausend mal zehntausend vor ihm standen» (Dan 7,10); und das ist vor allem zu verstehen von der Zeit der Darbringung des eucharistischen Opfers, wie Gregor der Große sagt.

Im Buch De corpore Domini erläutert Albert, dass die «Erhebung der Opfergabe» nach der vollzogenen Wandlung sich nicht so sehr auf den wahren Leib Christi und sein Blut beziehen, sondern auf die Gläubigen, die durch die Teilnahme an seinem Opfer ihm inkorporiert sind: Sie sollen als lebendige Opfergabe zum Himmel erhoben werden, in dieser Weltzeit «in mysterio», eschatologisch aber in unverlierbarer Wirklichkeit: CD d. 6 tr. 2 c. 1, 262-270.

«Und wenn wir den hochheiligen Leib und das Blut deines Sohnes empfangen, erfülle uns mit aller Gnade und allem Segen des Himmels».

Bei diesen Worten küsst der Priester den Altar, um anzuzeigen, dass er zusammen mit allen Darbringenden am eucharistischen Opfer teilhat. «Den hochheiligen Leib» deines Sohnes, eines Wesens mit dir, der darum auf deinem Altar dargebracht wird, der uns in sich eingliedert; und «sein Blut», das uns mit dem einen Geist tränkt – durch die Teilnahme daran mögen wir mit dem Segen des Himmels, das heißt: mit himmlischen Gütern, erfüllt werden, und mit der Gnade, die denjenigen, der sie empfangen hat, liebenswert macht und ebenso alle seine Werke Gott wohlgefällig.

Bei dem Wort «Leib» wird ein Kreuzzeichen gemacht über der Brotsgestalt, zum Zeichen, dass die Fülle des Segens vom Priester weiter fließt auf den Mystischen Leib; ebenso und mit derselben Bedeutung beim Wort «Blut». Bei den Worten «mit allem Segen» aber bekreuzigt sich der Priester selbst über sein Angesicht, zum Zeichen dafür, dass diese Gnade von Gott her auf ihn fließt, einen schwachen Menschen, der für sich und das Volk das Opfer darbringt.

Im Folgenden verwirft Albertus (omnibus fidelibus abominandum) *fantasievolle Deutungen für den Altarkuss und die drei Kreuzzeichen: als Zeichen für den Judaskuss oder als Sinnbild für die Bespeiung des Antlitzes Christi.*

Auf die nun folgenden Worte: «durch denselben Herrn Jesus Christus», ein häufiger Gebetsschluss, antwortet niemand «Amen». Der Abschluss obliegt hier den Engeln, die bei der Feier dieses Sakramentes anwesend sind, wie Papst Gregor schreibt: «In der Stunde des Opfers, so entspricht es unserem Glauben, ist Christus mit seinen himmlischen Dienern gegenwärtig, um die Gaben zu konsekrieren».

Augustinus sagt dazu: «Das sind die Gaben, das sind die Geschenke, die alle Herrlichkeit übertreffen, womit der allmächtige Gott seine Gläubigen erquickt, sie mit dem herrlichen Leib seines Sohnes belebt, heiligt und für die Ewigkeit bereit macht. Durch diese Gaben erfüllt er die Herzen der Gläubigen mit aller Gnade: er verleiht dem Leibe Keuschheit, der Seele Glauben, dem Denken Lauterkeit. Er beschützt sie im Erbarmen, stärkt sie in der Hoffnung, macht sie fest in der Liebe; denn indem sie den Herrn aufnehmen, sollen sie auch sein Tempel werden».

Und Ambrosius: «Christus ist der Kirche Speise, Christus ist ihr Trank; das Fleisch Gottes ist Speise, das Blut Gottes ist Trank. Christus bedient uns täglich. Diese Speise bewirkt nicht, dass der Leib wohlgenährt wird, sondern ‹stärkt das Herz des Menschen›: Sie ist Brot des Lebens (vgl. Ps 103,15). Wer das Leben isst, kann nicht sterben. Tretet her zu ihm und sättigt euch; er ist das Brot. Tretet her zu ihm und trinkt; er ist die Quelle. Tretet her zu ihm und euer Gesicht wird leuchten; er ist das Licht. Tretet her zu ihm und ihr werdet frei werden; ‹denn wo der Geist des Herrn ist, da ist Freiheit› (2 Kor 3,17). Tretet her zu ihm und empfangt Vergebung; denn er ist die Vergebung der Sünden. Der Leib unseres Herrn Jesus Christus erlangt uns die Versöhnung mit Gott und seinen immerwährenden Schutz. Empfange also dieses Gedenken *(monimentum)* in dir, nimm den Herrn als Gast in deiner Seele auf: wo der Leib ist, da ist Jesus».

KAPITEL 16
«Memento Domine» – Fürbitte für die Verstorbenen [54]

«Gedenke, Herr, deiner Diener und Dienerinnen…»: Es wird von denen gesprochen, die im Gedenken Gottes sind, nicht von denen, die nicht im Buch des Lebens stehen, die Gott niemals dienen wollten (vgl. 2 Tim 2,19; Joh 10,14); «…die uns vorangegangen sind, bezeichnet mit dem Siegel des Glaubens»: Das heißt, indem sie die Zeichen des Glaubens, die Sakramente, mit Ehrfurcht empfangen haben. «Und die nun ruhen in Frieden» *(dormiunt in somno pacis):* Der Tod der Frommen ähnelt dem Schlaf. Im Schlaf ist das verborgene Leben kräftiger als im Wachzustand; doch das Leben, wie es sich sichtbar zeigt, ist gebunden. So auch bei denen, die mit dem Siegel des Glaubens gestorben sind: Das Leben der Gnade ist wirkkräftiger in den Verstorbenen als in den noch Lebenden, aber das Leben wie es sich im Leib manifestiert, ist gebunden bis zur Auferstehung des Leibes. «Im Frieden ruhen» sie, weil sie entweder die Vollendung erlangt haben, oder sofern sie noch am Reinigungsort sind, mit Sicherheit, also «im Frieden» des Herzens, das Ende ihrer Reinigung, die Befreiung von der Buße und dem Ort der Strafe erwarten dürfen. Aus diesem Wort können wir folgern, dass die Seelen am Reinigungsort nicht Dämonen zur Bestrafung übergeben werden; denn dann würden sie nicht in Frieden ruhen. Vielmehr werden sie durch sich selbst gereinigt, wie Gold im Feuer geläutert und rotglühend

---

[54] Wie die Lebenden, so sollen auch sie zusammen mit der Opfergabe «erhoben» werden.

wird. Ich bin eher der Ansicht […], dass die Seelen durch das Gewicht der lässlichen Sünden, die sie in der Stunde des Todes noch mit sich tragen, zu tieferen oder weniger tiefen Orten der Reinigung streben, je nach der Art und Schwere ihrer Sünden.

Danach wird einzelner Verstorbener im besonderen gedacht, vor allem derer, für die Gaben dargebracht wurden; diese Erwähnung geschieht nur in Gedanken, die Namen werden nicht ausgesprochen. Dann fährt der Priester fort: «Für sie und für alle…» erbitten wir den Ort der Erquickung *(locum refrigerii)*. Das meint die Erfrischung durch die Tröstung Gottes. «Und den Ort des Friedens»: Wir beten um den Frieden des himmlischen Jerusalem für alle Seelen am Reinigungsort. Über diesen Frieden schreibt Augustinus im 14. Buch des *Gottesstaates:* «Der Friede der himmlischen Bürgerschaft ist die Eintracht in der seligen Freude an Gott und der seligen Freude aneinander in Gott».[55]

Nun wollen wir der Frage nachgehen, wem und wozu die Bittgebete der Kirche nützen, welche Fürbitten es gibt, und auf welche Weise man Fürbitte hält.

Augustinus unterscheidet bei den Verstorbenen vier Gruppen: sehr gute Menschen, sehr böse und solche, die eher gut oder eher böse sind *(mediocriter boni, mediocriter mali)*. […] Den abgrundtief Bösen – die zu Gott sprechen: Geh weg von uns, wir wollen von deinen Wegen nichts wissen (Ijob 21,14) – kann die Fürbitte der Kirche nicht nützen. Die sehr Guten haben den Zustand der Reinheit bewahrt und haben sich mit keinem Schmutz

---

[55] Lat.: «concordia fruendi Deo, et invicem in Deo».

der Welt befleckt; auf sie trifft zu, was der Apostel Paulus von sich sagt: Für mich ist Christus das Leben und Sterben ist Gewinn (Phil 1,21). [...] Selbst wenn ihnen noch eine kleine Sünde anhaften sollte, da sie ja auf Erden gelebt haben, dann geschieht damit, was mit einem Tropfen im Kamin geschieht: die kleine lässliche Sünde in solch einem gerechten Menschen wird verzehrt von der Hitze seiner glühenden Liebe. Diese Menschen sind so gut, dass sie der Fürbitte nicht bedürfen.

Einigermaßen gut sind diejenigen, die entweder keine Todsünde begangen haben, wie die unschuldigen Kinder, oder Todsünden durch Reue, Bekenntnis und Wiedergutmachung zu lässlichen Sünden besserten, die sich eifrig bemühten, gute Werke zu vollbringen, nach den Geboten Gottes und der Kirche lebten, ohne freilich das Leben nach den Räten des Evangeliums zu ergreifen. Aufgrund der Ansteckung durch die Welt hängen diesen Menschen manche lässliche Sünden an, die aber nicht so schwer wiegen: Bequemlichkeiten, Nachlässigkeiten, Mangel an innerer Frömmigkeit, Taten, die das volle Maß des Guten und Vollkommenen vermissen lassen. Solche Menschen haben am Reinigungsort zwar Dinge an sich, die dem reinigenden Feuer überantwortet werden müssen, aber sie setzen dem Feuer keinen bedeutenden Widerstand entgegen.

Einigermaßen schlecht sind Personen, die zwar die Gebote halten und sich von Todsünden zu lässlichen Sünden bessern, aber aus Gewohnheit und aus Verstrickung in weltliche Geschäftigkeit für Häuser, Frauen, Kinder vieles auf sich geladen haben, was sie am Einsatz für Gott, an mehr Glut der Liebe und Frömmigkeit sehr hindert und möglicherweise nach unten zieht, sie in die Begierde des

Fleisches und die Habgier verwickelt. Solche Menschen setzen dem reinigenden Feuer einen beachtlichen Widerstand entgegen.

Diesen beiden Gruppen nützen die Fürbittgebete der Kirche. Den mittelmäßig Guten wie Schlechten bringen sie die raschere Befreiung.

Albertus diskutiert ausführlich die Frage, ob die Fürbitte der Kirche auch für Verdammte eine lindernde Wirkung habe, und führt verschiedene theologische Meinungen an (Petrus Cantor, Stephan Langton, Wilhelm von Auxerre, Ambrosius).

Auf die Frage, welche Art von Fürbitte den Verstorbenen hilft, hat Gregor der Große in den Dialogen geantwortet: Almosen, Nachtwachen, Gebete und so weiter; doch die Verstorbenen, die Lebenden erschienen, erbäten von diesen hauptsächlich die Darbringung des Messopfers – denn dieses Opfer, dargebracht auf dem Altar des Kreuzes, befreite die Patriarchen aus dem Limbus.

So bringt also die katholische Kirche für alle Verstorbenen das Opfer dar: denn sie nimmt von jedem an, er sei am Reinigungsort, da sie von niemandem mit Sicherheit wissen kann, ob er im Zustand der Unbußfertigkeit gestorben ist. Gott allein kennt die Herzen derer, die hinübergehen. Die Kirche kennt jenes Wort des Herrn, Ez 18,21f.: «Wenn der Frevler Buße tut, sich abkehrt von all seinen Übeltaten, werde ich mich seiner Frevel, die er verübt hat, nicht mehr erinnern». Und sie hält in frommem Glauben fest, dass viele – über das hinaus, was sie aussprechen können[56] –

---

[56] Albert denkt offenbar an Sterbende, die nicht mehr sprechen, daher auch kein Sündenbekenntnis ablegen können.

mit Seufzern bereuen, und dies ihnen zum Heil wird. Für Exkommunizierte jedoch oder für öffentlich Verurteilte pflegt die Kirche nicht öffentlich zu beten, sondern nur schweigend im Herzen.

KAPITEL 17

«Nobis quoque peccatoribus» – Bitten für die Lebenden, Gedächtnis der Heiligen

«Auch uns, deinen sündigen Dienern…». Bei diesen Worten hebt der Priester die Stimme ein wenig und schlägt sich dabei an die Brust. Dieser Schlag soll Betrübnis ausdrücken und die Bereitschaft, sich um Wiedergutmachung zu mühen. Insofern der Schlag hörbar ist, bedeutet er zusammen mit der Stimme das hörbare Bekenntnis. Insofern damit ein Seufzer verbunden ist, ist der Gestus ein Anzeichen des Reueschmerzes. «Die auf deine reiche Barmherzigkeit hoffen»: Sie sind Diener wegen ihres Gehorsams; sie haben Hoffnung auf Vergebung. Als solche sind sie in den Leib Christi aufgenommen und werden mit ihm dem Vater dargebracht, wie wir schon gesagt haben. Denn Christus spricht: «Wo ich bin, da wird auch mein Diener sein» (Joh 12,26). «Schenk uns gnädig Anteil und Gemeinschaft…»: Alles ist Gottes Geschenk, niemand hat etwas aus sich allein, wie der Vers sagt:

«Was immer du hast an Verdienst,
es schenkte die Gnade dir vorher.
Die Krone, die Gott dir verleiht,
verherrlicht das Werk seiner Gnade».[57]

---

[57] «Quidquid habes meriti / praeventrix gratia donat. // Nil Deus in nobis / praeter sua dona coronat».

«Mit deinen Heiligen...». Namentlich werden nur Heilige genannt, über deren Glauben und Seligkeit die Kirche sicher ist, Apostel, die nicht [vor Ostern] vom Herrn erwählt wurden, sondern solche, die durch ein Zeichen vom Heiligen Geist erwählt wurden. Mit «Johannes» ist meiner Ansicht nach Johannes der Täufer gemeint, der Märtyrer ist. Stephanus, der wegen seiner Jungfräulichkeit von den Aposteln für die Leitung der Jungfrauen und Witwen bestellt wurde (Apg 6,5), der im Ruf der Heiligkeit stand, in Heiligkeit und Weisheit den Irrtum zuschanden machte und die Wahrheit siegreich verteidigte, so dass niemand «seiner Weisheit und dem Geist, der aus ihm sprach, Widerstand leisten konnte» (Apg 6,10). Der in seiner übergroßen Liebe für die zum Herrn betete, welche ihn steinigten, und dadurch die Bekehrung des Paulus erwirkte.

Matthias, der nachgewählt wurde (Apg 1,23f.) als Zeuge der Auferstehung Christi. Das Los, das auf ihn fiel, ist hier das Zeichen des Heiligen Geistes, dass er und kein anderer in das Kollegium aufzunehmen sei. Barnabas, der vom Heiligen Geist bezeichnet zum Aposteldienst mit Paulus ausersehen wurde (Apg 13,2).

Alle genannten Heiligen werden kurz – oder länger, wie Ignatius von Antiochien und Caecilia – mit ihren besonderen Tugenden oder ihrem Martyrium vorgestellt. So wird beispielsweise von Agnes erwähnt, dass der «Doctor veritatis» Ambrosius ihre Passio niedergeschrieben und Augustinus sie besonders gefeiert habe.

In ihre Gemeinschaft möchten wir aufgenommen werden, indem wir in der Opfergabe uns selbst darbringen, damit wir zur gleichen Seligkeit gelangen.

KAPITEL 18
DOXOLOGIE – KONSEKRATION ALS WERK DER HEILIGSTEN DREIFALTIGKEIT

Albert deutet den Beginn der Doxologie: «Durch ihn und mit ihm und in ihm» trinitarisch. «Durch ihn» bezieht sich auf den Sohn, der Mittler ist, aber stets «mit» dem Vater am Wirken ist, und «im» Heiligen Geist die Vollendung wirkt. Die drei Personen sind «ungeteilt» am Wirken, dennoch werden einzelne Aspekte des Erlösungshandelns jeweils besonders einer Person zugeschrieben.

Mit diesen Worten wird die zweite Stille beendet, und der Chor antwortet mit «Amen».

KAPITEL 19
EINLADUNG ZUM VATERUNSER

«Ermahnt durch heilbringende Anordnung und durch göttliche Unterweisung belehrt, wagen wir zu beten:»

Der Priester steht am Altar, das Brot vom Himmel ist gewissermaßen bereitet, und nun ruft er mit lauter Stimme alle auf, um dieses Brot zu bitten. […] Dieses Brot wird von der Güte des Herrn erbeten, aus seiner Kraft stammt es, doch wird es von den Händen des Priesters gebrochen und den einzelnen ausgeteilt, wie es sein soll. […] Zuerst ist von der Ermahnung bzw. dem Gebot des Herrn die Rede, dann von der göttlichen Unterweisung. Was das Gebot zu beten betrifft, so lesen wir bei Mt 6,9: «So sollt ihr beten», bei Lk 18,1: «Denn ihr sollt immer beten und nicht nachlassen». Es ist auch ein Gebot der Apostel: «Seid beharrlich im Gebet und wachet» (Kol 4,2). [...]

Wir sind durch göttliche Unterweisung belehrt, was wir zu unserem Heil erbitten sollen – denn von uns aus wissen wir es nicht: «Was wir in rechter Weise erbitten sollen, wissen wir nicht; doch der Geist selbst bittet für uns mit unaussprechlichem Seufzen» (Röm 8,26); das heißt: Er lehrt uns bitten. Und daher hat Christus, in dem die Fülle des göttlichen Geistes ist, und der weiß, was uns not tut, uns mit diesem Bitt-Gebet unterwiesen. [...] Und da wir gewürdigt sind durch den vorhergehenden Gottesdienst und geheiligt durch das Opfer, in dem wir Gott dargebracht wurden, wird uns nicht gesagt werden, was über den gottlosen Antiochus geschrieben wurde: «Dieser Verbrecher betete zum Herrn, von dem er keine Barmherzigkeit erhalten würde» (2 Makk 9,13).

KAPITEL 20

VATERUNSER

«Vater unser»: Die Anrede will das Wohlwollen des Angesprochenen gewinnen, es ist gewissermaßen eine «captatio benevolentiae»: Wir gewinnen das Wohlwollen, indem wir uns auf die innige Liebe dessen berufen, zu dem wir sprechen, und hinzufügen, dass wir nur würdige Güter erbitten wollen. Wir haben ja vor, nur himmlische Güter zu erbitten, Güter, um die der gute Vater aufgrund seines Wesens gern gebeten sein möchte. Darum sprechen wir: «Vater unser, der du bist im Himmel».

Wir sagen «Vater unser», damit in dieser Anrede schon der Beginn des Gebetes süß sei *(dulcescat in nomine*

Patris); vgl. Weish 16,21: «Dein Wesen zeigte die Süße, die du deinen Kindern gegenüber hast». Voller Süße ist der Vater-Name im Mund eines Sohnes, wenn dieser im HEILIGEN GEIST, der aus dem VATER in den SOHN hervorgeht, den VATER anruft.[58] Siehe Gal 4,6: «Da ihr Söhne Gottes seid, darum sandte Gott den Geist seines Sohnes in euer Herz, der ruft: Abba, Vater!» So ist der Vater-Name im Mund des Kindes Honig unter der Zunge, Wohlklang im Ohr, Jubel im Herzen.[59] [...]

Der Erste Vater aller ist Gott. Denn ihm ist die gänzlich unkörperliche, göttliche Kraft eigen, mit der er uns geistig zu seinem Bild und Gleichnis *(ad imaginem et similitudinem)* bildet (Gen 1,26) [...]. Wie der Mensch seinem natürlichen Wesen nach das Bild Gottes trägt: nämlich in Selbstbewusstheit *(memoria)*, Erkenntniskraft *(intelligentia)* und Willen *(voluntas)*, so soll er auch das Bild einer noch tieferen Angleichung tragen. Dieses «Gleichbild» *(similitudo)* besteht darin, dass das Bewusstsein unvergesslich die Kenntnis von Gott in sich bewahrt, ein Abbild der Unwandelbarkeit und Ewigkeit; dass die Erkenntniskraft erfüllt ist vom Licht der Wahrheit Gottes, die feurig strahlt, wie es in Weisheit 7,26 heißt: «ein Glanz des ewigen Lichtes, Spiegel der Herrlichkeit Gottes ohne Makel, Abbild seiner Güte»; der Wille aber soll ganz feurig entbrennen in der Sehnsucht nach der Liebe des Vaters. [...]

---

[58] Lat.: «Dulcissimum enim nomen est in ore filii nomen patris, si filius in Spiritu qui a Patre procedit in Filium, nominet et invocet Patrem». Man könnte auch übersetzen: «im Mund eines Kindes, das im Heiligen Geist usf.».
[59] Bernhard von Clairvaux, *Sermones super Canticum,* sermo 15, cap. 3.

Das also sagen wir, wenn wir sprechen «Vater unser». «Unser» Vater ist er, wenn wir sein Abbild tragen, ihm ähnlich sind, so wie es gerade erläutert wurde.

Von manchen Menschen, auf die das nicht zutrifft, heißt es in Ps 17,46: «Filii alieni...». Fremd ist jemand, dessen Angesicht fremd ist, den etwa die Begierde des Fleisches entstellt, so dass sein Angesicht zum hässlichen Gesicht einer Dirne wurde. Fremd sind auch die, welche durch die Gier nach der Welt das Angesicht der Welt bekommen. Sie werden «Kinder dieser Weltzeit» genannt (Lk 16,8), die «unter ihresgleichen klüger sind als die Kinder des Lichts». Darüber klagt bitter Jeremia: «Die edlen Kinder Zions, einst in Gold gekleidet, wie wertlose Gefäße sind sie geachtet, wie Werk von Töpferhand» (Klgl 4,2). Auf dem Gesicht der Kinder Gottes leuchtete der Goldglanz Gottes, nun aber sind sie durch die Gier nach irdischen Dingen und Ehrungen den irdisch gesinnten Menschen gleich geworden. [...] Es gibt auch welche, die das Antlitz des Teufels tragen: Grausam sind sie im Zorn, im Neid und der Akedia, das heißt: im Widerwillen gegen alles Gute. So nehmen sie ein teuflisches Gesicht an und sind ein Schrecken.

«Im Himmel»: Obwohl wir wissen, dass Gott überall ist, sprechen wir so; denn wo der Vater ist, da sind auch die Güter, die wir von ihm erbitten: Güter von ewiger Dauer, die uns über die Maßen reich machen, die uns zu Söhnen und Töchtern erhöhen. [...]

«Geheiligt werde dein Name»: Ein menschlicher Vater zeugt ein Menschenkind, und aufgrund dieser Zeugung verleiht er ihm auch den Namen «Mensch», das Kind wird so genannt und ist wirklich und wahrhaftig ein Mensch. Wenn Gott-Vater zeugt, dann zeugt er Gott-Sohn, und aufgrund der Zeugung heißt der Sohn «Gott» und ist es auch. Gott zeugt auch uns durch die Gnade, er bringt in uns seine Göttlichkeit zur Ausformung; der Same bei dieser Zeugung ist das Wort im Erkennen und die Gnade im Streben und Wollen *(verbum in intellectu, gratia in affectu)*. Joh 10,35: «Götter nannte er diejenigen, an die das Wort Gottes erging». Das Wort Gottes ist also göttlicher Same. Wenn das Wort empfangen wird und seine Wirkung entfaltet und in der Kraft Gottes zur Vollgestalt wird, dann nennt man dieses Vollendete «Gott», aufgrund der Teilhabe an der Kraft Gottes. Ps 81,6: «Ich habe gesagt: Ihr seid Götter, Söhne des Höchsten».

Durch diese Zeugung werden wir dem SOHN gleichgestaltet, den der Vater in die Welt gesandt hat, um sie zu heiligen. So wird der Name Gottes unter uns und in uns *(in nobis)* geheiligt: «Heilig» bedeutet «stark», «fest». Wenn also der Name Gottes, der uns mitgegeben ist, gereinigt wird von allem, was ihn befleckt, dann wird er «geheiligt». Und wenn das stark wird, was uns durch die Verwandtschaft mit Gott gegeben ist, dann wird der Name Gottes geheiligt. [...] So spricht denn der Vater zu uns: «Seid heilig, denn ich bin heilig, ich, der Herr, euer Gott», der ich euch heilige.

«Dein Reich komme»: Wie ich auch in meinen anderen Werken oft geschrieben habe, ist das Reich Gottes nichts anderes als dass die Gerechtigkeit Gottes vollständig und unangefochten an der Herrschaft ist, so dass Gott in uns und in der Kirche König ist. [...]

Zur Vollgestalt des Reiches gehören drei Dinge, nämlich drei wesentliche Tugenden bzw. Tätigkeiten. Die Zierde eines Reiches und das, was einen König zum König macht, ist erstens die Gerechtigkeit. Er soll die Gerechtigkeit als seine Seele haben. Wie die Seele das Prinzip aller Bewegungen und Tätigkeiten des Leibes ist, so soll die Gerechtigkeit in der Seele des Herrschers das Prinzip aller seiner Handlungen sein. Daher übergibt man ihm die Krone. Zweitens muss seine Erkenntniskraft ganz klar sein, erleuchtet von den Grundsätzen des Rechts und der Gerechtigkeit. Daher trägt er den Purpur. Drittens muss der König eine ruhige Beständigkeit des Urteils besitzen. Zum Zeichen dafür hat er Thron und Szepter.

Wenn uns die Gerechtigkeit beseelt, wenn die in Gott gründende Gerechtigkeit uns erleuchtet, wenn in uns ruhige Bleibe findet, was Gottes Urteil spricht, wenn wir Gottes erhabene Kraft keinesfalls verbiegen wollen, wenn Gottes vollkommener Wille bei uns auf keinen Widerstand oder Widerspruch trifft, wenn wir gern bereit sind, all das, was dem Willen Gottes nicht entspricht, ohne Zorn und wilden Eifer, doch mit Strenge zurückzudrängen und zu strafen, und wenn wir bereit sind, das, was Gottes Gebot entspricht, gern und rasch auszuführen, wenn all unser Tun an Gottes Gebot und Erlaubnis Maß nimmt, wenn wir unsere Zweifelsfragen mit dem göttlichen Rat lösen, wenn all unser Tun von der Tugend geformt und auf die ewige Seligkeit bei Gott ausgerichtet ist: dann ist sicherlich für uns das Reich Gottes gekommen; denn Gott herrscht dann als König in uns. So heißt es bei Lk 17,21: «Das Reich Gottes ist in euch».

«Dein Wille geschehe, wie im Himmel so auf Erden»: Der Wille Gottes ist zum einen sein «Wohlgefallen» *(voluntas beneplaciti)*, zum andern macht sich sein Wille auch durch Zeichen kund *(voluntas signi)*.

«Was er will» ist in ihm und kann durch nichts gehindert werden: was er in diesem Sinn will, das geschieht. Der Wille, den er kundtut, äußert sich auf fünf Arten: durch Gebot, Rat, Verbot, eine Handlung, eine Zulassung. Was Gott befiehlt oder rät, verbietet oder vorbildhaft vollbringt, das zeigt, was er will. Was er jedoch zulässt, das will er nur im Hinblick auf etwas anderes: Er will die Sünde nicht, die er zulässt, doch das Gute, das er daraus ziehen kann.

Wenn wir also das Gebotene erfüllen, das Verbotene meiden, das Geratene gern annehmen, das Handeln Gottes uns zum Vorbild nehmen, und bei dem, was zugelassen wird, danach streben, das Gute zu verwirklichen, weswegen das Übel zugelassen wurde: dann tun wir, was der Apostel an die Römer schreibt (Röm 12,2): «Damit ihr durch Erfahrung erkennt *(ut probetis)*, was der gute Wille Gottes ist, was ihm gefällt, was vollkommen ist».

«Unser tägliches Brot gib uns heute»: Auch diese Bitte habe ich schon oftmals in meinen anderen Werken – wo ich Lukas und Matthäus kommentiert habe – ausgelegt. Jetzt rede ich nur vom Brot der Eucharistie, nach dem zu verlangen der Priester das Volk mit lauter Stimme aufruft, das Brot, von dem es bei Johannes heißt (Joh 6,33): «Brot Gottes ist dasjenige, das vom Himmel herabgestiegen ist und der Welt das Leben gibt». Das ist das Brot, das wirklich das Herz erquickt und stärkt (Ps 103,15), das edle Brot vom Himmel (Ps 77,25): «Brot der Engel aß der Mensch». Das ist das Brot, das jegliches Verlangen stillt (Weish 16,20f.): «Brot vom Himmel hast du ihnen bereitet, ohne dass sie sich mühen mussten, Brot, das allen Wohlgeschmack enthielt, alle Süßigkeit». Dieses Brot hat als Würze das Mark der Gottheit (Gen 49,20): «Ascher: fett ist sein Brot, Leckerbissen reicht er Königen». Das ist die Nahrung auf dem Weg, die größte Stärke verleiht, damit wir auf dem Weg der Bewährung Verdienste erwerben und zu Gott gelangen (1 Kön 19,8): «Elija aß und trank, und er ging in der Kraft dieser Speise vierzig Tage und vierzig Nächte bis zum Gottesberg Horeb». Das ist das Brot, durch Gottes Weisheit in der Asche, der Demut des jungfräulichen Leibes Mariens, gebacken (Gen 18,6): «Schnell, mische drei Maß feines Mehl» – Leib, Seele und Gottheit – «und backe in der glühenden Asche ungesäuerte Brote». Das ist ungesäuertes Brot ohne irgendeine Verderbnis der Sünde (1 Kor 5,8): «Lasst uns also Festmahl halten, nicht mit dem alten Sauerteig, nicht mit dem Sauerteig der Bosheit und Verdorbenheit, sondern mit den ungesäuerten Broten der Reinheit und Wahrheit». Dieses Brot enthält allen Segen in Fülle (Jes 30,23): «Das Brot aus den Früchten deines Landes wird reichlich und fett sein». Das ist das heilige Brot, das nur Heilige an heiligem Ort essen dürfen (1 Sam 21,4): «Ich habe kein gewöhnliches Brot zur Hand, nur heiliges».

Es ist «unser Brot», für uns, die Kinder im speziellen Sinn, ist es süß.

«Gib uns»: Man kann es nicht kaufen, es übersteigt jeden Preis.

«Heute»: Das heißt täglich; denn wir haben täglich die Erquickung durch dich nötig.

Da man über dieses Brot noch unendlich lange sprechen müsste, werde ich nach dem Abschluss des vorliegenden Werkes über die Hl. Messe noch genauer darauf zurückkommen.[60]

Dies nun sind die vier Bitten, mit denen wir ein Gut erlangen wollen [...], die folgenden Bitten richten sich auf die Befreiung von Bösem.

«Vergib uns, was wir schuldig sind, wie auch wir unseren Schuldnern vergeben»: «Schulden» sind das, was wir Gott als Genugtuung zurückerstatten müssten: weil wir etwas Böses getan oder etwas Gutes unterlassen haben, oder auch weil wir den Gewinn aus dem uns anvertrauten Talent schuldig sind. [...] In unserer Gebrechlichkeit aber sind wir der vollkommenen Erstattung unfähig. Wir wissen, dass der Herr, dem wir etwas schulden, streng ist (Mt 5,26; 12,36); wir wissen aber auch, dass er uns väterlich zugetan und voll Erbarmen ist (Mt 18,27; Lk 7,42). So fallen wir auf die Knie und bitten in der gleichen Hoffnung auf Nachlass der Schuld: «Erlass uns unsere Schulden», uns, die wir nichts zu geben haben, außer unsere innige Liebe, so wie die Sünderin, der ihre vielen Sünden vergeben wurden, denn sie zeigte große Liebe (Lk 7,47). Diese Liebe zum Vater, den die Sünde verletzte, brachte Tränen und Reueschmerz hervor. Sie bewirkte auch, dass der Zöllner Vergebung fand, der sich in Grund und Boden schämte und nicht wagte, die Augen zum Himmel zu erheben; der im Gebet die Wahrheit über sich bekannte, und sich in seinem Schmerz als Wiedergutmachung an

---

[60] Wiederum ein Hinweis auf CD, vor allem d. 3 tr. 1.

die Brust schlug. Wir haben dasselbe Vertrauen wie diese Personen, wir sind ihnen ähnlich in der Reue und Liebe des Herzens, im Bekenntnis des Mundes, in der Mühe der Wiedergutmachung; und so treten wir voll Zuversicht zum Thron der Gnade unseres Vaters und sprechen: «Erlass uns unsere Schulden» und geh nicht in ein strenges Gericht mit uns; denn niemand ist gerecht vor dir, wenn es nicht Nachlass aller Sünden und Schulden durch dich gäbe.

«Wie auch wir nachlassen, wenn uns jemand etwas schuldig ist». Das betrifft die Absicht und den inneren Willen; denn der Herr sagt selbst: «Wenn ihr den Menschen ihre Sünden nicht vergebt, dann wird auch euer himmlischer Vater euch eure Sünden nicht vergeben» (Mt 6,15). Niemals also wird jemand Verzeihung finden, wenn er nicht dem vergibt, der gegen ihn gesündigt hat. […] Wenn aber jemand nicht so handelt, sondern Groll gegen denjenigen hegt, der ihm Böses getan hat, dann soll man ihm deswegen nicht raten, das Vaterunser nicht mehr zu beten! Im Gegenteil: Er soll es «in persona Ecclesiae» sogar häufiger beten; denn die Kirche vergibt allen die Schuld. Und der Betreffende soll mit Seufzen zu Gott beten, dass er sein Herz weich und vergebungswillig machen möge, und fähig, die Güter aufzunehmen, die der Herr bereitwillig den Bittenden geben will. Es kommt nämlich häufig vor, dass Sünder bei diesem Gebet sich bekehren und Vergebung schenken, damit auch ihnen Vergebung zuteil werde.

«Und führe uns nicht in Versuchung»: Hier bitten wir um Schutz vor dem Bösen in der Zukunft. Mit den Worten des Hugo von St. Victor ist Versuchung der Antrieb des Versuchers zum Unerlaubten. Wenn es von Gott dem Herrn manchmal heißt, er versuche, dann ist das eine gänzlich andere Bedeutung des Wortes, der Wortgebrauch ist äquivok. Denn Gott stellt auf die Probe, um jemanden als erprobten Menschen zu erweisen, wie er es bei Abraham machte; Weish 3,5: «Gott hat sie geprüft und seiner würdig befunden». Der Teufel aber versucht in eigener Kraft oder mittels der Welt oder der Verlockungen des Fleisches, um zu täuschen und jemanden zu etwas Unerlaubtem zu treiben. Diese Irreführung kommt zuweilen von außen, vom Feind – so war es bei den Stammeltern –, zuweilen von unserem verdorbenen Willen, zuweilen von beidem. Denn wenn uns der Versucher etwas Verbotenes anträgt, regt sich sogleich unsere verdorbene Neigung, es auch zu tun. Hier gibt es Stufen, auf denen man ins Verderben läuft[61]: vom Anschauen des Unerlaubten, über die Gedanken daran, das daraus entstehende Gefallen und das Verweilen darin, dann das Einverständnis des Willens und der daraus erwachsende starke Antrieb, daraus die Ausführung der Tat, ihre Wiederholung, die daraus sich ergebende Gewohnheit, die dann die Verteidigung der Sünde hervorbringt, und diese wiederum gebiert die Verzweiflung.

Wir bitten also nicht, dass wir nicht geprüft werden, sondern dass wir nicht auf diesen Stufen oder durch diese Tore der Versuchung in die Sünde eintreten. [...] Der Sinn des Wortes: «Führe uns nicht» besagt also: Lass nicht zu, dass wir über die Stufen und Eingänge in eine Versuchung hineingeführt werden, die uns allmählich dem Abgrund des Verderbens zutreibt. Dass wir darum beten

---

[61] Wörtlich: «eintritt».

sollen, hat uns der Herr aufgetragen: «Wachet und betet, damit ihr nicht in die Versuchung eintretet» (Mt 26,41).

«Sondern erlöse uns von dem Bösen»: Gemeint ist jede Pein, die nicht zum Wachstum im Guten beiträgt, sondern gute Menschen in Verwirrung und Trauer bringt. Manchmal hat diese Pein ihren Ursprung in uns selbst, wenn wir nicht recht wissen, was wir wissen müssten, oder zu schwach sind, etwas zu tun; manchmal hat sie ihren Ursprung in den anderen Menschen oder der Welt, die einen Krieg gegen uns anzetteln – wie sich die Braut des Hohenliedes beklagt: «Die Söhne meiner Mutter kämpften gegen mich» (Hld 1,5). Und in jedem Fall, wo das Übel nicht zur Förderung des Guten beiträgt, sondern die Ruhe und den Frieden der Guten behindert, werden wir belehrt, in unserer Schwachheit um Befreiung davon zu bitten. Der Herr gibt uns die Art und Weise vor, wenn er selbst für die Seinen betet: «Ich bitte nicht, dass du sie aus der Welt nimmst, sondern dass du sie vor dem Bösen bewahrst» (Joh 17,15). So betete auch der Apostel (Röm 15,30f.): «Ich flehe euch an, Brüder, durch unseren Herrn Jesus Christus und durch die Liebe des Heiligen Geistes: helft mir mit euren Gebeten, damit ich befreit werde von den Ungläubigen, die in Judäa sind».

Die Bitten des Vaterunsers folgen einer Ordnung: Zuerst richtet sich die Absicht auf das Gute, erst dann auf die Vermeidung des Bösen. Daher kommen zuerst die vier Bitten um die Güter, dann die drei folgenden. Die Übel aber sind wiederum nach ihrer Schwere gereiht: Schuld ist ein größeres Übel als Pein, und vollbrachte Sünde ist ein schlimmeres Übel als eine Sünde, die für die Zukunft zu fürchten ist.

EUCHARISTISCHES OPFER

Die letzte Bitte wird vom Volk gesprochen, vom Volk, das sich vor Trübsal und Pein fürchtet, und der Vorsteher spricht leise «Amen». [...] Er zeigt damit sein Mitgefühl und drückt seinen Wunsch aus, es werde ihnen die Erlösung vom Bösen zuteil [vgl. Röm 10,1f.]. Und darum schließt der Priester an die Bitte des Volkes folgende Worte an:

«Erlöse uns, wir bitten Dich, o Herr, von allem Bösen», das uns nicht zum Guten fördert. Und weil er diese Bitte nicht vorbringen will ohne die Unterstützung durch die Heiligen, setzt er hinzu: «Auf die Fürsprache der seligen, glorreichen Jungfrau und Gottesgebärerin Maria» [...], «der seligen Apostel Petrus und Paulus, Andreas und aller Heiligen, die so zahlreich für uns eintreten, werde uns die ersehnte Fülle deiner Gnaden zuteil». Bei diesen Worten nimmt der Zelebrant die Patene in die Hand, die ein Sinnbild der Weite der Liebe *(latitudo caritatis)* ist. Er küsst sie zum Zeichen der Liebe, die er zu allen hat, und zeichnet mit ihr das Kreuzzeichen über sein Gesicht, zum Zeichen dafür, dass die Kraft der Kommunion sich auf alle ausweitet aufgrund der Kraft der Liebe. Dann fährt er fort: «Gib Frieden in unseren Tagen... damit wir frei von Sünde und geschützt vor jeder Verwirrung seien». Nach diesen Worten legt der Priester die Patene an ihren Platz zurück, und während er den Schluss des Gebetes spricht: «Durch Christus unseren Herrn», teilt er die Hostie in drei Teile. Denn durch Ihn, unseren Mittler und Hohenpriester, erhalten wir alle Güter und werden befreit von allem Bösen. Den Abschluss dieses Gebetes bildet nicht ein leises Amen, sondern der Priester spricht mit erhobener Stimme die Worte «von Ewigkeit zu Ewigkeit». Er fordert damit das Volk auf, zu diesem Bittgebet seine Zustimmung beizutragen.

KAPITEL 21
Brechung, Friedensgruss, Agnus Dei

Über die Brechung schreibe ich jetzt nur kurz; denn am Ende meiner Abhandlung «Über den Leib des Herrn» will ich dazu Genaueres sagen. Die Brechung ist von Papst Sergius eingeführt worden, zugleich ordnete er an, dass während der Kommunion dreimal «Agnus Dei» gesungen werde.

Die Brechung geschieht nicht am Leib des Herrn, sondern nur an den sakramentalen Gestalten *(formae)*. Der Leib ist ganz, heil und vollständig unter jedem Teil der Brotsgestalt.

Albert schließt eine kurze Erklärung für die Brechung in drei Teile an, die sich auch in anderen Liturgischen Kommentaren der Zeit findet, und mit dem Namen des Papstes Sergius verbunden wird. Die drei Teile seien ein Sinnbild für die drei Zustände der Kirche bzw. ihrer Glieder: die triumphierende, streitende und leidende, die gemeinsam den Mystischen Leib Christi bilden.

Danach spricht der Priester vom Altar aus mit lauter Stimme: «Der Friede des Herrn sei allezeit mit euch». Damit meint er, was Augustinus über den Frieden der himmlischen Bürgerschaft sagte: sich in Eintracht an Gott zu freuen *(frui)* und in Gott aneinander.[62] Dabei macht er drei Kreuze über den Kelch, womit der dreifache Friede ausgedrückt wird, von dem wir schon gesprochen haben.[63] Das Kreuzzeichen wird über den Kelch gemacht,

---

[62] *De civ. Dei* XIV, 1.
[63] In der Auslegung des Gloria, oben 60-62.

weil er diejenigen versinnbildet, die noch in diesem mühsamen Leben stehen, das ein Kampf ist, und die ganz besonders den Frieden nötig haben. Das Kreuzzeichen zeigt, dass der Friede für sie von dem kommt, der alle Heiligung vollendet.

Der Chor antwortet darauf: «Und mit deinem Geiste»; damit wird die Hoffnung ausgedrückt, alles, was der Priester tue, werde im Geist und nicht dem Fleisch nach getan – wie es der Apostel im Römerbrief sagt: «Die sich vom Geist Gottes leiten lassen, sind Söhne Gottes» (Röm 8,14).

Im Anschluss daran singt der Chor das Agnus Dei. Ursprünglich lautete der dritte Ruf nicht «Gib uns den Frieden», sondern war den beiden anderen gleich. So ist es noch heute der Brauch in St. Johannes im Lateran. Als aber später überall Übel und Böses zunahmen, gingen viele Kirchen von sich aus – ohne dass das vorgeschrieben worden wäre – dazu über, am Schluss um den Frieden zu flehen, den alle Menschen so sehr ersehnen.

Dass man den Ruf dreimal singt, hat meines Erachtens keinen anderen Grund, als dass wir wegen eines dreifachen Übels um Befreiung bitten: von der Sünde, die wir begangen haben, von der Versuchung, die uns fürchten lässt, wir könnten in Sünde fallen, und von den Hindernissen, die uns auf dem Weg der Heiligkeit im Weg stehen.

Während des Gesanges spricht der Priester still: «Diese hochheilige Vermischung von Leib und Blut unseres Herrn Jesus Christus» – dabei senkt er den Leib des Herrn in den Kelch – «werde mir und allen, die davon empfangen, zum Heil für Seele und Leib…». Das erbittet er für alle, die diensttuenden Kleriker, die sakramental kommunizieren, und das Volk, das im Wunsch nach dem Sakrament *(voto)* geistlich kommuniziert.

Nachdem er dieses Gebet gesprochen hat, gibt der Priester den Friedensgruß: er küsst zuerst den Altar oder den Kelch,[64] bzw. wie andere Leute besser sagen: den Leib des Herrn. Bei Innozenz II. lesen wir: «Dieser Friedensgruß bezeichnet die Zustimmung aller zum Vollzug der heiligen Geheimnisse, des ganzen Vorgangs der Konsekration».

Anfänglich war es fester Brauch *(institutum fuit)*, dass alle, die in der Kirche zusammenkamen, täglich kommunizierten. Als aber die Zahl der Gläubigen wuchs, konnte das nicht mehr in passender Weise aufrecht erhalten werden; es wurde die sonntägliche Kommunion festgelegt *(constitutum est)*. Als aber auch das nicht mehr in rechter Weise eingehalten wurde, bestimmte man in Entsprechung zu Ex 34,23, dass «alle Personen männlichen Geschlechts dreimal im Jahr vor dem Angesicht des allmächtigen Gottes erscheinen sollen», nämlich an Ostern, Pfingsten und – anstelle des Laubhüttenfestes – an Weihnachten. Da nun nicht einmal das in rechter Weise eingehalten wurde, bestimmte die Kirche vor nicht langer Zeit *(nuper)*, auf dem Konzil im Lateran, dass einmal im Jahr die Kommunion empfangen werde, nämlich an Ostern, und dass vorher jeder seine Sünden vor dem zuständigen Priester[65] bekenne. Und anstelle der sakramentalen Kommunion wird der Friedensgruß gegeben, zum Zeichen dafür, dass sie im Herzen kommunizieren, auch wenn sie sich wegen Unwürdigkeit und aus Demut enthalten.

---

[64] Dies wird bis heute in der Eigenliturgie der Dominikaner praktiziert.

[65] «Apud proprium sacerdotem» – i.d.R. der Pfarrer.

Manche geben als Worte des Friedensgrußes an: «Haltet fest am Band des Friedens und der Liebe...»,[66] denn der Friede erwächst aus dem Band der Liebe (Eph 4,3; Hos 11,4); «...damit ihr fähig seid der heiligen Geheimnisse» – der Geheimnisse Christi; denn das Sakrament ist ja das Sakrament der Liebe, und niemand ist seiner würdig außer durch die Liebe.

Wieder andere sagen: «Der Friede Christi...» – weil er der Stifter des Friedens ist (Eph 2,14); «und der Kirche...» – die den Frieden durch Christus empfangen hat (Eph 2,17); «sei in überfließendem Maß in euren Herzen...» – der Friede ist «überfließend», wenn er sogar den Feinden erwiesen wird; «durch den Heiligen Geist, der uns gegeben ist» (Röm 5,5; vgl. Phil 4,7).

KAPITEL 22

VORBEREITUNGSGEBET DES PRIESTERS – KOMMUNION

Dieses Gebet spricht der Priester, bevor er für sich und für alle kommuniziert: «Herr Jesus Christus, Sohn des lebendigen Gottes». Er richtet dabei den Blick, die Aufmerksamkeit und das Gebet auf Christus, den er in Händen hält, und denkt an den Gehorsam, mit dem sich der Herr am Kreuz dargebracht hat, als er sich selbst für alle dahingab: «dem Willen des Vaters gehorsam», wie es in Phil 2,8 steht: «Er wurde (dem Vater) gehorsam bis zum Tod, bis zum Tod am Kreuze».

---

[66] «Habete vinculum pacis et caritatis, ut apti sitis sacris mysteriis».

«... unter dem Mitwirken des Heiligen Geistes», der jene Opfergabe im Schoß der Jungfrau Maria gebildet hat, Lk 1,35: «Der Heilige Geist wird über dich kommen», und Mt 1,20: «Was in ihr geboren wird, ist vom Heiligen Geist».

«... hast du durch deinen Tod die Welt wieder zum Leben gebracht»: durch dein so machtvolles Sterben, Joh 10,17f.: «Denn ich gebe mein Leben hin und nehme es wieder an mich. Niemand nimmt es mir; ich selbst gebe es hin». Die Welt war wegen ihrer Sünden tot, Ps 79,19: «Wir wollen nicht von dir weichen, du wirst uns Leben geben»; und Hos 6,3: «Nach zwei Tagen wird er uns Leben geben, am dritten Tag wird er uns auferwecken».

«Befreie mich», zuerst mich, und in mir alle anderen – denn wenn euch der Sohn frei macht, seid ihr wirklich frei (Joh 8,36) – «durch deinen heiligsten Leib und dein Blut», von denen du gesagt hast: «Wer mein Fleisch isst und mein Blut trinkt, hat das ewige Leben, und ich werde ihn auferwecken am jüngsten Tage» (Joh 6,55). «Von allen meinen Verkehrtheiten *(iniquitatibus)*», die der Seele den Tod bringen, «und allem Bösen *(malis)*», das dem Leib den Tod bringt. «Bewirke, dass ich» und alle, die zu mir gehören und für die ich das Opfer darbringe, «stets in Liebe an deinen Geboten festhalte, und lass nicht zu, dass ich jemals von dir getrennt werde», gib mir die Gnade des Ausharrens bis ans Ende; denn «wer bis ans Ende standhaft bleibt, der wird gerettet» (Mt 24,13). «Der du mit dem Vater und dem Heiligen Geist lebst und herrschest von Ewigkeit zu Ewigkeit. Amen».

In manchen Kirchen ist es Brauch, dass der Priester folgendes Gebet spricht: «Dein Leib, o Herr, den ich empfangen habe, und dein Blut, das ich getrunken habe, durchdringe mein Innerstes...». Der Empfang des Sakraments, wodurch wir Teil bekommen an deinem Geist, durchdringe sozusagen das Innere des menschlichen Geistes, das heißt, die Erkenntniskraft und den Willen, die Gedanken, den Verstand und die Empfindungen der Seele. Das Sakrament ist Speise und Trank für die Seele, wie Ambrosius sagt, es muss also in den Eingeweiden der Seele bleiben, so dass aus dem sakramentalen Essen ein geistliches Essen wird, welches das Heil bringt. [...]

«Gewähre mir» – denn das liegt nicht in der Macht des Menschen –, «dass in mir», also im Inneren der Seele, «kein Makel von schwerer Schuld zurückbleibt». Unter Makel ist die Verunstaltung des Bildes der Seele verstanden, die von der Sünde und der Schuld verursacht werden. So nennen wir jemanden missgestaltet, der keine Nase hat oder nur ein Auge. Bei Ez 23,25 liest man, dass die Dämonen der Seele die Nase und die Ohren abschneiden und ihr die Augen ausstechen. Denn sie berauben die Seele des Gesichtssinnes für das geistliche Licht, und nehmen ihr das feine Gespür[67] für Gottes Gutheit, und das geistliche Gehör, so dass sie die Worte des Heiligen Geistes, der zu ihr spricht, nicht mehr hört. Die geistliche Speise und der geistliche Trank aber tilgen diese Verunstaltung, so dass die Seele schön wird. Darum sprach die heilige Agnes, wie Ambrosius berichtet: «Schon ist Sein Leib mit dem meinen vereint und Sein Blut hat meine Wangen geschmückt».

So soll also kein Makel zurückbleiben in denen, «welche die reinen und heiligen Sakramente empfangen haben».

---

[67] Eine Reminiszenz an die Lehre von den geistlichen Sinnen: die Nase ist das Organ der Unterscheidung von Gut und Schlecht, daher ist hier wörtlich von «discretio» die Rede.

Das wird im Plural gesagt wegen der zwei sakramentalen Spezies. Diese Kraft, das Innerste zu durchdringen, hat das Sakrament, weil es Sakrament der Wahrheit und des Wortes Gottes ist. Von diesem Wort heißt es, es sei «lebendig und wirkkräftig, durchdringender als ein zweischneidiges Schwert...» (Hebr 4,12f. und Weish 7,24).

Das spricht also der Priester als Vollender der Heiligung *(perfector sanctitatis),* er spricht es für sich und für alle anderen. Denn selbst wenn nur er kommuniziert, so sind doch alle anderen mit dabei, weil alle geistlich kommunizieren sollen.

Es folgt ein Gebet, das in fast allen Kirchen zum Ritus gehört: «Was wir mit dem Mund», also sakramental, «empfangen haben, das wollen wir mit reinem Herzen aufnehmen», mit einem vom Glauben gereinigten Herzen (Apg 15,9). Wir wollen es aufnehmen wie Gefäße der Gnade, deren Vorausbild jenes goldene Gefäß war, in dem ein Maß Manna aufbewahrt wurde, zum immerwährenden Gedenken an dieses Geschehen. «Und die Gabe, die wir in der Zeit empfangen haben» – denn wir haben die sichtbare Spezies empfangen, die der Zeit unterworfen ist – «werde uns zum Heil durch die Fülle deiner Gnade». Darum wird das Sakrament «Gefäß der Gnade» und «Eucharistie» genannt, «Heilmittel» gegen die Sünde und die geistliche Unterernährung *(inedia),* ein «immerwährendes Heilmittel» *(remedium sempiternum),* weil es belebt und kräftigt im Hinblick auf die immerwährende, ewige Gnade. «Wer dieses Brot isst, wird leben in Ewigkeit» (Joh 6, 59).

KAPITEL 23
Die Gesänge «Communio» und «Postcommunio»; die Entlassung

Dann wird mit Freude und einer Stimme voll Jubel der Gesang der Communio angestimmt. Dieser Gesang heißt seit alters «Antiphona», denn wie der Introitus wieder aufgenommen wird, so ist es auch beim Kommuniongesang. Er ist Ausdruck der Freude in einem Herzen, das Gott aufgenommen hat; und darum sang sozusagen der eine dem anderen die Freudenbotschaft zu, Gott empfangen zu haben. Diesen Sinn finden wir auch bei Lk 15,25 vorgebildet, wo von frohem Gesang und Musik erzählt wird, als der Vater das Mastkalb schlachten lässt. Denn von der Süße und Kräftigkeit der Gottesgabe wird das Innere des Menschen erfüllt: «Wie an Fett und Mark wird satt meine Seele» (Ps 62,6).

Manchmal allerdings wird dieser Gesang nicht wiederholt, damit nicht allzu lange Dauer Überdruss hervorruft; darum nennt man den Kommuniongesang heute für gewöhnlich nicht mehr Antiphon.

Manche sagen, die Communio werde in freudiger Erinnerung an die Auferstehung des Herrn gesungen; und das wechselseitige wiederholende Singen verweise auf die Freude der Apostel, die einander die Botschaft bezeugten – wie die beiden, welche ihn beim Brotbrechen erkannten und dann nach Jerusalem zurückkehrten und davon berichteten. Ich glaube aber nicht, dass diese Deutung richtig ist. Denn dadurch wird nicht erklärt, warum der Gesang «Communio» heißt. […] Auch nimmt kaum ein Text, der in der Messe als Communio gesungen wird, auf die Auferstehung Bezug. Es ist zwar richtig, dass diese

Deutung auf einige Mönche der Frühzeit zurückgeht. Aber ich persönlich denke, sie wussten einfach keine bessere Deutung.

Wenn der Priester diese Freude des geistlich kommunizierenden Volkes vernommen hat, wendet er sich froh und heiter zum Volk und grüßt es mit den Worten «Der Herr mit euch!» – und zu ergänzen wäre: Er bleibe für immer in Eurem Inneren eingesenkt. Und das Volk antwortet: «Und mit deinem Geiste!», womit sie ausdrücken wollen, dass der Herr im Geist des Priesters bleiben soll, der ihn ja anstelle aller empfangen hat. Das Volk weiß, dass es zu wenig ist, das Sakrament nur mit dem leiblichen Mund zu empfangen, wenn es nicht im Herzensgrund und in der Innigkeit des Geistes verbleibt. Eine geistliche Speise wird im Geist bewahrt, nicht im Körper.

Daraufhin wendet sich der Priester mit heiterem Angesicht und ausgebreiteten Händen wiederum zum Altar und betet die sogenannte Postcommunio. Sie heißt so, weil in ihr die Vollendung der Communio erbeten wird. Diese Vollendung ist zweifach: die Vollendung durch die Gnade, die jetzt schon in der Seele gewirkt wird, die andere, die Seligkeit des Himmels, wird gewirkt als Vorausbild. Das Sakrament gibt Erquickung in der Jetzt-Zeit, wie der Psalm 77,29f. sagt: «Sie aßen und wurden vollständig satt» – das heißt: in überfließendem Maße gesättigt. «Und sie wurden in ihrer Sehnsucht nicht enttäuscht». Was jetzt unter der Gestalt von Brot und Wein empfangen wird, das wird in der himmlischen Heimat in Gottes Süße und Wahrheit empfangen werden. Wie er hier unter dem Mantel des Sakraments verborgen empfangen wird, so wird er unmittelbar *(sine medio)* und offen in der Seligkeit des Himmels empfangen. Der Empfang auf Erden bewirkt die Vollendung in der Gnade. Jener Empfang aber wird die Vollendung der Herrlichkeit wirken. So soll sich bewahrheiten, was im Psalm gesungen wird: «Gnade und Herrlichkeit wird der Herr schenken» (Ps 83,12). Wenn man genau hinsieht, zeigt sich dies in allen Postcommunio-Gebeten des Kirchenjahres – und oft sogar direkt in Worten ausgedrückt.

Anschließend wendet sich der Priester nochmals zum Volk mit den Worten «Der Herr mit euch». Auch wenn sie von der Kirche nach Hause gehen, mögen sie nicht vom Herrn weggehen, sondern alles tun, dass der Herr immer und in all ihrem Tun bei ihnen bleibt. Er wird auch niemals von uns weichen, wenn wir in ehrfürchtiger Liebe bei ihm bleiben. Und das Volk, bzw. der Chor für sich und das Volk, antwortet wiederum: «und mit deinem Geiste». Denn um das Leben des Geistes geht es bei der Feier der Sakramente; und der Priester vollbringt auch nach der Messe nur geistliche Werke am Volk Gottes, nicht materielle. Darum muss man beten, dass der Herr mit dem Geist des Priesters bleibe (Gal 5,16; Röm 8,2; 2 Kor 3,6). Und mit diesem gegenseitigen Gruß, der die Gemeinschaft ausdrückt, ist die Messe vollendet.

Danach ruft der Diakon, oder jemand anderer anstelle des Diakons: «Ite, missa est!», oder an Festtagen: «Benedicamus Domino» – «lasst uns preisen den Herrn», und es folgt eine Danksagung für die Feier der Geheimnisse. In beiden Fällen antwortet der Chor stellvertretend für das Volk «Dank sei Gott».

Die Messe für Verstorbene[68] aber schließt mit mit den Worten: «Sie mögen ruhen in Frieden»; das bedeutet, alles, was in der Messe vollzogen worden ist, ist auf den Frieden der Verstorbenen hingeordnet. Und die Antwort «Amen» bestätigt dies.

In manchen Messfeiern – etwa im Skrutiniengottesdienst, am Mittwoch nach der Halbzeit der Fastenzeit – ruft der Diakon nach dem Evangelium: «Alle Katechumenen sollen hinausgehen». Denn ein Katechumene wird erst unterwiesen, darum wird er zugelassen zu dem Teil der Hl. Messe, welcher der Unterweisung gewidmet ist. Weil er aber noch nicht getauft ist, kann er nicht an dem Teil teilnehmen, der die Gemeinschaft der Gläubigen ist.

«Gehet hin in Frieden»: «Gehet», das heißt: Kehrt in euere Häuser zurück und macht täglich Fortschritte in der Tugend – wie es im Psalm (83,8) heißt: «Sie werden gehen von einer Tugend zur nächsten, und werden schauen den Gott aller Götter auf dem Sion».

Zweierlei treibt uns an, sagte Augustinus: Die Liebe zur Wahrheit *(caritas veritatis)*, die bewirkt, dass wir die Sorgen um die alltäglichen, familiären Dinge hinter uns lassen und von unserem eigenen Haus zur Kirche, zu Gott, gehen. Und das, was die Liebe uns als Notwendigkeit auferlegt *(necessitas caritatis)*, wenn sie uns zwingt, zurückzukehren und uns um das familiäre Leben zu kümmern. Bei dieser Notwendigkeit ist die Ordnung der Liebe *(ordo amoris)* zu beachten: Zuerst müssen wir uns selbst, dann den Mitmenschen, je nach dem Grad der Verbundenheit

---

[68] Der Abschnitt über die besonderen Entlassungsformeln wurde von der Übersetzerin hier eingefügt; im lat. Text bildet er den Abschluss des Kapitels.

mit uns, lieben und geben, was notwendig ist. Damit wir das tun können, müssen wir uns abmühen, sorgen und arbeiten – wie es von Martha heißt: «Sie war ganz davon in Anspruch genommen, ihn zu bedienen», und «Martha, Martha, du kümmerst dich um vieles, und bist wegen vieler Dinge in Aufregung» (Lk 10,40f.). – Zu Gott gehen, und zum Eigenen zurückkehren, das lässt sich auch mit dem Wort des Abraham zu seinen Knechten erklären: «Wartet hier mit dem Esel, ich und der Knabe wollen rasch dorthin gehen; und nachdem wir angebetet haben, kehren wir zu euch zurück» (Gen 22,5). Die «Knechte» bedeuten die Sorgen um Haus, Familie und Bedürfnisse dieses Lebens, die Gedanken, die man sich machen muss, die Arbeit und Mühe, um zusammenzubringen, was man zum Unterhalt dieses armen Lebens braucht. Der Esel bedeutet den Leib, der nicht mehr versteht als ein Esel. Diese Hausgemeinschaft soll man zurücklassen, wenn man zur Kirche, zur Messe, zu Gott geht. Nachdem man angebetet hat und das Opfer «mit dem Knaben» – das heißt mit reiner Gesinnung – dargebracht hat, darf man zurückkehren. Darum ruft der Diakon: «Gehet».

Er fügt hinzu: «Missa est». Er will damit sagen, dass das Opfer jetzt dargebracht, die sakramentale Speise verzehrt ist, die Opfergabe zur Rechten des Vaters empor- «geschickt ist» *(missa est),* und wir von Christus dort dem Vater dargebracht werden, in eben dieser Opfergabe; dass er uns in seinen Leib aufgenommen hat und uns dort einen Platz bereitet (Joh 14,2). Alle sollen wissen, dass sie in der heiligen Kommunion zum Herrn geschickt und ihm übergeben worden sind *(missos et commissos);* und alle sollen danach streben, im Herrn zu bleiben, wie der Philipperbrief mahnt: «Unser Wandel ist im Himmel. Von dort her erwarten wir den Retter, unseren Herrn Jesus Christus, der unseren armseligen Leib seinem verherrlichten Leib gleichgestalten wird». Mit diesem Bewusstsein soll man nach Hause zurückkehren.

Das ist es, was meiner Ansicht nach in Kürze und ohne großen Tiefgang über die Messfeier gesagt werden kann. Die schwierigeren Dinge überlasse ich besseren Leuten.

ÜBER DEN LEIB DES HERRN
(DE CORPORE DOMINI)

PROLOG

Vieles, was das Sakrament der Eucharistie betrifft, ist von besonderer Schwierigkeit; darum haben wir uns dies bis zuletzt aufgehoben, um uns Zeit zu nehmen, es ehrfurchtsvoll und genau zu behandeln.

Das Altarssakrament wird in der heiligen Messe zuweilen als Gnade *(gratia),* zuweilen als Geschenk *(donum)* oder als Gabe *(datum, munus),*[1] zuweilen als Kommunion *(communio),* als Opfer *(sacrificium)* oder als Sakrament *(sacramentum)* bezeichnet. Wir gliedern also unsere Darlegung nach diesen sechs Bezeichnungen. Soweit uns Gott dies enthüllen will, wollen wir die spezifischen Eigenschaften erforschen, die dem Sakrament jeweils unter den genannten Bezeichnungen zukommen.

DISTINCTIO 1:
DAS ALTARSSAKRAMENT ALS «GNADE»

c. 1: Dieses Sakrament ist ganz und gar Gnade*

c. 2: Es wird von dem gegeben, der uns mit höchster Gnade zugetan ist*

---

[1] In der Einleitung zur d. 1 sowie in d. 3 wird deutlich, dass hier die Gattung «cibus» – Speise gemeint ist.

* Mit * sind diejenigen Abschnitte gekennzeichnet, die in Auszügen übersetzt wurden.

c. 3: Er gibt es seinen Freunden, die in seiner höchsten Gnade stehen
c. 4: Das Sakrament bewirkt «gute Gnade»
c. 5: Dieses Sakrament ist «Gnade über aller Gnade», es enthält den Gipfel aller Gnade
c. 6: Dieses Sakrament enthält in sich alle Gnade

DISTINCTIO 2:
DAS ALTARSSAKRAMENT ALS GABE ODER GESCHENK

TRACTATUS 1: DER GEBER
c. 1: Die Großzügigkeit, die in diesem großartigen Geschenk sich zeigt
c. 2: Die Freude und Fröhlichkeit des Gebers*
c. 3: Die innige Zuneigung und Liebe des Gebers*

TRACTATUS 2: DIE GABE
c. 1: Eine edle Gabe*
c. 2: Eine reichliche Gabe
c. 3: Eine Gabe, die großen Nutzen bringt
c. 4: Eine Gabe, die dem Geber entspricht*

TRACTATUS 3: DER EMPFÄNGER
c. 1: Die Wirkungen der Gabe*
c. 2: Eine Gabe, die dem Einzelnen entspricht*
c. 3: Eine Gabe von ewiger Dauer*

DISTINCTIO 3:
DAS ALTARSSAKRAMENT ALS SPEISE UND TRANK

TRACTATUS 1: SPEISE
c. 1: Eine edle Speise aufgrund ihrer Art*
c. 2: Süß im Geschmack*

c. 3: Rein aufgrund der Zubereitung
c. 4: Gesund in der Wirkung*
c. 5: Nahrhaft wegen ihrer Kraft*
c. 6: Zuträglich aufgrund von Ähnlichkeit*
c. 7: Diese Speise ist so fein, dass sie den Empfänger durchdringt*
c. 8: Eine Speise, die sich wegen ihrer Verwandtschaft mit dem Empfänger ganz vereint*
c. 9: Eine Speise, die mit dem, der sie isst, fest verbunden bleibt

TRACTATUS 2: DAS SAKRAMENT ALS TRANK
c. 1: Die Eigenschaften des sakramentalen Trankes
c. 2: Sein Geschmack
c. 3: Die Beimischung von Wasser
c. 4: Der Empfang des sakramentalen Trankes (Frage der Intinktion)*
c. 5: Die besondere Wirkung des Sakraments unter der Gestalt des Weines*

TRACTATUS 3: DIE GEGENWART DES GANZEN CHRISTUS SOWOHL UNTER DER GESTALT DES BROTES WIE DES WEINES
c. 1: Einige theologische Meinungen*
c. 2: Die dargelegte Glaubenswahrheit wird mit eigenen Gedanken erhellt*

TRACTATUS 4: WIE MAN DIESE SPEISE EMPFANGEN SOLL
c. 1: Im wahren Glauben*
c. 2: In der sicheren Hoffnung auf Gottes Freigebigkeit*
c. 3: In der Liebe zur Einheit der Kirche*
c. 4: In bitterem Reueschmerz*
c. 5: In Vorfreude auf die ewige Seligkeit*

DISTINCTIO 4:
DAS ALTARSSAKRAMENT ALS KOMMUNION

c. 1: Das Sakrament bewirkt Gemeinschaft mit der Quelle aller Gnade
c. 2: Gemeinschaft mit der Herrlichkeit der Engel
c. 3: Gemeinschaft mit den Heiligen*
c. 4: Gemeinschaft in den Leiden des Mystischen Leibes*
c. 5: Das Sakrament bewirkt, dass man nach Kräften anderen barmherzig zu Hilfe kommt
c. 6: Es bewirkt, dass wir unsere geistlichen und materiellen Güter gemeinsam haben
c. 7: Wahre und wirkliche Gemeinschaft zwischen Gott und Mensch*

DISTINCTIO 5:
DAS ALTARSSAKRAMENT ALS OPFER

c. 1: Der ehrwürdige Ursprung dieses Opfers*
c. 2: Seine Heiligkeit
c. 3: Das Gott willkommene Opfer*
c. 4: Das wahre Opfer*

DISTINCTIO 6:
DIESE GABE ALS SAKRAMENT DER KIRCHE

TRACTATUS 1: DIE EINSETZUNG DIESES SAKRAMENTS
c. 1: Der Grund für die Einsetzung*
c. 2: Seine Notwendigkeit*
c. 3: Der Zeitpunkt der Einsetzung*
c. 4: Die Art der Einsetzung*

TRACTATUS 2: Sakramentale Materie und Form
c. 1: Das materielle Zeichen*
c. 2: Die Konsekrationsworte über das Brot*
c. 3: Die Konsekrationsworte über den Wein*
c. 4: Was unmittelbar auf die Konsekrationsworte folgt

TRACTATUS 3: Zeichen und bezeichneter Gehalt

TRACTATUS 4: Der liturgische Vollzug
c. 1: Wie Christus das Sakrament gefeiert hat*
c. 2: Der Priester als *minister* des Sakraments*
c. 3: Die Empfänger*

DISTINCTIO 1

DAS ALTARSSAKRAMENT ALS «GNADE»

Da wir mit der Bezeichnung als «Gnade» beginnen, wollen wir zuerst die Gnade Gottes anrufen und sprechen: Dies ist das Sakrament der Sakramente, das alle Gnade enthält, die Speise, die zum ewigen Leben belebt, die Speise auf dem Pilgerweg, die uns stärkt, den Weg in diesem Land der Fremde zu vollenden, das Unterpfand des ewigen Heiles, die Mitteilung aller Heiligkeit.

Das Sakrament ist Gnade aus sechs Gründen: Weil es allein aus der Gnade stammt und nicht ohne Gnade sein kann; zweitens, weil es einzig und allein von dem gegeben wird, der voll Gnade ist; drittens, weil es nur denen gegeben wird, die in der Gnade stehen; viertens, weil es Gnade wirkt; fünftens, weil es Gnade über Gnade ist; sechstens, weil es alle Gnade enthält.

Kapitel 1
Dieses Sakrament ist ganz und gar Gnade

Dass das Sakrament nicht ohne Gnade sein kann, ergibt sich schon aus dem Namen: Eu-charistia heißt «gute Gnade». In allen Sakramenten empfangen wir die Gnade des Herrn, aber hier ist alles Gnade, was wir sehen, berühren und verkosten. […] Ohne unser Verdienst empfangen

DAS ALTARSSAKRAMENT ALS «GNADE» 195

wir dieses Geschenk aus Gnade. In ihm ist wirklich «die Gnade und die Wahrheit Christi geschehen» (Joh 1,17); denn die Gnade hat das sakramentale Zeichen gefüllt, und durch die Wahrheit wurde der Schatten des Vorausbildes im Alten Bund[2] erfüllt. In diesem Sakrament wird «der Herr Gnade und Herrlichkeit spenden» (Ps 83,12), Gnade in der jetzigen Zeit, Herrlichkeit in der Zukunft, wenn er durch seine Gottheit in uns gleichsam den Strom des Friedens einströmen lässt und die Herrlichkeit aller Völker zu uns strömt, wie es bei Jesaja (66,12) heißt. Dieses Sakrament stillt all unser Verlangen; wie ein Sturzbach, flüssig vom Feuer der Liebe, überströmt und erfüllt es unser ganzes Herz.

Das Sakrament ist nicht nur Gnade, sondern kann auch gar nicht ohne Gnade sein. Man kann nicht um einen Preis erwerben, nicht durch Verdienste, nicht durch Gebet, was Gott in seiner einzigartigen Süße *(dulcedo)* seinen Armen bereitet hat: «O Gott, in deiner Süße hast du dem Armen bereitet...» (Ps 67,11), oder Weish 16,20: «Du gabst ihnen Brot vom Himmel, ohne dass sie sich mühen mussten». Dies ist wirklich «was kein Auge geschaut, kein Ohr gehört hat, und was keinem Menschenherzen in den Sinn kam: was Gott denen bereitet hat, die ihn lieben» (1 Kor 2,9).

Hier erfreut sich die bekümmerte und verlassene Seele an der kräftigen[3] Süße Gottes. Das kann niemand verdienen noch erwerben. Wenn Gnade das ist, was man ohne Vorleistung *(gratis)* bekommt, dann ist dieses Sakrament

---

[2] Albertus hatte kurz zuvor das Manna erwähnt.
[3] Wörtlich: crassitudo – Fett (Anspielung auf Ps 62,6: Wie an Fett und Mark wird satt meine Seele).

reine Gnade, in dem sich Gott uns schenkt. Wenn man Gnade als das versteht, was man mit Freude und Dank empfängt, dann ist dieses Sakrament ebenfalls nur Gnade: denn nichts wird mit so viel Freude und Dank von Gott empfangen wie Er selbst, wenn er sich geistlich und leibhaft *(spiritualiter et corporaliter)* gibt.

Kapitel 2
Es wird von dem gegeben, der uns
mit höchster Gnade zugetan ist

Dieses Sakrament wird uns von dem gegeben, der uns ganz und gar wohlgesonnen ist *(a gratissimo)*. Man kann sechs Eigenschaften benennen, die bewirken, dass ein Herz gegenüber den Schutzbefohlenen überfließt: Gutheit *(bonitas)*, Güte *(benignitas)*, Erbarmen *(pietas)*, Süße *(dulcedo)*, Liebe *(caritas)* und Versöhnungsbereitschaft *(placabilitas)*. Diese Eigenschaften haben Gottes Herz bewegt, uns diese Speise zu bereiten. In seiner *Gutheit* will Gott allen sein Gut mitteilen und es ausströmen, wie Dionysius sagt. Mit *Güte* ist gemeint: ein für das Gute feurig entflammtes, flüssig gewordenes Herz,[4] das seine Gutheit verströmt. *Pietas* ist die ständig lebendige Bereitschaft, verwandten Wesen Gutes zu tun. *Süße* ist, der anderen Person das einzuströmen, was ihrem Wesen entspricht; und darin ist auch jene Bedeutung von «Süße» *(suavitas)* enthalten, womit wir die freudvolle Wahrnehmung dieses Einströmens umschreiben. *Liebe* aber ist eine lodernde Glut des Herzens, das sich ganz verausgaben will, um dem Geliebten zu nützen. *Versöhnlichkeit* ist es, wenn jemand

---

[4] Albertus deutet «ben-ignitas» als Kombination von «bonum» und «ignitum».

leicht Frieden macht und trotz einiger Dinge, die gegen ihn gerichtet waren, nicht Abstand nimmt von Wohltaten. Das sind die Eigenschaften, die das Herz Gottes dazu bewegt haben, uns diese Gnade zu bereiten.

In diesem Sakrament teilt er uns seine Gottheit mit, er gießt sich ganz in uns, er durchtränkt uns ganz, an Leib und Seele gibt er uns geistlich und leiblich Anteil.

In diesem Sakrament gießt er uns seine feurige Güte wie einen Sturzbach der Freude ein; hier empfangen wir den Geschmack seiner wesenhaften Süße, in süßer Wonne. Hier gibt er uns alles, hält nichts von sich zurück: Gottheit, Geist, Seele, Blut und Leib gibt er uns zum seligen Genuss *(ad fruendum)*. Hier hat er ein Mittel der Versöhnung gesetzt, wodurch er sich versöhnen lassen will, falls wir einmal seinen Unwillen verdient haben.

[Im Folgenden werden diese Eigenschaften noch mit biblischen Szenen ausgefaltet; v.a. das Manna bezeichnete bereits im Alten Bund die Gutheit des Gebers. Als Vorausbild Christi und des Sakramentes gilt Albert auch der brennende Dornbusch, insofern hier das Feuer der göttlichen Liebe inmitten des Grün aller menschlichen Tugenden sichtbar wurde.]

Wenn wir also dieses Sakramentes würdig sein wollen, bleibt uns nichts anderes übrig als so zu sein, wie der Apostel an die Kolosser (3,12f.) schreibt: «Als Gottes erwählte und geliebte Heilige, bekleidet euch mit herzlichem Erbarmen, Güte, Demut, Geduld, ertragt einander und vergebt einander, wenn einer gegen den anderen etwas vorzubringen hat». Dann werden wir dieses Sakramentes würdig sein, das seinen Namen von der feurigen Güte Gottes erhalten hat.

DISTINCTIO 2

DAS ALTARSSAKRAMENT ALS GABE ODER GESCHENK

TRACTATUS 1
Der Geber

Kapitel 2
Die Freude und Fröhlichkeit des Gebers [5]

Wie gern und frohen Herzens er diese Gabe schenkte, kann kein Mensch mit Worten würdig ausdrücken! Wäre nämlich beim Geben irgendeine Traurigkeit im Herzen zurückgeblieben, dann hätte er sich nicht ganz gegeben. Nur das ist wirklich «gegeben», was ganz gegeben ist. Nichts behielt Christus für sich zurück, alle Gaben, die er als Mensch und als Gott zu geben hat, gab er uns.

Sein Herz war froh und glücklich im Bewusstsein, dass seine übergroße Liebe seinen Gliedern zuteil würde, und diese durch das Geschenk der Kommunion mit ihm innigst vereint und ihm eingegliedert würden.

Einer großzügigen Person ist es eigen, dass sie froh und glücklich ist, wenn sie Großes schenken kann, und umgekehrt traurig ist, wenn es ihr nicht möglich ist, etwas

---

[5] «hilaritas / hilaris»: man könnte im Deutschen auch «glücklich» übersetzen.

Großes zu schenken. Der Geber wie die Empfänger können also nicht anders als fröhlich sein, da sie aneinander Anteil haben. Obwohl es eine Traurigkeit gab wegen des bevorstehenden Leidens, so war doch die Fröhlichkeit sehr groß, das Geschenk der innigen Gemeinschaft geben zu können.

Wer wird also nicht fröhlich sein über solch eine Gabe, wenn er weiß, dass geschrieben steht: «Das heitere Angesicht des Königs ist Leben, seine Milde ist wie ein abendlicher Regen» (Spr 16,15)! Alles Leben, alle Milde, aller Regen der Gnade kommen von diesem Sakrament. Sagt doch der König selbst durch seinen Apostel (2 Kor 9,7): «Einen fröhlichen Geber hat Gott lieb!», und «Wer Erbarmen übt in Fröhlichkeit...» (Röm 12,8). Wer wird bei solchen Zeichen göttlichen Erbarmens nicht auch froh werden?

Kapitel 3
Die innige Zuneigung und Liebe des Gebers

Die Stimmung seines Herzens erfahren wir im Lukasevangelium: «Mit großer Sehnsucht habe ich danach verlangt, dieses Pascha mit euch zu essen, bevor ich leide» (Lk 22,15). Mit Sehnsucht, das heißt mit innigster Zuneigung gab er sich selbst den Seinen *(communicabat se suis);* mit Freude nahm er den Tod auf sich, da er im Tod sich nicht von den Seinen trennen, sondern in dieser Gabe der innigen Gemeinschaft bei ihnen bleiben würde. Darum wurden auch die Seinen von unaussprechlich großer Zuneigung zu ihm ergriffen. Johannes Chrysostomus legt in seinem Kommentar zum Johannesevangelium eine Stelle aus dem Buch Ijob (31,31) in diesem Sinn aus; dort heißt es: «Sagten nicht die Gefährten meines Zeltes: Wer gibt uns von seinem Fleisch, dass wir uns daran sättigen?» Die Gefährten seines Zeltes seien die Apostel und Jünger Christi, die aus ihrem innersten Verlangen sprachen: Wer gibt uns von seinem Fleisch – im Sakrament der Kommunion –, so dass wir satt werden und nie mehr hungern? Diese Speise erquickt nämlich vollständig, wenn sie jemand geistlich verkostet, und sie bringt es mit sich, dass wir von inniger Liebe durchdrungen werden. Deswegen schreibt Chrysostomus: «Wie Löwen mit feurigem Atem, so stehen wir von jenem Tisch auf». Jesus selbst sagt durch seinen geliebten Jünger: «Wer seinen Bruder in Not sieht und sein Herz[6] vor ihm verschließt, wie kann die Liebe Gottes in ihm bleiben?» (1 Joh 3,17). Das soll heißen: Keinesfalls ist die Liebe in einem solchen Menschen. Da also Christus sah, wie all seine Brüder vor Hunger die Kräfte verloren, verschloss er ihnen sein Herz nicht, sondern gab uns in seinem herzlichen Erbarmen seinen Leib und sein Blut, teilte uns sein Innerstes *(viscera)*, seinen Geist und seine Seele und seine Gottheit mit. Er tat selbst, was er lehrte (Tob 4,9): «Wenn du viel besitzt, dann gib auch reichlich». Er ist reich an Erbarmen, daher gab er sich uns ganz, auf dass wir Gemeinschaft haben mit ihm. Er erwies sich damit als der Erbe des Vaters, der freigebig ist, wie es im Jakobusbrief heißt: «Er gibt allen im Überfluss und ist nicht unwillig zu geben» (Jak 1,5).

---

[6] Wörtlich: sein Inneres, die Eingeweide *(viscera)*. Dieser Terminus ist wie im Griechischen (*splanchnon*, Eingeweide – *eusplanchnia*, Erbarmen) auch im Lateinischen eng mit dem Mitleid und Erbarmen verbunden.

TRACTATUS 2
Die Gabe

Kapitel 1
Eine edle Gabe

Das ist die Gabe, die in ihrer Kostbarkeit vor Vielen verborgen ist und nur den liebsten Freunden gegeben wird. Von dieser Gabe steht im Buch der Sprichwörter geschrieben: «Ein verborgenes Geschenk löscht den Zorn, eine Gabe, in den Schoß gegeben, löscht auch größten Unmut» (21,14). Allen Zorn, allen Unmut Gottes löschen wir mit diesem Geschenk. Wir alle, die wir Gott versöhnen möchten, bringen dieses Geschenk für die Lebenden und die Verstorbenen dar. Daher heißt es bei Zefania (3,10f.): «Die Söhne meiner Versprengten werden mir eine Gabe bringen. An diesem Tag wirst du nicht zuschanden werden wegen all der Dinge, die du dir ausgedacht hast, womit du dich in deinem Stolz gegen mich versündigt hast. Denn an diesem Tag werde ich aus deiner Mitte die großsprecherischen, hochmütigen Leute hinwegnehmen, und du wirst nicht länger überheblich sein auf meinem heiligen Berg». Das soll heißen: Du bringst mir ein so großes Geschenk – das freilich nicht von dir ist, sondern dir von mir gegeben –, dass ich dir alle Sünden nachlasse, die du dir ausgedacht hast, und ich sie dir nicht zu deiner Schmach anrechnen werde. Es wird dich meine Großzügigkeit und die Kostbarkeit des Geschenks besiegen, so dass du in Zukunft nicht mehr groß von dir selbst denkst, noch stolze Reden schwingst, noch dich in einem Winkel deines Herzens großartig dünkst – nein, von mir wirst du Großes sprechen, der ich dich mit diesem Geschenk groß gemacht habe. – Ja, das ist die Gabe, die all unsere Prahlsucht besiegt, ein edles Geschenk, Gottes würdig!

Kapitel 4
Eine Gabe, die dem Geber entspricht

Dieses Geschenk ist dem Schenkenden in solchem Maß gleichförmig, dass in ihm der Geber zur Gänze empfangen wird. «Tut dies zu meinem Gedächtnis» (Lk 22,19), «sooft ihr dieses Brot esst und den Kelch trinkt, verkündet ihr den Tod des Herrn, bis er kommt» (1 Kor 11,26). Das Sakrament erinnert unser Herz an dreierlei: an die innige Liebe, mit der er, der sich im Sakrament als Speise nehmen lässt, sein Leben für uns hingegeben und dieses Sakrament eingesetzt hat; an das schmerzvolle Leiden, das er für uns auf sich nahm; und an sein Hinübergehen aus dieser Welt zum Vater, durch das er uns den Weg in den Himmel bahnte und unsere vollkommene Aussöhnung mit dem Vater erwirkte.

«Das Gedenken an ihn ist wie der Wein vom Libanon» (Hos 14,8): Jener Wein duftet nämlich stark und süß, er ist auch süß von Geschmack, und er ist tiefrot. Diese Eigenschaften versinnbilden die Liebe des Herrn. Sie strömt den Duft der Tugend aus, ist süß für die Herzen aller Glaubenden, erfreut jedes Herz, und zum Beweis für ihr Übermaß offenbarte sie sich, indem der Herr sein Blut vergoss: «Stark wie der Tod ist die Liebe» (Hld 8,6). Er umarmt uns mit zwei Armen: weil er für uns aus Liebe gelitten hat, und weil er sich uns aus Liebe im Sakrament überliefert hat. Darum spricht die Braut des Hohenliedes (Hld 1,12): «Ein Myrrhenbüschel ist mein Geliebter für mich, er ruht in der Mitte meiner Brust» – zu ergänzen ist: damit ich seiner stets gedenke.

Das Sakrament ist auch Gedächtnis des überaus schmerzvollen Leidens, das der Herr für uns auf sich nahm. Darum schrieb das Alte Gesetz vor (Ex 12,8f.), dass das Pascha-Lamm mit Bitterkräutern gegessen werden musste, am Feuer gebraten: Der bittere Saft verweist auf das Gedächtnis der Passion, das Feuer auf das Gedächtnis der Liebe. Denke doch, spricht er (vgl. Klgl 3,19), an meine Armut, wie man mir alles nahm und mich nackt ans Kreuz hängte, an das Übermaß des Schmerzes, das ich erlitt (vgl. Klgl 1,12). Denke an den Wermut und die Galle, gemischt mit Essig auf Hysop – welche Bitterkeit. Für uns alle antwortet Jeremia (Klgl 3,20): «Immer werde ich daran denken, und meine Seele wird dahinschwinden».

Das Sakrament ist schließlich auch Gedächtnis des hinübergehenden Herrn: «Ich gehe euch einen Platz zu bereiten» (Joh 14,2). Darum begehen wir immer wieder dasselbe Opfer, das er für uns dargebracht hat; denn durch sein Blut ging Jesus für uns ins Heiligtum hinein, und mit ihm zusammen haben wir Zugang.

Dass wir der Liebe Christi gedenken, soll Gegenliebe wecken. Das Gedächtnis des Leidens baut den wahren Glauben in uns auf. Das Gedächtnis an sein Hinübergehen aber erhebt und stärkt wundersam die Hoffnung: «Wir sollten einen ganz sicheren Trost haben, da wir unsere Zuflucht dazu genommen haben, an der vor uns liegenden Hoffnung festzuhalten. An ihr haben wir gleichsam einen Anker...» (Hebr 6,18f.).

ÜBER DEN LEIB DES HERRN

TRACTATUS 3
DER EMPFÄNGER

Kapitel 1
Die Wirkungen der Gabe

Dieses Geschenk hat vielerlei Wirkungen: eine wesentliche, substantielle, und mehrere damit verbundene Wirkungen. Die wesentliche Wirkung besteht in der Wiederherstellung des Verlustes an geistlichem Leben, den der Mensch erleidet, wenn er lange keine geistliche Speise zu sich nimmt. Die damit verbundenen Wirkungen bewirken ihrerseits etwas – Vereinigung, Stärkung und Entflammung der Liebe –, oder sie bezeichnen etwas – insofern nennt man das Sakrament «Sakrament der Wahrheit» und «Sakrament, das die himmlische Glorie bezeichnet».

Die erste, die wesentliche Wirkung ist also die Wiederherstellung der aufgezehrten Kräfte – wie auch die leibliche Nahrung den körperlichen Hunger stillt. «Du hast mir einen Tisch bereitet vor den Augen derer, die mich bedrängen, hast mein Haupt mit Öl gesalbt, und mein Becher ist berauschend gefüllt, wie herrlich ist er!» (Ps 22,5). Dass der Herr «einen Tisch bereitet», bedeutet die Erquickung; dieser Tisch gibt Stärkung «gegen die, welche mich bedrängen», gegen die Bösen und all das, was Mangelerscheinungen im geistlichen Leben verursacht. «Du salbst mein Haupt mit Öl», verweist auf die kräftige Süße dieser Gabe, die nährend und wohlschmeckend ist. Und das Wort vom «herrlichen, berauschenden Kelch» bezeichnet in geistlichem Sinn die Wärme und Süße, die durch die Glieder strömt, so dass der Mensch auf sich selbst vergisst und in heiliger Trunkenheit eintritt in die Freude Gottes.

Was die weiteren Wirkungen angeht, so lesen wir über die Vereinigung bei Joh 6,57: «Wer mein Fleisch isst und mein Blut trinkt, der bleibt in mir und ich in ihm». Über die Stärkung spricht Ps 103,15: «Brot stärkt das Menschenherz». Und über die Entflammung in der Liebe heißt es im Hld 5,1: «Esst, Freunde, trinkt und berauscht euch, meine Liebsten!»[7]

Das Sakrament lässt aber auch die Wahrheit erkennen, auch dies ist eine begleitende Wirkung. Was in den Heilszeichen des Alten Bundes im voraus abgebildet war *(figurale fuit),* zeigt sich hier in der Wirklichkeit *(in veritate)* – wie Joh 1,17 sagt: «Die Gnade und die Wahrheit wurden gewirkt durch Jesus Christus», und: «Wir haben seine Herrlichkeit gesehen, die Herrlichkeit des Einziggeborenen vom Vater, voll Gnade und Wahrheit» (1,14). «In Wahrheit» nährt dieses Sakrament, nicht wie das schattenhafte Vorausbild *(umbra typi antiqui).* Dass das Sakrament auch die Seligkeit des Himmels bezeichnet, wird in Lk 14,15 gesagt: «Selig, wer das Brot isst im Reich Gottes». Durch das, was es bezeichnet, dient das Sakrament der Unterweisung; durch das, was es bewirkt, dient es der stärkenden Gnade.

---

[7] Die Auslegung dieser Stelle des Hld auf den eucharistischen Kelch findet man bereits bei Gregor von Nyssa. Zur patristischen Tradition, v.a. zu Ps 22 (23): Jean Daniélou, Liturgie und Bibel, München 1963, 180-192.

Man sollte hier besonders beachten, was Hilarius im IX. Buch *De synodis* schreibt:[8] dass dieses Sakrament eine substantielle Vereinigung *(naturalem unionem)* zwischen uns und Christus bewirkt. Er sagt das, weil eine Vereinigung der Naturen zustandekommt; denn durch dieses Sakrament bleibt Christus in seiner zweifachen Natur in uns, und wir bleiben in ihm mit Leib und Seele, die bei uns gleichsam zwei «Naturen» sind. Er vereint sich wahrhaft mit uns, nach seiner menschlichen und göttlichen Natur, und wir bleiben geistlich in ihm, indem wir geistlich essen, und leiblich, indem wir leiblich das Sakrament empfangen.

Kapitel 2
Eine Gabe, die dem Einzelnen entspricht

Diese Gabe gibt jedem einzelnen die ihm zugedachte Gnade und Freude: «Diese Speise passte sich jedem Geschmack an» (Weish 16,21); «du hast dein Volk mit der Speise der Engel genährt, ihm Brot vom Himmel bereitet, für das sie sich nicht abmühen mussten, das alle Süßigkeit und allen Wohlgeschmack in sich enthält» (Weish 16,20). Diese Gabe passt sich allen an *(est proportionatum),* so dass ein jeder in ihr findet, was er sucht, und ihm nichts fehlt.

Kapitel 3
Eine Gabe von ewiger Dauer

Diese Gabe bleibt im Leben und im Tod bei dem, der sie empfängt. Sie verschwindet nicht, wie die Geschenke,

---

[8] Vgl. Hilarius, *De trin.* VIII, 13-16.

die man in dieser nichtigen Welt macht – sie gleichen einem Spiel. Was aber in diesem Sakrament gegeben wird, bleibt: beim Heimgang als Wegzehrung, im Leben als Erquickung, im Gericht als Lösepreis, in der himmlischen Heimat als Zeichen der ewigen Seligkeit.

«Ein Gedächtnis seiner Wunder hat der Herr gestiftet, der barmherzige, der Erbarmer. Speise gab er denen, die ihn fürchten» (Ps 110,4f.). Dieses Sakrament ist das Wunder aller Wunder; denn er gibt uns sich selbst und bleibt doch, der er ist. Er wird als Speise verzehrt und bleibt doch ganz und unversehrt. Er bleibt in uns und erhält uns an Leib und Seele, im Leben und im Tod, in der Gnade und in der Glorie – und ist der Geber aller Gaben und die Gabe aller Gaben selbst.

DISTINCTIO 3

DAS ALTARSSAKRAMENT ALS SPEISE UND TRANK

Dieses Sakrament ist eine Speise; so nennen es die heiligen Väter, und auch Christus selbst bekräftigt es: «Mein Fleisch ist wahrhaft eine Speise, und mein Blut wahrhaft ein Trank. Wer mein Fleisch isst und mein Blut trinkt, der bleibt in mir und ich in ihm» (Joh 6,56f.). Wir wollen also vier Fragen nachgehen: (1) Was für eine Art von Speise, (2) was für eine Art von Trank das Sakrament ist, (3) auf welche Weise Christus ganz in dieser Speise und diesem Trank enthalten ist, und schließlich (4), wie man diese Speise empfangen soll, was man in ihr empfängt.

TRACTATUS 1
Speise

Die erste Frage umfasst neun Einzelaspekte: Die Speise ist nämlich edel von Geschmack, rein aufgrund ihrer Zubereitung, gesund aufgrund ihrer Wirkung, nahrhaft aufgrund ihrer Kraft, dem Empfänger angepasst aufgrund ihrer Ähnlichkeit mit ihm; sie vermag ihn ganz zu durchdringen aufgrund ihrer Feinheit *(subtilitas),* sich mit ihm zu vereinen aufgrund ihrer Wesensverwandtschaft, und fest mit ihm verbunden zu bleiben, weil sie den Empfänger an sich zieht.

Kapitel 1
Eine edle Speise aufgrund ihrer Art

Dieses sehr ausführliche Kapitel (S. 231-239 im lat. Text) erläutert zunächst die biblischen Vorausbilder des Sakraments, insofern sie den Aspekt der Speise (nicht des Opfers) betreffen. Es sind dies das Mastkalb (Gen 18,7f.; Lk 15,25), das Lamm (Ex 12,5) und das Böcklein (Ri 13,15 u.a.), vor allem aber das Manna und das «Brot aus feinem Getreide», das heißt: aus Weizen, mit dem Christus sich selbst vergleicht (Joh 12,24). Der Weizen, so führt Albert aus, ist auch naturwissenschaftlich das nahrhafteste und beste Getreide. Aus diesen Gründen ist als Materie des Sakraments Weizenbrot erforderlich.

Im Folgenden wird nur ein kurzer Abschnitt als Beispiel herausgegriffen.

Die Speise der Eucharistie hat ein Vorausbild im Manna hinsichtlich fünf Aspekte: Erstens kam das Manna als Speise vom Himmel, zweitens hatte es verschiedenen Geschmack für die einzelnen Personen, drittens wurde es dem Volk auf der Wanderung durch die Wüste gegeben, viertens kam es auf wunderbare Weise und fünftens hörte es auf, als das Volk von den Früchten des Heimatlandes kostete.

Auch Christus kam vom Himmel auf die Erde, und die Vielfältigkeit der Gnaden, die in Christus kamen, finden sich im Geschmack des Manna angedeutet. Die Wüste bezeichnet die Wüste dieser Welt, welche die göttliche Süße nicht vollkommen aufnimmt und daher als öde und unbestellte Gegend daliegt. Die wunderbare Geburt Christi wird versinnbildet durch die wunderbare Herabkunft des

Manna. Und dass diese Speise mit der Ankunft im gelobten Land aufhörte, bedeutet, dass wir nach der Zeit dieses Lebens, wo wir in der Fremde sind, solcher Gestalten oder Abbilder *(formis et similitudinibus)* nicht mehr bedürfen, da Gott offen, so wie er ist *(aperta specie)*, in uns einströmen wird. [...]

Dieses unser Brot ist das Gefäß aller Gnade, hat allen Geschmack der Gnade. Es ist ähnlich wie beim Hören des Wortes Gottes: Wenn verschiedene Personen das Wort hören, finden sie darin die Erleuchtung, die der Fähigkeit des Einzelnen entspricht. So findet auch der Gaumen des Geistes in verschiedenen Personen verschiedene Art von Erquickung in dieser Speise. Solange freilich der Gaumen nicht von einem unguten, fremden Geschmack bitter geworden ist! Kranken Personen schmeckt alles bitter, sagt Aristoteles, weil die bittere Galle bei Fiebernden den Gaumen in Mitleidenschaft zieht. Und so können diejenigen, die an der Bitterkeit der Sünde erkrankt sind, die wahre Süße dieser Speise nicht beurteilen.

Kapitel 2
Süß im Geschmack

Albert knüpft an das 1. Kapitel an und beschreibt den geistlichen Geschmack (im Deutschen kann man das Wort nicht in den Plural setzen!) als rein, süß, würzig, fein, angenehm und himmlisch, da er ein Vorgeschmack der himmlischen Freude ist. Dabei weist er ausdrücklich darauf hin, dass «dieser verschiedene Geschmack nicht vom leiblichen Geschmack kommt, der mit dem Gaumen des Körpers wahrgenommen wird», es sich jedoch um ein «Höchstmaß an Entsprechung» zu den Eigenschaften einer guten, zuträg-

lichen leiblichen Nahrung handelt. In diesem Kapitel greift er auch bereits voraus auf die Eigenschaften der Spezies des Weines, da in Psalm 103 (104) v. 15 beides engstens verbunden ist. Dieser Psalmvers wird seit der Patristik auf die Kommunion gedeutet: Brot stärkt das Menschenherz, der Wein erfreut es.

Wein wird also genommen, weil Christus sich selbst mit dem Weinstock vergleicht (Joh 15,1.5), aber auch deswegen, weil der Wein Freude bewirkt und weil er das Herz gelöst und froh macht in der Hoffnung auf kommende Güter.

Die erste Wirkung kommt ganz besonders dem Wein der Eucharistie zu: dass er die Seele heiter *(iucundam)* macht, Leib und Seele jubeln lässt, dem Leib und der Seele Gesundheit verleiht (Sir 31,35f.). Die zweite wird durch den Psalm belegt: «Der Wein erfreut das Herz des Menschen»; denn er schenkt bereits die Freude an den ewigen Gütern, die im Sakrament im voraus verkostet werden. Das ist der Wein, von dem geschrieben steht: «Trinkt von dem Wein, den ich gemischt habe» (Spr 9,5), und: «Gebt Wein denen, die im Herzen verbittert sind – sie sollen trinken und ihre Armut vergessen und nicht mehr länger an ihren Schmerz denken» (Spr 31,6f.). Dass der Wein schließlich auch hoffnungsfroh macht, schreibt Aristoteles. Und das ist der Wein, von dem im Hohenlied gesagt ist: «Deine Kehle wie bester Wein...» (Hld 7,9). Eine Kehle, die diesen Wein kostet, behält seinen Geschmack sehr lange in sich; sie holt diesen Geschmack wieder, indem sie an die Süße der Verheißung denkt. Mit den Lippen des Herzens, das heißt: mit Erkenntniskraft und Sehnsucht des Willens, holt sie den Geschmack wieder hervor, kaut ihn wieder und wieder *(ruminatur)* – ohne Unterlass, um die Süßigkeit der Hoffnung zu saugen.

Kapitel 3
Rein aufgrund der Zubereitung

Hier wird ausgeführt, dass die heiligste Dreifaltigkeit diese Speise erdacht und bewirkt hat.

Kapitel 4
Gesund in der Wirkung

Das Sakrament bewirkt geistliche Gesundheit, indem es vor Erkrankung bewahrt und mögliche Ursachen für Erkrankung beseitigt, indem es die Kräfte regeneriert und die Gesundheit erhält. Dass diese Wirkung ein Mittun des Menschen, also den geistlichen Empfang des Sakraments einschließt, das heißt: die personale Begegnung mit Christus, zeigt besonders schön der folgende Abschnitt, in dem die sieben sogenannten Quell-Laster den Eigenschaften Christi gegenübergestellt werden, die gerade im Sakrament des Altares sichtbar werden:

Es gibt so viele Krankheiten und Schwächen, die wir fürchten. Sechs kommen aus der Schwäche unseres Leibes bzw. unseres Geistes: Vom Körper kommt die Unzucht, die ungezügelte Kehle, die Habgier. Von der mit dem Körper verbundenen Seele kommen der Zorn – das Blut steigt zu Kopf –, die Akedia – wegen der Trägheit des Leibes, der die Seele mit seinem Gewicht drückt, – und der Neid. Dieser kommt aus einem verkehrten Herzen, wenn jemand befürchtet, dass er selbst Schaden leidet, wenn ein anderer Erfolg hat; und das führt in die Verzweiflung. Der Stolz aber wird allein von der Überheblichkeit des Geistes bewirkt.

Doch nichts Böses wird uns berühren, da der Leib Christi uns vor diesen Erkrankungen bewahrt. Wenn wir nämlich betrachten, mit welcher Demut er das Leiden auf sich nahm, zu dessen Gedächtnis wir ja den Leib des Herrn empfangen, berührt uns kein Übel des Stolzes. Wenn wir Christi Liebe betrachten, mit der er uns seinen Leib und sein Blut mitteilte, berührt uns in keiner Weise der Neid. Wenn wir daran denken, wie unermüdlich er alles tat, was zu unserem Heil notwendig war, und sich dabei selbst für uns darbrachte, werden wir frei vom Übel der Akedia. Und wenn wir erfassen, wie freigebig er all das Seine und sich selbst für uns einsetzte, dann werden wir frei von der Habgier. Wenn wir uns seine Geduld und Sanftmut im Leiden zu Herzen nehmen, dann werden wir frei vom Zorn. Und wenn er uns zu Hilfe kommt mit der Nüchternheit dieser Speise, dann werden wir frei von der Zügellosigkeit der Kehle. Und wenn wir an die Bitterkeit und den Schmerz der Passion denken, die in den Bitterkräutern versinnbildet ist, dann werden wir frei von Unzucht.

5. Kapitel
Nahrhaft wegen ihrer Kraft

Eine der ältesten Bezeichnungen für die Eucharistie lautet: «Medikament der Unsterblichkeit»; sie leitet sich von der großen Eucharistischen Rede des Johannesevangeliums her und ist bereits bei Ignatius von Antiochien und Irenäus von Lyon bezeugt. Albertus bringt zusätzlich Offb 2,7 und 17 als Beleg; er versteht diesen Text also nicht für die Zukunft, sondern für die Gegenwart.

Das ist die Speise, die nicht nur mit göttlicher Kraft nährt [...], sondern Unsterblichkeit und die Wurzel der Unsterblichkeit verleiht, wie es in Joh 6,55 heißt: «Wer mein Fleisch isst und mein Blut trinkt, der hat das ewige Leben, und ich werde ihn auferwecken am letzten Tag». Daher heißt diese Speise «Wegzehrung», Speise auf dem Weg *(viaticum);* denn sie ist das Leben für die Pilger, die durch die Wüste des Todes zum Ruheplatz des ewigen unsterblichen Lebens wandern. Darin besteht ein großer Unterschied zur leiblichen Speise; denn diese nährt letztendlich nur das vergängliche Leben – wie Paulus schreibt (1 Kor 6,13): «Die Speise ist für den Magen, der Magen für die Speise; Gott wird beide vernichten». Die Speise des Sakramentes aber ist die Wurzel der Unsterblichkeit, denn sie enthält denjenigen, der der Ursprung des ewigen Lebens ist. So lesen wir in Joh 6,59: «Eure Väter haben in der Wüste das Manna gegessen und sind gestorben. Wer dieses Brot isst, wird in Ewigkeit leben».

«Dem Sieger werde ich geben vom Baum des Lebens, der im Paradies meines Gottes steht» (Offb 2,7); denn von der Wurzel dieses Baumes saugt man das ewige Leben. Eben dies wird im Vers 17 als «verborgenes Manna» bezeichnet: «Dem, der siegt, werde ich das verborgene Manna geben; ich werde ihm einen weißen Stein geben, auf dem ein neuer Name geschrieben ist, den niemand kennt, außer der, der ihn empfängt». Das Manna, das dem Sieger gegeben wird, ist der Leib des Herrn; verborgen, da dieser Leib verhüllt ist unter den Gestalten von Brot und

Wein. Der «weiße Stein» ist Sinnbild für die Festigkeit des ewigen Lebens. Und damit er «für immer bleibt», schreibt ihm Christus den neuen Namen ein, denn Christus selber wird mit ihm vereint – gleichsam ein Leib *(sicut concorporalis)*. Diesen Namen des ewigen Lebens kennt niemand, außer wer ihn empfängt; denn diese Freuden sind der Welt unbekannt.

Diese Speise hat noch eine weitere Eigenschaft, die sie mit keiner leiblichen Nahrung teilt. Davon schreibt Augustinus im 10. Buch der *Bekenntnisse:* «Wachse, und du wirst mich essen. Und nicht du wirst mich in dich verwandeln – wie du es bei einer leiblichen Speise tust –, sondern du wirst in mich hinein verwandelt werden». Würde der Leib des Herrn nämlich in uns verwandelt, dann nützte er uns nichts, vielmehr ginge er dann mit uns auch zugrunde. Weil aber seine Kraft unsere Schwachheit überwindet und uns auf ihn hin verwandelt, muss auch unsere Schwachheit in seine göttliche Kraft übergehen und verwandelt werden. So werden wir stark und fest; und da unser Sein von ihm gefestigt ist, können wir unmöglich untergehen.

Als der Herr die menschliche Natur annahm, zog er sie in die Einheit seiner einen Person, damit die Menschennatur am göttlichen Sein Anteil erhalte. So kehrt er auch uns zu sich hin, wandelt uns in sich[9], nicht indem er uns aufzehrt, sondern damit wir an seinem göttlichen Sein teilhaben, wenn wir in ihn aufgenommen werden.

---

[9] Lat.: «convertit nos ad se». Damit klingt zum einen an, dass der Erlöser unsere Bekehrung *(conversio)* aktiv bewirkt, und zum anderen, dass damit eine Verwandlung geschieht.

In Sehnsucht danach, an ihrem Bräutigam Anteil zu haben, und in Überdruss an sich selbst ruft die Braut des Hohenliedes: «Ziehe mich dir nach!» (Hld 1,3), damit ich in deinem Sein und in deiner Kraft selig weile, da ich mir selbst missfalle. So betet Jeremia in den Klageliedern (5,21): «Kehre uns, o Herr, zu dir hin, dann werden wir uns bekehren; erneuere unsere Tage, wie es am Anfang war». Am Anfang der Schöpfung waren wir nämlich nicht auf uns selbst bezogen, sondern auf dich hin ausgerichtet. Dann aber wurden wir böse und ganz verkehrt[10], verkrümmt in uns selbst. Daher musst du mit deiner eigenen Kraft uns zu dir hin aufrichten, weg von uns selbst. Wenn wir so mit dir geeint *(incorporati)* sind, wirst du unsere Tage erneuern, wie es am Anfang war.

Daher wird die Kirche der Leib Christi genannt (1 Kor 12,27), wir sind geistliche Glieder Christi des Hauptes, der in uns die Kraft strömen lässt, die uns in ihn verwandelt *(convertit in ipsum)*, auf dass wir seine Glieder seien und zu seinem Leibe werden. Das wird ausdrücklich im Epheserbrief gesagt (4,15f.). Was für einen Grund könnte man angeben, dass die Kirche Leib Christi genannt wird, außer dass Christus ihr seinen Leib gibt und sie damit zu sich zieht bzw. verwandelt, so dass sie sein Leib wird und die Einzelnen seine Glieder. Es steht fest, dass die Kirche in mystischem oder übertragenem Sinn *(metaphorice)* «Leib Christi» genannt wird. Jede solche Übertragung einer Benennung beruht auf der Zuordnung von etwas zu etwas anderem, weswegen es mit dem gleichen Wort bezeichnet wird. Das ist in diesem Fall die Gemeinschaft im «wahren Leib und Blut» Christi, das heißt, seiner Per-

---

[10] Lat.: «perversi», als Gegensatz zu «conversi» – «bekehrt».

son.[11] Wenn Christus durch das Sakrament seines Leibes und Blutes sich in die Kirche verströmt, zieht er sie ganz zu sich, er gleicht sie sich an, durch den Geist des Lebens, die lebendigmachende Wärme der Wahrheit und die Ausübung der Tugenden in seinen Gliedern,[12] und macht sie so zu seinem geistlichen, Mystischen Leib. So spricht er zur Kirche, indem er sich die Worte Adams zu Eva zu eigen macht, die ein Vorausbild waren: «Das ist Bein von meinem Bein, und Fleisch von meinem Fleisch» (Gen 2,23).

Diese Speise macht uns also durch ihre unerschöpfliche Kraft zum Leib Christi, auf dass wir Bein von seinem Bein, Fleisch von seinem Fleisch seien, Glieder des Hauptes, und dass aus uns allen der Leib Christi zusammengefügt werde.

Kapitel 6
Zuträglich aufgrund von Ähnlichkeit

Wer den Leib des Herrn isst, muss «ihn unterscheiden» von gewöhnlicher Speise, das bedeutet, er muss sich der Speise angleichen. Indem der Mensch Reue empfindet über seine Sünden, gleicht er sich der Reinheit Christi an; seine ehrfürchtige Liebe (devotio) *entspricht der Liebenswürdigkeit*

---

[11] Der «wahre Leib» *(corpus verum)* wird hier auch als der «natürliche» Leib bezeichnet, den Christus von der Jungfrau Maria angenommen hat, der gelitten hat und verherrlicht ist, und der im Sakrament enthalten ist. Im übertragenen Sinn ist die Kirche Leib Christi *(corpus mysticum),* sie ist aber im Sakrament nicht enthalten, sondern nur bezeichnet. Die *communio* als Anteilhabe an Christus im Sakrament bewirkt die *communio* des Mystischen Leibes.

[12] Das sind die Eigenschaften, die einen lebendigen Leib kennzeichnen: Lebensgeist, Wärme (die durch Nahrung aufrechterhalten wird) und entsprechende Tätigkeit.

Christi (dulcedo). *Wer Christus nachfolgt* (imitatio), *wird sein Abbild* (imago), *und wer sich um Fortschritt in den Tugenden müht, bekommt Teil an Christi Schönheit.*

Ein Exkurs, offenbar eine ad hoc aufgeworfene Frage, betrifft die Leidensfähigkeit Christi im Sakrament. Sie mutet uns vielleicht seltsam an, wird jedoch auch bei anderen scholastischen Autoren diskutiert: Als Christus seinen Leib beim Abendmahl den Jüngern reichte, war sein eigener Leib noch nicht verklärt (wie nach der Auferstehung), sondern leidensfähig; welche Konsequenzen ergäben sich, wenn die Brotsgestalt aufbewahrt worden wäre, für die Stunden der Passion? Albert nimmt diese Frage zum Ausgangspunkt, das Specificum der sakramentalen Existenzweise – im Unterschied sowohl zur Existenz in der angenommenen Menschennatur wie in der göttlichen Natur – zu erläutern. Er nimmt damit schon etwas aus Tractatus 3 (Transsubstantiation, Realpräsenz, Verhältnis von Substanz und Akzidentien) vorweg.

Ich will nicht ausschließen, dass es vielleicht eine bessere theologische Antwort gibt, aber ich meine, die richtige Lösung der Frage liegt in der Erkenntnis, dass es bei Christus drei Existenzweisen gibt und je nachdem auch verschiedene Akzidentien oder Eigenschaften. Insofern er Gott ist, ist er überall, und vieles kommt ihm zu, was ihm in der menschlichen Gestalt *(forma humana),* die er in die Einheit der hypostatischen Union aufgenommen hat, nicht zukommt, und was ihm auch in der Gestalt der Speise *(forma cibi)* nicht zukommt, die er zur Bildung des Sakramentes angenommen hat.[13] Umgekehrt ist ihm

---

[13] Im Deutschen ist dieser Passus kaum adäquat zu übersetzen, da theologisch feststehende Formeln miteinander verknüpft und parallelisiert werden: «Secundum deitatem quae in ipso est, ubique

in der angenommenen Menschennatur einiges eigen, was ihm nicht eigen ist, insofern er «in der Gestalt Gottes» (Phil 2,6) ist, und auch nicht insofern er im Sakrament ist: nämlich angespuckt, geohrfeigt, gegeißelt, gekreuzigt zu werden, an einem fest umschriebenen Ort zu sein und ähnliches. In der sakramentalen Existenzweise aber kommen ihm nur die Eigenschaften zu, die dem Sakrament eigen sind: geistlich wie zeichenhaft-sakramental empfangen zu werden, in einer Pyxis zu liegen und derartiges. Dass es immer wesenhaft ein und derselbe Christus ist, bedeutet nicht, dass man ihm in den verschiedenen Existenzweisen auch immer das gleiche zuschreiben könnte.

Von der Hostie in der Pyxis kann also nichts anderes als Eigenschaft gesagt werden als das, was Christus zukommt, insofern er die Gestalt der Speise angenommen hat. Und was Christus in der angenommenen Menschennatur zukommt – z.B. gehen, schlafen, von der Lanze durchbohrt werden, gegeißelt werden –, das kommt dem Leib Christi nicht zu, insofern er in der Gestalt der Speise ist. Und was Christus aufgrund seiner göttlichen Natur zukommt, kommt ihm nicht in der Menschengestalt zu und auch nicht in der Brotsgestalt. Er nahm die Gestalt des Sakraments an, damit ihm die Eigenschaften des Sakraments zukommen, und nicht andere – das scheint mir die am ehesten wahre Antwort zu sein.

Entsprechend den drei Seinsweisen des einen Christus sind ihm entsprechend verschiedene Eigenschaften zuzuschreiben: Als Gott ist er überall, erschuf die Sterne, ist allmächtig – nichts davon wird der Menschennatur oder

est, et multa conveniunt ei, quae non conveniunt formae humanae quam assumpsit in unitatem personae, nec conveniunt formae cibi quam assumpsit in compositionem sacramenti».

der sakramentalen Seinsweise zugeschrieben. Als Mensch ist es ihm eigen, eine bestimmte Körpergröße zu haben und an einem bestimmten Ort zu sein, der nicht kleiner sein kann als die Ausdehnung des Körpers, es ist ihm eigen, zu sprechen, zu gehen – nichts davon ist der göttlichen Wesenheit oder der sakramentalen Gestalt eigen. In der sakramentalen Seinsweise ist ihm eigen, die wahre Speise der Seele und des Leibes zu sein, innerhalb der Grenzen der Brotsgestalt zu sein – und nicht irgendetwas von ihm außerhalb –, und in jedem Teil des Brotes ganz zu sein[14] und ähnliches.

Kapitel 7
Diese Speise ist so fein, dass sie
den Empfänger durchdringt

Das Thema des Kapitels ist der Vorgang des Essens. Was bewirkt die leibliche Nahrung – Albert lässt seine medizinischen und naturwissenschaftlichen Kenntnisse durchblicken – und was lässt sich daraus für das geistliche Essen entnehmen?

Eine erste Frage knüpft an das vorhergehende Kapitel an, sie betrifft das Kauen – oder die Brechung – der Brotsgestalt. Ebenso wie die Sequenz «Lauda Sion» formuliert Albert: «Die Brechung der Brotsgestalt durch die Hand des Priesters oder die Zerkleinerung durch die Zähne der Gläubigen vollzieht sich nicht am Leib Christi; dieser bleibt ganz und unversehrt in jedem Teilchen des Sakramentes». *Als am meisten angemessene Analogie führt er –*

---

[14] Das soll heißen: die natürliche Gestalt des menschlichen Leibes mit verschiedenen räumlich angeordneten Gliedern spiegelt sich nicht in der sakramentalen Seinsweise wieder.

ähnlich später Heinrich Seuse – den Spiegel an, der in jedem Fragment das Ganze spiegelt, wenn er gebrochen wird. Im Fall des Sakramentes lautet die einleuchtende Begründung: Die Zeichenhaftigkeit des Sakramentes bestehe nicht in der Größe oder in der Ganzheit bzw. dem Teil, sondern in der Gestalt der Speise (forma cibi). *Solange diese tatsächlich Zeichen sein kann (d.h. bis zur Auflösung der sichtbaren Gestalt), bezeichnet und enthält sie das Bezeichnete. Den Vorgang des Zerbrechens der Brotgestalt deutet Albert zweifach: Er verweist zeichenhaft auf die Passion des Herrn, und er entspricht dem Vorgang der Nahrungsaufnahme.*

Damit beginnt das eigentliche Thema des Kapitels, in dem die einzelnen Vorgänge der Nahrungsaufnahme als Anleitung für das geistliche Essen gedeutet werden. Ein kleiner Abschnitt kann das verdeutlichen:

Das Zerkleinern und Kauen durch die Zähne bewirkt, dass der Saft der Speise herausgesaugt werden kann. Kauen heißt, dass sich die Zähne immer wieder über dasselbe bewegen, es zerkleinern und zermahlen. Im Fall der geistlichen Speise wird dadurch die Betrachtung *(meditatio)* bezeichnet. Dabei kehrt nämlich der Geist immer wieder zu einer Sache zurück; im Nachdenken, mit ehrfürchtiger Liebe und Hinneigung des Geistes unterscheidet er Aspekte, sieht die verschiedenen Dimensionen: der Güte, der Liebe, der Kraft, und so lässt sich aus allem der Saft saugen – die Süße, in der Gott dem Menschen dieses Sakrament bereitet hat. Die Schneidezähne, welche die Teile machen, sind die Vernunft, welche die Wahrheit erkennt; die Backenzähne, die zermahlen, sind der liebende Wille, der sich immerzu mit der Güte Gottes und seinen Ratschlüssen befasst.

Kapitel 8
Eine Speise, die sich wegen ihrer Verwandtschaft mit dem Empfänger ganz vereint

Fünf Eigenschaften bewirken, dass wir mit Christus eins werden, ihm wesensverwandt *(connaturales)*. Erstens, die Gotteskindschaft *(generatio divina)*, zweitens, ein reines Leben, drittens, die reine und schöne Liebe zu Gott, viertens, die Erleuchtung in der Beschauung *(illustratio contemplationis)*, fünftens, die Vereinigung in ehrfürchtiger, inniger Liebe. Das erste macht uns Christus wesensverwandt, das zweite an Tugend ähnlich, das dritte bewirkt, dass wir ein Herz und eine Seele mit ihm sind, das vierte, dass wir ihm im Denken und Erkennen gleichförmig sind, das fünfte und letzte bewirkt, dass wir einfach unzertrennlich zu ihm gehören *(indistantes)*.

Diese fünf Wirkungen hat die sakramentale Speise, wenn sich der Empfänger mit ihr verbindet.

Die einzelnen Aspekte werden in diesem Kapitel ausgeführt.

Kapitel 9
Eine Speise, die mit dem, der sie isst, fest verbunden bleibt

Die eigentliche Wirkung der Speise ist, dass sie sich dauerhaft mit dem Empfänger verbindet. Dennoch geschieht dies nicht einfach von selbst, es bedarf des «Bleibens in ihm». Daher endet dieses Kapitel mit einer Warnung vor Nachlässigkeit und einer Ermahnung zu Geduld, Tapferkeit und Hoffnung.

DAS ALTARSSAKRAMENT ALS SPEISE UND TRANK 223

TRACTATUS 2
Das Sakrament als Trank

Kapitel 1
Die Eigenschaften des sakramentalen Trankes

Kapitel 2
Sein Geschmack

Im ersten Kapitel wird erläutert, warum Wein, und kein anderes Getränk wie Wasser, Milch, Bier, Fruchtsäfte, Rosenwasser etc., als sakramentale Spezies in Frage kommt. Außer der biblischen Begründung – Bedeutung des Weines im AT und das Handeln Christi selbst – führt Albert ernährungsphysiologische Argumente ins Feld: Der Wein sei unter allen Getränken für den (erwachsenen) Menschen das am meisten zuträgliche.

Im zweiten Kapitel werden die Eigenschaften des Weines, die ihm natürlicherweise zukommen, mit den geistlichen Wirkungen parallel gesetzt (s.o. 208ff.). Der Wein soll wohlschmeckend sein, da die sakramentalen Gestalten ja Zeichen sind für die Güte Gottes.

Kapitel 3
Die Beimischung von Wasser

Diese Frage wird als «Einschub» bezeichnet. Albert erklärt die Mischung als Zeichen für die Vereinigung der Gläubigen mit Christus. Das Wasser soll den Geschmack des Weines annehmen – nicht umgekehrt. Dann führt er drei Stellen der Hl. Schrift an, die ebenfalls diesen Ritus erhellen: Wasser und Blut strömten aus der Seite Christi (Joh 19,34), wodurch die Heiligung und Erlösung sichtbar gezeigt wird. Ein weiterer Beleg ist aus Lev 14,4f. genommen, wo der Ritus der Reinigung eines Aussätzigen beschrieben wird, in dem ebenfalls Blut und Wasser eine Rolle spielen. Das dritte Argument besagt, dass Wasser für Reinigung und Entsühnung steht, Blut aber für Erlösung. Im Opfer Christi ist beides verbunden. Das Wasser, das Ezechiel (47,1-12; vgl. 36,25) aus der rechten Seite des Tempels fließen sah, ist somit Typus für das aus der Seite Christi hervorfließende Wasser.

Kapitel 4
Der Empfang des sakramentalen Trankes

Das Kapitel ist zweigeteilt: Im ersten Abschnitt wird noch einmal betont, dass der Wein gut sein soll, damit er die Gnade angemessen bezeichnet:

«Jeder Mensch soll wahrnehmen können, wie rein, wohlschmeckend und erlesen er selbst sein muss, wenn er doch in Christi Leib eingegliedert werden soll, durch sein Blut, das Christus durch alle seine Glieder strömen lässt!»

Im zweiten Abschnitt wendet sich Albert gegen den Kommunionempfang mittels Eintauchen der Brotgestalt.

Wein- und Brotgestalt sollen je für sich gereicht werden, ohne Eintauchen. Denn der Herr hat durch Eintauchen seinen Verräter bekannt gemacht (Joh 13,26).[15] Eintauchen bedeutet also nichts Gutes.

---

[15] Albert scheint sich nicht ganz sicher zu sein, ob es sich bei diesem Bissen Brot um den Leib des Herrn gehandelt hat (d. 6 tr. 4 c. 2 und 3) oder um normales Brot (d. 2 tr. 2 c. 4: lat. S. 297). Man findet beide Aussagen bei ihm.

DAS ALTARSSAKRAMENT ALS SPEISE UND TRANK 225

Es gibt freilich einige Stellen der Hl. Schrift[16] und auch in der kirchlichen Praxis Fälle, die dem zu widersprechen scheinen. Am Karfreitag etwa taucht der Priester die Hostie in Wein und sumiert sie. Und auch bei der täglichen Hl. Messe wird jeweils der dritte Teil der Hostie in den Kelch gesenkt.[17]

Auf diese Einwände ist zu sagen, dass die Kirche niemandem die Brotsgestalt eingetaucht *gibt*, weder in konsekriertem Wein noch in anderem Wein.

Was den Einwand bezüglich der Karfreitagsliturgie betrifft: An diesem Tag feiert die Kirche die heilige Messe nicht, sondern die Hostie vom Gründonnerstag wird in einen Becher mit Wein gegeben. Der Priester sumiert sie, aber er reicht davon niemandem anderen.

Ein weiterer Grund gegen die Intinktion ist die Gefahr herabfallender Tropfen.

Kapitel 5
Die besondere Wirkung des Sakraments
unter der Gestalt des Weines

Manche stellen die Frage nach der spezifischen Wirkung bzw. Gnade, die das Sakrament unter der Gestalt des Weines hat. Denn wenn Christus unter der Gestalt des Brotes ganz, auch mit seinem Blut, seinem Geist und seiner Seele und seiner Gottheit enthalten ist, welche spezifische Wirkung bleibt dann für die Spezies des Weines? Sie scheint überflüssig – aber im Bereich der Gnade darf

---

[16] Es wird nur Ruth 2,4 angeführt.
[17] Zur Deutung dieses Ritus durch Albert: MM tr. 3 c. 21, 174ff.

es eigentlich noch weniger als in der Natur Überflüssiges geben.

Darauf ist als erstes zu antworten, dass Christus, nachdem er seinen Leib unter der Gestalt des Brotes gegeben hatte, sein Blut unter der Gestalt des Weines gab. Er bestimmte damit, dass die Kirche es so feiern sollte. Und da Christi Handeln uns lehrt, wie wir handeln sollen,[18] ist das ohne Zweifel einzuhalten.

Für dieses Handeln Christi und der Kirche gibt es einen Grund. Alle Sakramente haben viele und vielfältige Wirkungen, aber jeweils eine hauptsächliche, wesentliche Wirkung, in der sie sich untereinander unterscheiden. Die Hauptwirkung der Taufe zum Beispiel liegt in der geistlichen Wiedergeburt, wie Dionysius sagt, in der Firmung wird Wachstum an Kräften geschenkt, und um diese zu erhalten, wiederherzustellen und zu mehren, wird die geistliche Nahrung der Eucharistie gegeben. Ein Sakrament der Kirche bewirkt aber nur das, was es auch bezeichnet; die Zeichenhaftigkeit hängt an einem sichtbaren, materiellen Element, das zum bezeichneten Inhalt eine Ähnlichkeit besitzt. Nahrung zur Vollendung der Natur kann nur durch Speise und Trank ausgedrückt werden. Daher muss es ein Element der Speise und eines des Trankes im Sakrament geben. Was das körperliche Essen betrifft, so trinkt man danach, sonst ist die Nahrungsaufnahme nicht vollständig. Dasselbe gilt im geistlichen Bereich der sakramentalen Nahrung.

---

[18] Wiederum gebraucht Albert die Formel: «Christi actio nostra est instructio».

Das Blut Christi hat eine vom Leib verschiedene Wirkweise. Seinen Leib gab Christus, damit wir Gemeinschaft mit ihm und untereinander haben. Das Blut gab er zur Erlösung – wie sich aus den früher zitierten Stellen der Schrift ergibt. Die Gnade der Gemeinschaft *(communio)* und die der Erlösung *(redemptio)* sind verschieden. Es genügt also nicht, nur ein sakramentales Zeichen für die Communio zu haben, es war auch eines notwendig, das die Erlösung bezeichnet.

Wenn jemand einwenden will, dass das doch überflüssig sei, weil das Blut auch im Leib, der Leib auch im Blut empfangen werde, dann muss man sagen: Das ist nicht wahr. Wahr ist freilich, dass das Blut auch im Leib enthalten ist, aber nicht kraft des Sakramentes *(non ex virtute sacramenti),* sondern eher wegen der naturgemäßen Verbindung, die beide miteinander haben. Die Seele Christi ist ebenfalls enthalten, und zwar aufgrund der Einheit, die Potenz und Akt haben,[19] und auch die Gottheit Christi ist da, weil die Menschheit Christi mit ihr gnadenhaft geeint ist. Nichts davon aber ist *kraft des Sakramentes* enthalten [sondern nur der Leib].

Jetzt könnte jemand einen anderen Einwand bringen: Wenn dem so ist, hat es den Anschein, dass zwei materielle Elemente, zwei Bedeutungsgehalte, zwei Wirkungen nicht ein einziges Sakrament, sondern zwei sind.

Dieser Einwand hätte sicherlich recht, wenn die sichtbaren Elemente, die beiden Bedeutungsgehalte und die geistlichen Wirkungen jeweils nichts miteinander zu tun

---

[19] Der beseelte Leib ist nie ohne Seele.

hätten. Sie beziehen sich jedoch aufeinander. Ich habe vorhin ausgeführt, dass für die vollständige Ernährung des Menschen etwas Warm-Trockenes nicht genügt, wenn es nicht durch etwas Kühl-Feuchtes ergänzt wird. Die Nahrung wird nicht richtig aufgenommen, gelangt nicht in die Glieder und verbindet sich nicht mit ihnen.[20] Ähnliches gilt umgekehrt für den Trank allein.

Nach diesen Klärungen können wir nun festhalten: Der sakramentale Trank hat eine wesentliche geistliche Wirkung, und er hat fünf weitere, begleitende, Wirkungen.[21] Die wesentliche geistliche Wirkung des Altarssakraments ist die Wiederherstellung der verlorenen geistlichen Kräfte. Der geistliche Trank nun lässt die Speise in die Glieder fließen. Das ist seine wesentliche Wirkung. Wir sollen Christus und seinen Gliedern in *vollkommener Weise* inkorporiert werden, ihm fest anhangen und in ihm bleiben; wir sollen durch sein Blut in seinen Leib hineinfließen.[22] So sollen wir teilhaben an seinem Geist und Leben. Christus gibt seinen Gliedern Teil an seinem Leib, er teilt mit uns seinen Leib, und er lässt sein Blut in uns fließen, und mit dem Blut Geist und Leben. Er nimmt diejenigen in sich auf, die ihn suchen, geht ihnen

---

[20] S.o. d. 3 tr. 1 c. 7.
[21] Albert fasst zusammen, worin er die Zielsetzung des Altarssakramentes sieht.
[22] Wie die Speise vom Empfänger aufgenommen, aber nicht in ihn «inkorporiert» wird, sondern umgekehrt, so auch im Fall des Trankes: Das Blut Christi, und das heißt: sein Leben und Geist, wird empfangen, aber dadurch wird auch die Inkorporation in Christus hinein vollendet: durch den Empfang des Leibes werden die Gläubigen «einverleibt» *(incorporati)*, durch den Empfang des Blutes «eingegossen» *(influxi)*.

voraus auf jedem Weg der Gerechtigkeit; denn wenn wir nicht in ihm sind, können wir uns auf diesem Weg nicht halten.

Dazu kommen, wie gesagt, fünf begleitende Wirkungen: Zuerst die Erlösung vom ewigen Tod – diese Wirkung ist mit dem Blut Christi verbunden, weil es der Sitz des Lebens ist, das Christus für uns hingegeben hat. Zweitens wäscht das Blut uns von Sünden rein, weil die göttliche Kraft mit ihm verbunden ist. Drittens benetzt es unsere trockene Seele, aufgrund des Erbarmens Jesu Christi. Viertens färbt es uns, aufgrund seiner rosenfarbenen Farbe. Fünftens besiegelt es uns, weil es vom Kreuz herab floss.

Die folgenden Ausführungen sind zum großen Teil Meditationen über entsprechende Schriftstellen. Die Erlösung durch das Blut Christi wird vor allem belegt durch Offb 5,9; 1 Petr 1,18f.; Sach 9,11. Das Blut Christi ist ein Unterpfand (pignus), *wodurch der Mensch von jeder Forderung frei wird:* «Wer mit dem Blut Christi vereint ist, der hat die Seele Christi mit sich».
Dass das Blut von Sünden rein wäscht, wird u.a. mit Offb 1,5; 7,14 und 22,14 erläutert. «Daher wollte der Herr, dass aus seiner Seite das Wasser der Entsühnung zusammen mit dem Blut der Erlösung fließe, damit man daran erkenne, dass das Blut die Kraft hat reinzuwaschen».
Die vierte Wirkung ist mit dem Blut des Paschalammes verknüpft: An den mit dem Blut bezeichneten Türen ging der Engel vorüber (Ex 12,13). Die fünfte Wirkung entspricht dem Tau-Zeichen (Ez 9,4): «Das Siegel des Kreuzes und des Blutes liegt auf jedem, der zur Familie Christi

gehört. In diesem Zeichen rühmte sich der Apostel Paulus (Phil 3,10f.). Eine Schande aber ist es, wenn unser Haupt das Zeichen des rosenfarbenen Blutes trägt und die Glieder keine Gemeinschaft haben wollen mit seinem Blut, sondern sich in hässlicher Gier der Welt angleichen und das Blut unseres Herrn Jesus Christus in den Dreck ziehen».

TRACTATUS 3
DIE GEGENWART DES GANZEN CHRISTUS SOWOHL UNTER DER GESTALT DES BROTES WIE DES WEINES

Kapitel 1
Einige theologische Meinungen

Darüber gab es in alten Zeiten drei Ansichten, die auch im *IV. Sentenzenbuch* und im *Decretum* beschrieben werden.

Die erste behauptet, dass Christus weder unter der Gestalt *(forma)* des Brotes noch der des Weines enthalten sei, es sei denn zeichenhaft.

Nach der zweiten Ansicht ist Christus wahrhaft *(secundum veritatem)* mit Leib und Seele unter den Gestalten des Brotes und des Weines enthalten, wobei aber die Gestalten ihrer Substanz nach erhalten bleiben, da sie der Existenz Christi kein Hindernis seien. Denn Christus könne mit seinem wahren Leib und wahrer Seele ohne weiteres mit einem anderen Körper am selben Platz sein, wie es der Fall war, als er bei geschlossenen Türen zu den Jüngern hereinkam, oder als er aus dem Grab erstand, ohne das Siegel zu zerstören. Nach dieser Ansicht hängen also Farbe und Geschmack, Größe und Beschaffenheit des Brotes und Weines an der Substanz von Brot und Wein, bezeichnen aber darüber hinaus die geistliche Nahrung, die Leib und Blut des Herrn gewähren. Die Verfechter sehen hier eine Ähnlichkeit zu anderen Sakramenten des Neuen Bundes: Bei der Taufe bleibt die Substanz des Taufwassers erhalten, und an dieser Substanz hängen die Eigenschaften – Kühle, Klarheit, Feuchtigkeit, welche die geistliche Abwaschung, das Getränktwerden *(tinctio)* und die Erfrischung bezeichnen. Ähnlich bleibe auch im Fall der Firmung im Chrisam die Substanz des Öles und des Balsams erhalten, so dass Fett und Duft an deren Substanz hängen, geistlich aber den Duft der Gnade des Heiligen Geistes und die Stärkung durch die Salbung Christi bedeuten.

Der dritten Ansicht zufolge ist Christus als geistliche Speise ganz und gar, wahrhaftig mit Leib, Seele, Geist, Gottheit und allen seinen Gliedern, unter den Gestalten *(sub formis)*[23] von Brot und Wein enthalten, ohne dass deren Substanz bleibt. Unter den Gestalten von Brot und Wein ist nichts anderes mehr enthalten als die Wirklichkeit *(veritas)* des Leibes und des Blutes Christi. Und die äußeren Eigenschaften *(formae)*, Geschmack und Farbe, sind dort ohne einen Träger *(sine subiecto)*. Sie sind nur dazu da, die vollkommene Nahrung zu bezeichnen, die Leib und Blut Christi schenken.

---

[23] «Forma» wird von Albert im Sinn von «Accidens» gebraucht.

Gegen die erste dieser Ansichten ist einzuwenden, dass Christus, als er das Brot seinen Jüngern darreichte, sprach: «Nehmt, das ist mein Leib», und ebenso, als er den Kelch reichte: «Das ist mein Blut». Dieser Ausspruch wäre nicht wahr, wenn das, worauf dabei gezeigt wurde, nicht der wahre Leib und das wahre Blut Christi war. Das würde heißen, dass im «Sakrament der Wahrheit», auf dem die ganze Kirche gegründet ist, nicht die Wahrheit enthalten wäre: Das ist verwerflich, abscheulich.

Außerdem steht gegen diese Ansicht das Wort des Apostels: «Ist der Kelch des Segens, den wir segnen, nicht Teilhabe am Blut Christi? Und das Brot, das wir brechen, nicht Teilhabe am Leib Christi?» (1 Kor 10,16). Das wäre ja nicht wahr, wenn wir nicht unter der Gestalt des Brotes den Leib Christi und unter der Gestalt des Weines das Blut Christi empfingen. Das hieße, der Apostel hätte nicht die Wahrheit gesprochen – ganz unpassend für das «Sakrament der Wahrheit»! [...] Außerdem: Wozu würden dann Priester ordiniert, Altäre und Kirchen und alles andere, was dem Sakrament des Altares dient, geweiht, wenn hier nichts anderes geschähe, als dass Brot gesegnet wird, das den Leib Christi nur bezeichnet? Und weiter: Die Anbetung und Verehrung, die das Gottesvolk dem Sakrament erweist, würde einem geschöpflichen Ding erwiesen; und das hieße: in jeder heiligen Messe wird Götzendienst getrieben, da die Verehrung, die Gott gebührt, einem puren Geschöpf erwiesen wird. So etwas zu behaupten, ist ein Frevel.

Darum sage ich fest und klar: Diese Ansicht ist überhaupt keine vertretbare Ansicht, sondern eine offenkundige Häresie, die verurteilt ist; und ein Buch, in dem sie vertreten wird, soll verbrannt werden. [...]

Im Folgenden widerlegt Albert vorgeschlagene sprachlogische Modifikationen. Er stellt klar, dass die verworfene Ansicht in theologische und kirchenrechtliche Bücher Eingang fand, aber eben als irrige Meinung. Er schießt scharf gegen Kirchenrechtler (decretistae): *Auf sie solle man nicht viel geben, wenn es um die Sakramente geht; «sie schreiben viel Falsches, weil sie keine Ahnung von der Heiligen Schrift haben und die Kirchenväter nicht kennen. Darum ist es schier unvermeidlich, dass sie Irrtümer begehen, wenn sie den katholischen Glauben lehren».*

Sehen wir uns nun die zweite Ansicht an. Ihre Verfechter führen zwei starke Gründe ins Feld, und geben drei Zeichen an, womit sie andere überzeugen wollen.

Ihr erstes Argument lautet: Es gibt im Fall des Sakramentes Akzidentien, nämlich Aussehen, räumliche Ausdehnung, Farbe, Geruch, Geschmack und die Qualitäten, die man durch Berührung feststellt – kalt, trocken, feucht –, und diese Akzidentien können nicht ohne einen Träger *(subiectum)* sein. Diese Eigenschaften sind aber nicht dem Leib Christi zugehörig; denn dieser ist von Aussehen und Größe ein menschlicher Leib, er ist nicht klein und rund, hat nicht die Farbe des weißen Brotes oder des Weines, noch deren Duft und Geschmack. Daher müssen diese Akzidentien zu einer anderen Substanz gehören; und da gibt es keine andere als die Substanz des Brotes und des Weines. Also bleibt deren Substanz bestehen, zusammen mit der Substanz Christi, die in Wahrheit nach seiner göttlichen und menschlichen Natur gegenwärtig ist.

Das zweite Argument besagt, dass Christus, der doch alles Seiende erschafft und erhält, nicht eben diese geschaffene Substanz zerstört. Sie meinen, es liege keinerlei Nutzen in der Vernichtung der Substanz von Brot und Wein, weil ja Christus zusammen mit der geschaffenen Substanz wahrhaft gegenwärtig sein könne.

Sodann geben sie noch drei «Anzeichen» (Plausibilitätsgründe) an: Zum einen vermag der sakramentale Leib Christi, wenn das Sakrament in größerer Menge gegessen wird, den leiblichen Hunger zu stillen. Das, so meinen sie, wäre nicht der Fall ohne die Substanz des Brotes. Zum zweiten komme es vor, dass eine Maus oder ein anderes kleines Tier von dem konsekrierten Brot fresse und dadurch sein Leben erhalte. Es steht aber fest, dass ein Tier von Leib und Blut Christi keine Erquickung empfangen kann – also muss diese Ernährung von der Substanz des Brotes kommen. Und schließlich stützen sie ihre Ansicht vor allem darauf, dass das Brot im Ziborium verschimmeln kann, so dass es in Teile zerfällt und den Geruch der Zersetzung ausströmt. Sich zersetzen kann aber nur eine gemischte Substanz – Brot oder Wein. Der Leib und das Blut Christi unterliegen keiner Zersetzung, und auch ein Akzidens für sich genommen kann sich nicht zersetzen; denn es ist eine einfache Form.

Gegen diese Ansicht ist mit den Worten des Herrn zu antworten. Man soll diese Leute fragen: Worauf verweist das Demonstrativpronomen, wenn wir sagen: «Das ist mein Leib»? Wenn man sagt: auf die Substanz des Brotes, zu der die sinnenhaften Eigenschaften gehören, welche hier gezeigt werden – dann ist diese Aussage einfach falsch. Denn es steht fest, dass die Substanz des Brotes nicht der Leib Christi ist. Die Substanz des Brotes ist seelenlos, leblos, nicht verherrlicht – im Gegensatz zum

Leib Christi. Wenn man aber sagt, es sei die Substanz des Leibes Christi gemeint, dann ist das ebenfalls unhaltbar: Denn das, worauf man zeigt, ist etwas sinnenhaft Wahrnehmbares; die Substanz kann man nicht sehen, jedoch die Akzidentien. [...]

Ich will also diese Ansicht zwar nicht definitiv verwerfen, aber ich muss sagen, dass sie mir noch nie gefallen hat – auch wenn sie nicht als häretisch gilt, so ist sie doch sehr unvorsichtig und beinahe eine Irrlehre. Zumindest beschwört sie die Gefahr herauf, dass in den Worten Christi etwas Falsches enthalten sein könnte. Und ich sehe nicht, wie man diese Konsequenz vermeiden könnte.

Mir scheint daher, dass man sagen muss: Die Substanzen von Brot und Wein bleiben nicht. Wenn argumentiert wird, dass man – in entsprechendem Maß genossen – von der Speise auf dem Altar das leibliche Leben ernähren kann, so antworte ich: «Sich ernähren» kann man auf zweierlei Weise verstehen. Eines ist die Stillung von Hunger und Durst, das andere die Wiederherstellung von verlorener Substanz. Für das erste genügen die Akzidentien, für das zweite nicht.

Albert vertritt im Folgenden die Ansicht, dass der Verlust an Substanz, der durch Aufnahme leiblicher Nahrung ausgeglichen werden muss, eine Folge des Sündenfalles ist, ebenso wie der Tod. Wäre der Mensch noch im ursprünglichen Zustand des Paradieses, so müsste er nicht fremde Substanz in seine eigene überführen, es hätten die Akzidentien genügt. Im Fall des Sakramentes könne Christus eben dies bewirken – so dass die Akzidentien Nahrungswert haben:

«Es ist nichts Großes, wenn Christus hier im Sakrament das vollbringt, was er mit jeder Speise bewirkt hätte, wäre nicht die Sünde dazwischengekommen».

Wir folgen also der dritten Ansicht als dem Glauben und der Wahrheit entsprechend. Sie lässt sich durch drei Argumente stützen. Das erste gründet sich auf die Wahrheit der Worte der WAHRHEIT: «Das ist mein Leib». Ambrosius, Hieronymus, Augustinus und Johannes Damascenus sagen, dass das Wort Christi nicht unvollkommen ist, wie unsere Worte. Unser Wort ist der Bote, der Kunde gibt von dem, was wir in unserem Erkennen betrachten; unser Wort bewirkt nichts in den Dingen, es wird eher umgekehrt von den Dingen her in Empfang genommen und gebildet *(conceptus)*. Das Wort des Sohnes Gottes aber ist Bote dessen, was sein Erkennen wirkt;[24] in seinem Licht erschafft und ordnet er alles. Darum bringt dieses Wort des wirkmächtigen Erkennens das Licht mit sich, in dem alles gewandelt, erschaffen, geordnet wird – wie es im Psalm 32,9 heißt: «Er hat gesprochen, und sie sind entstanden; er befahl, und sie wurden erschaffen». «Durch das Wort des Herrn sind die Himmel befestigt» (Ps 32,6), «Gott sprach: Es werde Licht» (Gen 1,3). Das heißt: Das Wort, das von Ewigkeit her gezeugt ist, sandte das Licht aus, in dem alle Dinge ins Sein gesetzt wurden.[25] So sprach der menschgewordene Sohn, wenn er Wunder vollbrachte, mit seiner Stimme das Wort *(verbum vocis)*, das die dem Verderben verfallenen Geschöpfe wieder zum Leben

---

[24] Albert stellt hier das rezeptive («intelligentia contemplativa») und das schöpferische Erkennen («intelligentia activa») gegenüber.
[25] «Verbum ab aeterno genitum, quod lucem omnia constituentem omnibus creaturis ut in esse constituerentur, invexit».

zurückbrachte. Solcher Art war das Wort, das Christus beim Abendmahl sprach: «Das ist mein Leib». Darum hat dieses Wort notwendigerweise die Substanz des Brotes in den Leib Christi verwandelt *(transsubstantiaverit)*. Diese Begründung besitzt größte Festigkeit und entspricht dem katholischen Glauben. Sie steht in keinem Widerspruch zur Philosophie, sofern jemand etwas versteht von der Bedeutung der Causa prima und ihrer Wirkmacht.

Das zweite Argument lautet: Wenn die Substanz von Brot und Wein bestehen bliebe, würden die Akzidentien lediglich auf eine leibliche Nahrungsquelle verweisen; denn Akzidentien verweisen zunächst einmal auf die Substanz, der sie zugehören. Dann hätte Christus sich aber nicht gut ausgedrückt, wenn er doch sagt: «Mein Fleisch ist wahrhaft eine Speise» (Joh 6,56). Er hätte dann eher sagen sollen: Diese Substanz des Brotes, die unter den Akzidentien gegenwärtig ist, ist wahrlich eine Speise, und sie verweist auf die geistliche Speise meines Leibes.

Das dritte Argument bezieht sich wiederum auf die Worte des Herrn.[26] Folgte man der zweiten Ansicht, so würde nicht eigentlich der Leib des Herrn im Sakrament genossen, sondern das Essen des Brotes würde das Essen

---

[26] Falls die Substanz Christi und die von Brot bzw. Wein zusammen *(simul)* bestünden, so käme nicht klar genug zum Ausdruck, *was* sumiert wird. Man könnte das Brot essen, ohne den Leib Christi zu empfangen, was unmöglich ist, wenn es nur eine Substanz gibt. Mit anderen Worten: Jemand, der nicht im Stand der Gnade ist, würde auch sakramental nicht kommunizieren. Die klassische Auffassung, etwa auch bei Thomas, ist aber: Wer ohne Liebe, nicht im Stand der Gnade, das Sakrament empfängt, kommuniziert «sacramentaliter», er nimmt den ersten Gehalt des Sakramentes, Christi Leib und Blut auf (res et sacramentum), jedoch ohne dessen Gnaden-Wirkung (res); er würde nicht «spiritualiter» kommunizieren.

des Leibes *bezeichnen*. Das bezöge sich dann auf ein geistliches Essen, das sakramentale Essen fiele dahin. Denn mag auch Christus im Sakrament gegenwärtig sein, so folgt daraus nicht notwendig, dass er auch im Sakrament genossen wird; denn es kommt öfter vor, wenn zwei Dinge «zusammen» *(simul)* sind, dass das eine aufgenommen wird, das andere aber nicht; denn die beiden Dinge sind nicht in solchem Maß miteinander verbunden, dass sie dasselbe wären.

In jedem Sakrament sind nämlich drei Aspekte zu unterscheiden: das Zeichen allein *(signum tantum)*, der Gehalt allein *(res tantum)*, und etwas, was Zeichen und Gehalt zugleich *(res et sacramentum)* ist. Hätten die erste oder zweite Ansicht Recht, so fänden wir in diesem Sakrament entweder nur zwei oder vier Dimensionen. Entsprechend der ersten Ansicht gäbe es dann beim Altarssakrament nur das bloße Zeichen, Brot- und Wein-Gestalt, und den Gehalt, der in der dadurch bezeichneten Gnade *(gratia significata)* besteht; der Leib Christi wäre nicht da, und deswegen auch nicht das, was «Zeichen und Gehalt zugleich» ist.

Gemäß der zweiten Ansicht wäre der Leib Christi zusammen mit der Substanz des Brotes da, die Eigenschaften wären das Zeichen, das damit Bezeichnete die Gnade, und sowohl das Brot wie der Leib Christi wären «Zeichen und Sache» – was ganz unpassend wäre *(inconveniens est)*. Wenn nun jemand sagt, das Zeichen bestünde in der Gestalt und der Substanz des Brotes – so wie in der Taufe das Wasser mit all seinen Eigenschaften das Zeichen ist –, dann wäre der Leib Christi nicht anwesend; denn die Worte würden nichts bewirken, würden das Brot nicht in den Leib substantiell verwandeln. Das ist ganz offensichtlich Irrlehre. Und wenn jemand sagen wollte, dass die Worte der Konsekration bewirken, dass der Leib Christi zusammen mit der Brotssubstanz gegenwärtig sei, dann ist das null und nichtig; denn ein Sakrament des Neuen Bundes bewirkt das, was es bezeichnet.[27] Als daher Christus sprach: «Nehmt, das ist mein Leib», sollte das nicht heißen, die Konsekration bewirke, dass sein Leib mit einem anderen Körper am gleichen Ort sei, sondern vielmehr bewirkt sie, dass unter der Gestalt des Brotes wahrhaft und der Substanz nach *(veraciter, substantialiter)* der Leib Christi da ist.

Es folgt ein längerer Abschnitt, in dem Albert die Schwierigkeiten zu entkräften sucht, die diese Lehrmeinung aufwirft. Er argumentiert u.a., dass das Aufhören der natürlichen Substanzen keine Zerstörung ist, sondern eine Verwandlung – transsubstantiatio, somit eine Erhöhung der geschaffenen Wirklichkeit. Er geht vor allem auf die Besonderheit der sakramentalen Gegenwart ein, die sich auf einen bestimmten Raum (in loco) *bezieht, insofern Christus als Gott und Mensch die Speise seiner Gläubigen sein will.*

Christus nahm unseretwegen die Gestalt *(forma)* des Brotes und Weines an, er ist ganz, mit göttlicher und menschlicher Natur in den sakramentalen Gestalten, so dass diese ihn bezeichnen und enthalten. Die Eigenschaften, die man dem menschlichen Leib Christi zuschreibt,

---

[27] Das heißt, die sakramentale Form, die Konsekrationsworte, sind ernst zu nehmen; sie sagen das aus, was durch sie bewirkt wird.

kommen nicht seiner Gottheit zu. Und das, was man Christus zuschreibt, insofern er Speise ist, kommt nicht der Natur seines menschlichen Leibes zu – z.B. geteilt zu werden, zerbrochen, gekaut zu werden –, und auch nicht seiner Gottheit. Doch kommt die sakramentale Gegenwart mit den Eigenschaften der göttlichen Natur darin überein, dass diese überall ganz ist *(totus in toto loco);* dem entspricht, dass der ganze Christus in jedem Teil der Hostie ist. Die sakramentale Gegenwart unterscheidet sich von der räumlichen Gegenwart des menschlichen Leibes Christi insofern, dass dieser eine Gestalt mit Anfang, Mitte und Ende ist, anders als in den sakramentalen Gestalten. Die sakramentale Gegenwart unterscheidet sich aber auch von der Art, wie sich die Gottheit auf den Raum bezieht: Denn Christus ist in den sakramentalen Gestalten enthalten, und nicht überall sonst noch. In seiner Gottheit aber ist er nie irgendwo so anwesend, dass er nicht auch noch außerhalb wäre, nämlich in Allem.

Kapitel 2
Die dargelegte Glaubenswahrheit wird
mit eigenen Gedanken erhellt

Wir möchten also diese Wahrheit, dass Christus in den sakramentalen Gestalten enthalten ist, gleich einer Melodie noch variieren[28]: Er wohnt im Sakrament wie in einer herrlichen Wohnung, in einem Saal, wo erlesene Speise bereitet ist, im Vorhof, wo «in mysterio» das geistliche Opfer dargebracht wird, an der Stelle innigster Verbindung von Göttlichem und Menschlichem. Bedenke gut,

---

[28] Wörtlich: «in dieser Wahrheit spielen» *(ludere).*

dass er nirgendwo sonst so gewiss und ganz untrüglich gefunden werden kann wie hier.

Einst wurde zu Mose gesagt: «Zieh die Schuhe von deinen Füßen; denn der Ort, wo du stehst, ist heiliger Boden» (Ex 3,5). Die Füße der Seele sind Erkenntniskraft und Strebekraft. Mit der einen schreitet man zur Erkenntnis der Wahrheit, mit der anderen zur Tugend. Solange diese Füße mit der Lederhaut von Tieren umwickelt sind, nämlich dem Wohlgefallen an animalischen Vergnügungen, kann der Mensch sich diesem heiligen Ort nicht nahen. Wenn wir diese Haut aber abgelegt haben, und mittels des Glaubens die Erkenntniskraft, mittels der innigen Hingabe an Gott *(devotio)* der Wille rein und einfach geworden sind, dann werden wir zu dieser Wohnstatt zugelassen.

Er ist bei uns, verborgen durch die «Wand» der sakramentalen Gestalten: Er sieht unsere Liebe und Hingabe, «er späht durch die Fenster», bleibt selbst aber verborgen, wie es im Hohenlied heißt: «Siehe, er steht hinter unserer Wand, späht durch die Fenster, hält Ausschau durch das Gitter» (Hld 2,9). Durch die Gitter oder Fenster kann jemand sehen, ohne gesehen zu werden. So sieht im Sakrament der Herr uns, nicht aber wir ihn. Es sind jedoch Fenster [d.h. Öffnungen], durch die zu uns die Wahrheit kommt, Gitter, durch die uns die Güte Christi und seine Tugenden entgegenleuchten.

Das ist das Zelt, das Gott gebildet hat, nicht ein Mensch (Jes 33,20). Hier wohnt Christus, Gott und Mensch. Wer außer Gott selbst hätte denn dieses Zelt bilden können, wo die Akzidentien ohne ihren eigenen Träger bestehen? Niemand, ganz sicher. Welcher Mensch könnte in dieses Zelt eintreten, ohne seine eigene Ausdehnung zu verkrümmen und zu verkürzen? Kein Mensch, außer der Gott-Mensch Jesus Christus.

Die folgenden Gedanken nehmen Bezug auf den Abendmahlssaal, bzw. den Festsaal und seinen Schmuck, und das Bundeszelt, bzw. den Ort, wo das Opfer dargebracht wird. Der letzte Abschnitt widmet sich der Bedeutung des Gesichtssinnes:

Er ist die Speise, die unseren leiblichen Augen nicht sichtbar ist, und verbindet sich doch mit unseren Sinnen, damit wir ihn sehen, damit wir unsere Augenweide in ihm finden – unter den sakramentalen Gestalten. Sie sind freilich geringer als er selbst, sie sind «unter ihm», wie bei Jes 6,1 angedeutet wird: «Ich sah den Herrn, er saß auf einem hohen erhabenen Thron, und das, was unter ihm war, erfüllte den Tempel». Doch diese sakramentalen Spezies,[29] die für unsere Augen sichtbar sind, die «unter ihm sind» und seinetwegen da sind, verbinden ihn mit dem Sinnesvermögen unseres Leibes. Und so «erfüllen sie den Tempel» der Kirche auf Erden.

Die sakramentalen Spezies sind auch «sein Rücken», von dem es in Ex 33,23 heißt: «Du wirst das sehen, was hinter mir ist *(posteriora mea)*; mein Angesicht kannst du nicht sehen». Darum beten wir mit den Worten des hl. Gregor: Was wir jetzt unter sichtbaren Zeichen begehen, mögen wir einst in der ganzen Wirklichkeit erfassen, wenn wir in die Herrlichkeit eingehen. Die Schau der

---

[29] *species* ist von *spicere* – «schauen» abgeleitet; es bedeutet ursprünglich: das Aussehen, die sichtbare Gestalt, dann auch die «Schönheit» (auch: *speciositas*).

körperlich erfassbaren Gestalten bleibt an Würde hinter der offenen Schau der Wahrheit zurück, die sichtbaren Spezies sind «nachgeordnet» oder eben nur der «Rücken»; aber der Zeit nach sind sie früher, wie auch der Apostel schreibt (1 Kor 15,46): «Nicht das Geistliche kommt zuerst, sondern das Sinnenhafte».

Die sakramentalen Gestalten sind auch der Schleier, den unser Mose, der wahre Mose, über sein leuchtendes Gesicht zieht (Ex 34,33), um sich uns anzupassen und sich mit uns zu verbinden.

TRACTATUS 4
Wie man diese Speise empfangen soll

Kapitel 1
Im wahren Glauben

Man muss diese Speise essen im Glauben an die Wahrheit, in der Hoffnung auf die freigebige Güte Gottes, in der Liebe zur kirchlichen Einheit, in Reueschmerz, in Freude auf das selige Verkosten im Himmel. Im Glauben: indem man alles, was von diesem Sakrament gelehrt wird, glaubend annimmt. In der Hoffnung: indem man zuversichtlich erhofft, dass Gottes Freigebigkeit in diesem Sakrament immer noch größere Gaben schenken will. In wahrer Liebe: so dass man die Einheit der Kirche bewahrt. In Reueschmerz: im Wissen, wer wir sind, die wir das Sakrament empfangen.[30] In der Freude auf die immer-

---

[30] Hier scheint der lat. Satz unvollständig zu sein; ich habe eine freie Übersetzung gewählt.

währende Seligkeit: denn was das Sakrament vorausbezeichnet, soll unserem Geist in der Betrachtung stets vor Augen stehen.

Was den Glauben an die Wahrheit des Sakraments betrifft, so schreibt Augustinus: «Wozu bereitest du Zähne und Magen vor? Glaube, dann hast du gegessen».[31] Wie sich aus den vorangegangenen Ausführungen klar ergibt, wird diese Speise nicht mit den Zähnen zermalmt und nicht vom Magen verdaut, obwohl die sakramentalen Gestalten *(formae sacramentales)* sehr wohl von den Zähnen zerkaut werden und in den Magen gelangen.[32] «Glaube» an die Wahrheit des Sakraments und wende dich ihm mit Liebe zu, «so hast du gegessen»; denn auf diese Weise hat Christus dich in seinen Leib aufgenommen.

Kapitel 2
In der sicheren Hoffnung
auf Gottes Freigebigkeit

«Aller Augen warten auf dich, Herr», weil «du ihnen Speise gibst zur rechten Zeit» (Ps 144,15).

Diese Hoffnung zieht uns an die Gestade der Ewigkeit, sie macht unseren Geist im Himmel fest, wie der Anker ein Schiff hält: «Wir sollten einen sicheren Trost haben, wir, die wir unsere Zuflucht zu der uns vor Augen gestell-

---

[31] Augustinus, *In Ioannis euangelium* tr. XXV,12.
[32] Albert spielt auf den sog. 2. Abendmahlsstreit an; in der Auseinandersetzung mit Berengars stark symbolistischer Auffassung wurde im Gegenzug ein Bekenntnis formuliert, das betont, der Leib des Herrn werde von den Zähnen zerrieben. Albert zitiert diese Bekenntnisformel später noch einmal: d. 6 tr. 4 c. 3.

ten Hoffnung genommen haben. An ihr haben wir gleichsam einen Anker für unsere Seele, der sicher ist und fest, und der hineinreicht bis in das Innere hinter dem Vorhang, wohin Jesus uns vorausgegangen ist, der nach der Ordnung des Melchisedek Hoherpriester geworden ist auf ewig» (Hebr 6,18ff.). In das Innere hinter dem Vorhang einzutreten, das bedeutet: durch die Hoffnung im Inneren der sakramentalen Gestalten den Herrn Jesus Christus zu erwarten und aufzunehmen; denn er tritt in diesem Mahl als Hoherpriester ein und zeigt sich uns als geweiht *(consecratum)* unter den Gestalten von Brot und Wein.

Kapitel 3
In der Liebe zur Einheit der Kirche [33]

Dieses Sakrament wurde von den Vätern «Sakrament der Liebe und der Einheit» genannt. Es wurde uns ja in übergroßer Liebe geschenkt: «Meine Freude ist es, unter den Menschenkindern zu sein» (Spr 8,31). Christus wollte, wie Augustinus sagt, dass der Mensch an diesem Mahl teilnehme und dadurch zu Gott hin aufsteige *(in Deum ascenderet),* dass der Mensch ihm, Christus, eingegliedert und seiner Menschheit und Gottheit teilhaft werde – so wie das Wort des Vaters in der Menschwerdung herabstieg und all des Unsrigen teilhaft werden wollte, der wahren Menschennatur. Das ist höchste Liebe.

Indem er unsere Schwachheit annahm, fand unsere Schwachheit Heilung, und so können wir «Götter», «Söhne Gottes» werden. Der hoch erhaben ist, stieg herab zum

---

[33] Das Thema der *caritas* bzw. *unitas Ecclesiastica* wird später noch einmal aufgenommen, wenn das Sakrament unter dem Namen *communio* betrachtet wird.

Niedrigen – was Wunder, wenn nun das Niedrige aufsteigt zur Höhe und aufgenommen wird? Wegen dieser Liebe, die Gott mit dem Menschen und den Menschen mit Gott vereint, wird dieses Sakrament «Sakrament der Einheit und der Liebe genannt», und darum ist es auch in der Liebe zur Einheit der Kirche zu empfangen. [...] Außerhalb der Kirche wird das Brot der Kommunion nicht zum Heil empfangen.

Die geeinte Kirche ist der geheimnisvolle Leib Christi *(corpus Christi mysticum),* und der wahre Leib Christi *(corpus Christi verum),* der unter der Brotsgestalt enthalten ist, bezeichnet diese Wirklichkeit der Kirche, wie Augustinus sagt. Der Leib Christi wurde aus vielen Tropfen reinen Blutes im Schoß der Jungfrau Maria durch den Heiligen Geist zusammengefügt, und das Brot, unter dessen Gestalt er nun gegenwärtig ist, wurde aus vielen reinen Körnern zu einem Brot geformt. So besteht auch die Kirche aus vielen reinen Gläubigen, die in Glauben, Hoffnung und Liebe geeint sind (vgl. 1 Kor 10,17). Ähnliches ist zu sagen vom Blut Christi, das unter der Gestalt des Weines im Sakrament verborgen enthalten ist: dieser wurde aus vielen Trauben gepresst. Die Gestalt des Weines bezeichnet die Gläubigen der Kirche, die vereint sind in geistlicher Freude, erlöst durch das Blut Christi.

«Wer unwürdig isst und trinkt, isst und trinkt sich das Gericht» (1 Kor 11,29). Und die Glosse sagt dazu: «Unwürdig» bedeute «ohne Ehrfurcht», kaltherzig *(indevote).* Ehrfurchtslos ist jemand, der das Sakrament nicht so feiert, wie es seiner Einsetzung entspricht; das heißt, wer es gegen *(contra)* oder außerhalb *(praeter)* der kirchlichen Einheit empfängt bzw. feiert.

Kapitel 4
In bitterem Reueschmerz

In bitterem Schmerz soll der Mensch an das Leiden Christi denken, zu dessen Gedächtnis ja dieses Sakrament gefeiert wird; denn der Mensch ist wegen seiner Sünde die Ursache für die Passion. Man kann sprechen, wie es in den Klageliedern steht: «Sieh her, o Herr, wie bedrängt ich bin, mein Inneres ist aufgewühlt, mein Herz drehte sich mir im Leibe um, denn ich bin voll Bitternis» (Klgl 1,20). Ich bin bedrängt, da ich die Ursache deiner Bedrängnis war; mein Inneres ist aufgewühlt, da ich dem Verbotenen anhing – was dir so viel Pein brachte. Mein Herz, das sich Unerlaubtem hingab, hat sich umgedreht: es hat sich davon abgewandt und ganz dir zugewandt. Die Schändlichkeit der Sünde, deretwegen du, mein Herr, den furchtbaren, schmachvollen Tod am Kreuz erlittest, die Hässlichkeit der Sünde bringt mir Schande und Schmerz. Mag ich auch nach außen schön und heiter wirken, so bin ich doch innerlich hässlich und voll Bitternis vor dir.

Wer mit solcher Trauer dieses Brot isst, dem wird seine Trauer in ewige Freude und Fröhlichkeit verwandelt; denn der Herr spricht: «Deine Stimme soll nicht weiter klagen, deine Augen aufhören mit dem Weinen: es gibt einen Lohn für dein Werk» (Jer 31,16).

Kapitel 5
In Vorfreude auf die ewige Seligkeit

Wie schon erwähnt, sagt Dionysius, dass der Empfang der Eucharistie in der irdischen Zeit die künftige selige Freude am Herrn bezeichnet.

Denn dort werden wir mit dem Vater zu Tisch sitzen, der uns durch das Wohlgefallen ehrt, das er an uns hat. Der Sohn, gegürtet mit aller Zier und Glanz, wird uns bedienen und sich selbst uns darreichen. Und der Heilige Geist wird all seine Süße in diese Speise ergießen. Die Engel werden sich erquicken; und David mit der ganzen Schar der Heiligen wird musizieren mit Liedern und Tanz.

Dort verkosten wir, wie wahr es ist: «Selig, wer das Brot im Reich Gottes isst» (Lk 14,15); denkt man daran, so mischt sich seine Süße schon jetzt in den Geschmack des Sakramentes. Darum sprechen die Engel voll Staunen über die selige Seele (Hld 8,5): «Wer ist sie, die heraufsteigt aus der Wüste, überfließend von Freude, gestützt auf ihren Geliebten?» In der Betrachtung *(consideratione)* dieses Sakramentes steigt die Seele aus der Wüste dieser Welt hinauf zu einem Vorgeschmack der ewigen Seligkeit. Hier kostet sie im sakramentalen Zeichen, dort in voller Wirklichkeit *(in rei veritate)* die Süße Gottes. Sie genießt wundersame Wonne, so dass sie vor inniger Zartheit die Kräfte verlassen; sie wird eingeladen, sich wie der Apostel Johannes an die Brust des Geliebten zu lehnen, und von dort die Wonne der Wahrheit des Sakraments und die Wonne im Sakrament selbst einzusaugen.

DISTINCTIO 4

DAS ALTARSSAKRAMENT ALS KOMMUNION

Alle Gläubigen nennen dieses Sakrament «Kommunion» *(sacramentum communionis);* auch die griechischen Kirchenväter bezeichnen es als «heilige Synaxis», was auf Latein so viel bedeutet wie: «heilige Gemeinschaft».

Der Grund für diese Bezeichnung ist, dass das Sakrament siebenfältig Gemeinschaft bewirkt: Es lässt uns teilhaben *(communicare facit)* an der Quelle aller Gnaden, an der Herrlichkeit der Engel, an den Heiligen, an den Leiden des Mystischen Leibes; es bewirkt, dass wir anderen Gutes tun und mit unseren Möglichkeiten zu Hilfe kommen, dass wir all das Unsere gemeinsam haben, und es bewirkt wahre und wirkliche Gemeinschaft zwischen Gott und Mensch.[34]

Kapitel 3
Gemeinschaft mit den Heiligen

Das Sakrament heißt «Communio», weil es uns an allen Heiligen teilhaben lässt: Wenn einem Einzelnen etwas fehlt, wird es aus dem Überfluss aller ersetzt. So besitzen wir die Tugendkraft der Patriarchen, die Erleuchtungen und Offenbarungen der Propheten, die Gerechtigkeit

---

[34] Vgl. oben MM tr. 3 c. 6-8, 128-138.

der Gesetzgeber, die beweiskräftige Rede und die Loblieder der Herolde Christi, die Würde der Apostel, die Siege der Märtyrer, die Heiligkeit der Bekenner, die innige Gottesverehrung der Mönche, die Reinheit der Eremiten, die heilbringenden Lehren der Lehrer, die Lauterkeit der Jungfrauen, die Trauer der Witwen, die Werke der Barmherzigkeit derer, die Verantwortung für die Völker tragen,[35] die Zerknirschung der Büßenden, den Glanz der Unschuldigen – und alle Verdienste der Heiligen. «Wir danken Gott dem Vater, der uns würdig gemacht hat, Anteil zu haben am Los der Heiligen, die im Licht sind; er hat uns der Macht der Finsternis entrissen und in das Reich seines geliebten Sohnes versetzt» (Kol 1,12f.). Durch die Gemeinschaft mit Christus haben wir Gemeinschaft in allen Gnaden mit allen Heiligen; wir sind durch die Teilnahme an seinem Leib und Blut in das Reich der Heiligen versetzt. Denn die Einheit der Glieder Christi [d.h. seines natürlichen Leibes] in ihrer Beziehung zum Herzen und zum Haupt, sowie die Teilhabe aller seiner natürlichen Glieder an seinem Geist bezeichnet und bewirkt auch die Gemeinschaft des Mystischen Leibes und die Mitteilung des Heiligen Geistes an ihn.

Kapitel 4
Gemeinschaft in den Leiden
des Mystischen Leibes

«Wenn ein Glied leidet, leiden die anderen alle mit; wenn ein Glied geehrt wird, freuen sich alle anderen mit ihm»

---

[35] Der lat. Text dieses Satzgliedes scheint verstümmelt; es fehlt der übliche Genitiv. Die Übersetzung ist ein Vorschlag.

(1 Kor 12,26). Das Leiden des einen Gliedes strömt auf die anderen über, aufgrund von Mitleid und Erbarmen; und umgekehrt fließen den leidenden Gliedern das Mitgefühl des Herzens, tröstende Worte, materielle Hilfe und Unterstützung verschiedener Art zu. Durch Mitleiden werden wir dem Haupt des Mystischen Leibes ähnlich; denn aus Mitleid mit uns hat er so viele Leiden auf sich genommen, um uns zu Hilfe zu kommen. Über dieses Leiden, das uns unserem Haupt gleichgestaltet, schreibt der Apostel: «Wenn wir mit ihm leiden, so dass wir auch mit ihm verherrlicht werden» (Röm 8,17). Darum sagt auch Johannes (1 Joh 3,16): «Wie Christus sein Leben eingesetzt hat für uns, so müssen es auch wir für die Brüder und Schwestern tun». So lange Christus in seinen Gliedern leidet, müssen wir mit ihm mitleiden, wenn wir denn Glieder seines heiligen Leibes sein wollen.

Kapitel 7
Wahre und wirkliche Gemeinschaft
zwischen Gott und Mensch

In diesem Sakrament ist Gott mit allen seinen Gütern im Menschen, und der Mensch in Gott; und der Gott-Mensch ist so in uns allen, dass es wahr ist, was der Apostel sagt: «Dass Gott alles in allen sei» (1 Kor 15,28). In diesem Sakrament der Gemeinschaft neigt sich Gott zu uns und zieht uns zu sich empor. Darum haben die Väter des Alten Bundes inständig und oft gebetet: «Herr, neig deinen Himmel und steige herab!» (Ps 143,5), «Brich doch die Himmel auf, und steig herab» (Jes 64,1).

DISTINCTIO 5

DAS ALTARSSAKRAMENT ALS OPFER

Kapitel 1
Der ehrwürdige Ursprung dieses Opfers

Wir behandeln das hohe Alter und die Autorität dieses Opfers miteinander; denn diese hängt vom Alter ab. Wie Ambrosius[36] sagt, sind unsere Opfer älter als die des Alten Bundes: Melchisedek war schon vor dem Gesetz des Mose, als Priester des höchsten Gottes brachte er Brot und Wein dar, womit unser Opfer vorausbezeichnet ist. Und das geschah, bevor irgendeines der Opfer des Gesetzes angeordnet worden war.

Über die Autorität dieses Opfers aber sagt der Psalm (109,4), der über den Herrn aller Herren spricht, der über jedem Priester steht: «Der Herr hat geschworen, und nie wird's ihn reuen: Du bist Priester auf ewig nach der Ordnung des Melchisedek». Das ist von Gott gesprochen, nachdem bereits der Levitische Priesterstand eingesetzt war, von dem es nirgends heißt, er werde bis in Ewigkeit bestehen. Somit liegt auf der Hand, dass dieses Opfer wegen seines Alters und seiner Autorität, wegen des Schwures Gottes und seines ewigen Bestandes alle anderen Opfer an Würde übertrifft. Es ist das einzige, das voll-

---

[36] *De mysteriis,* VIII, 45f.

ständig und vollendet ist *(perfectum et consummatum)*. So steht es auch in Hebr 7,11 und 12.

Gerade weil es vollendet ist, hat es für immer Bestand; alle anderen Opfer des Alten Bundes, samt dem Gesetz und seinem Priestertum, haben ihre Geltung verloren, wie wiederum der Hebräerbrief sagt (7,24f.): «Er hat ein ewiges Priestertum; so kann er auch für immer diejenigen retten, die durch ihn zu Gott hintreten; denn er lebt immerdar, um für uns einzutreten».

Im Kapitel 2 resümiert Albert die alttestamentlichen Opfer: Brot, verschiedene Tiere, Opfer von Salz, Fett, Weihrauch und Öl. Alle Opfer haben gemeinsam, dass sie Gott dargebracht werden. Sie waren zahlreich und verschieden, weil das eine vollkommene Opfer nicht durch ein einziges Bild dargestellt werden kann.

Kapitel 3
Das Gott willkommene Opfer *(acceptabilis)*

Bei jedem Opfer ist zu bedenken, wem es dargebracht wird, von wem, d.h. von welchem Priester, was als Gabe dargebracht wird und für wen. Die Weisheit Gottes hat es so eingerichtet, dass dieses Opfer niemals Zurückweisung erfährt. Es wird ja dem Vater dargebracht, durch den Sohn, der unser Hoherpriester ist. Und Christus selbst, in der menschlichen Natur, mit Leib und Blut, ist die Opfergabe, die für alle dargebracht wird. Die Weisheit Gottes vereinigte also die Opfergabe mit dem, der sie darbringt: sie sind eins, eine Person. Die Weisheit Gottes vereinte aber auch den Priester mit dem, dem die Gabe dargebracht wird: Denn Vater und Sohn sind in der göttlichen

Wesenheit eins. Und schließlich vereinte sie auch die Gabe mit denen, für die sie dargebracht wird: Denn von ein und derselben Natur sind Christus als Mensch und die Menschen. Sowenig daher der Vater sich selbst zurückweisen könnte, so wenig kann der Priester zurückgewiesen werden, der mit dem Vater eins ist. Und ebenso wenig kann missfallen, was dargebracht wird, denn dies ist mit dem Priester eins. Und somit können auch die, für die das Opfer dargebracht wird, nur angenommen werden, da sie eine gemeinsame Natur haben mit dem Priester und der Gabe. Und das, was an ihnen nicht annehmbar ist, reinigt Christus durch sein Blut. Die sakramentale Eingliederung vereint sie mit der Opfergabe und mit dem Priester, und darum bedürfen wir keines weiteren Opfers mehr. Einmal dargebracht genügt es für alle.

Allein der Sohn ist Priester dieses Opfers, allein er ist würdig, diese Gabe darzubringen (vgl. Hebr 7,26; 8,1f.). Die dann folgenden Priester und Bischöfe sind seine Vertreter *(vicarii);* wenn sie die Worte [der Konsekration] sprechen, bewirkt das Ungeschaffene Wort die Darbringung. Für uns aber bleibt, dass wir uns selbst in diesem Opfer darbringen lassen, gereinigt von Schuld; und so werden wir vom Vater angenommen sein.

Kapitel 4
Das wahre Opfer

Allein dieses Opfer ist in der vollen Bedeutung «wahr» – nicht als ob die früheren Opfer falsche Opfer gewesen wären, sondern insofern diese ein schattenhaftes Abbild waren; sie bewirkten nicht, wofür sie Zeichen waren. Sie waren für eine bestimmte Zeit von Gott eingesetzt, bis das wahre Opfer der Maßstab wurde; daher erwarben diejenigen, die diese Opfer darbrachten, aufgrund ihres Glaubens, ihrer Hingabe und ihres Gehorsams viele Verdienste bei Gott. Doch diese Verdienste wurden nicht von den dargebrachten Gaben erwirkt.

Dieses Opfer aber ist kein Schatten, sondern hat die volle Bedeutung des Opfers (vgl. Hebr 10,1). Was es bezeichnet, bewirkt es in vollem Maß und enthält es in sich selbst.

DISTINCTIO 6

DIESE GABE ALS SAKRAMENT DER KIRCHE

TRACTATUS 1
DIE EINSETZUNG DIESES SAKRAMENTS

Kapitel 1
Der Grund für die Einsetzung

Es gibt viele Gründe, weswegen dieses Sakrament eingesetzt wurde; doch die Väter nennen ausdrücklich vier: Erstens ist es eingesetzt als Sakrament der Kirche, zweitens als Gedächtnisfeier *(memoriale)* der Liebe Christi, drittens als Gedenken *(commemoratio)* an seine Passion, viertens soll es schon jetzt die künftige Glückseligkeit anzeigen.

Kapitel 2
Seine Notwendigkeit

Da alle Sakramente medizinalen Charakter haben, d.h. gegen die Sünde oder ihre Folgen gerichtet sind, könnte ein Einwand lauten, dass es gegen die Erbsünde wie gegen die aktualen Sünden bereits die anderen Sakramente gibt, woraus zu schließen wäre, dass die Eucharistie zwar eine wundervolle Gabe sei, die Gottes freigebige Gnade zeige, nicht aber ein Sakrament. Für diese Ansicht gibt Albertus keine

Vertreter mit Namen an, sondern weist sie einfach zurück mit dem Argument, dass alle Kirchenväter anderer Ansicht sind. – Auch eine zweite Ansicht wird verworfen, die Albert zeitgenössischen Theologen: Präpositinus, Wilhelm von Auxerre, Stephan Langton und Petrus Cantor zuschreibt. Diese hatten die heilende Wirkung der Eucharistie auf die sogenannten lässlichen (venialia) *Sünden bezogen. Albert räumt ein, dies sei ein Nebeneffekt der Eucharistie, aber nicht ihre hauptsächliche Wirkung; diese sieht er in der Erneuerung der Kräfte, die aufgrund der Sünde und langer Entbehrung geistlicher Nahrung geschwunden sind.*

Ein Vorzeichen dafür war es, als Raphael – der «Arznei Gottes» genannt wird – dem Tobias befahl, den Fisch auszunehmen und einen Teil seines Herzens auf glühende Kohle zu legen. Der Rauch vertrieb alle bösen Geister von Mann und Frau, so dass sich keiner mehr blicken ließ. Und die Galle wurde dazu benützt, sie auf die Augen zu streichen, so dass sie von den weißen Flecken geheilt wurden.

Obwohl das Herz des Herrn nicht in Stücke geteilt wurde, so ist doch die Eucharistie kein kleiner Teil seines Herzens, denn er hat sie uns mit solcher Liebe seines Herzens gegeben. Das Blut ist nicht der geringste Teil seines Herzens, das doch aus der Herzwunde floss. Diese «Teile» werden auf Kohle gelegt, wenn wir in unserem Herzen mit feuriger Liebe an all das Gute denken, das uns der Herr aus seinem Herzen erwiesen hat. Die Kohlen sind die Wohltaten und die Anordnungen Gottes, durch sie steigt der Rauch der innigen, vertrauensvollen Gottesliebe auf, den die bösen Geister nicht ertragen können. Was so «gebraten» ist, erquickt und stärkt das geistliche Leben in uns.[37]

Die Galle aber ist die Bitterkeit der Passion, zu deren Gedächtnis dieses Sakrament gefeiert wird. Und ganz sicher bringt diese «Salbe» unseren geistlichen Augen das Licht der Gnade und der Wahrheit, so dass alle weißen Flecken weltlicher Eitelkeit verschwinden.

In diesem Sinn ist das Sakrament als Medizin eingesetzt.

Kapitel 3
Der Zeitpunkt der Einsetzung

Manche Leute machen sich lustig über die Geheimnisse Gottes und sagen: Wenn dieses Sakrament eingesetzt wäre als Medikament gegen die Erkrankung, die aus der Entbehrung resultiert, dann hätte es gleich zu Beginn der Welt eingesetzt werden müssen. Das sind Spötter, und sie merken nicht einmal, dass auch im körperlichen Bereich nicht immer Essenszeit ist! Vielmehr muss man dreierlei in Betracht ziehen: Erstens, dass Verlangen nach Speise gegeben ist, weil man vorher nichts gegessen hat. Zweitens, dass schlechte Säfte ausgeschieden sind, sollten solche wegen vorherigen schlechten Essens im Körper sein. Drittens gibt es eine Zeit, wo auch die Himmelskräfte dazu beitragen, dass die Speise vor den Körperkräften gut und nutzbringend aufgenommen wird.

Bevor also die Speise gereicht wird, muss das Verlangen danach geweckt werden: Der Mensch muss merken, dass

---

[37] Es wird auf das Paschalamm verwiesen, Ex 12,9, das über dem Feuer gebraten werden muss, bevor es verzehrt wird.

er ohne diese Speise nicht gesunden kann. Daher wurde diese Speise nicht zur Zeit des natürlichen Gesetzes gegeben, solange der Mensch wähnte, in den Gütern der Natur Stärkung zu finden; und es wurde nicht zur Zeit des mosaischen Gesetzes gegeben, als er meinte, durch die Güter des Gesetzes Erquickung zu finden. Doch wurde dieses Sakrament sowohl unter dem natürlichen Gesetz wie unter dem mosaischen durch Vorausbilder angekündigt: durch das Engelsbrot des Abraham (Gen 18,6) und durch die Schaubrote (Ex 25,30). Als aber der Mensch den Hunger fühlte und einsah, dass er nirgendwo anders Erquickung finden konnte, da wurde ihm zur Zeit des Gesetzes der Gnade diese Speise bereitet. Das bringt stellvertretend für das ganze Menschengeschlecht der verlorene Sohn zum Ausdruck, wenn er sagt: «Wie viele Tagelöhner im Haus meines Vaters haben Brot im Überfluss zu essen – und ich komme hier vor Hunger um. Ich will aufstehen und zu meinem Vater gehen» (Lk 15,17f.).

Denen, die danach hungerten, wurde sogleich dieses Brot bereitet. Man durfte es nicht solchen aufdrängen, die gar kein Verlangen bzw. Überdruss haben.

Zweitens hatte der Mensch einen sehr üblen Saft in sich, da er die verbotene Frucht gegessen hatte. Dieser Saft musste durch lange Enthaltsamkeit ausgeschieden werden, dann erst konnte das Heilmittel bereitgestellt werden. Zuerst musste der Mensch andere Mittel einnehmen, um den bösen Saft loszuwerden: die Strenge des Gesetzes und die Ermahnung der Propheten. Mit Sicherheit müssen die galligen Säfte zuerst erbrochen werden: durch das Bekenntnis der Sünden und das Gegengift der Reue.

Drittens soll man dann das Essen bereiten, wenn auch die natürlichen Kräfte des Himmels die Verdauung der Speise unterstützen: Solange nämlich die Sonne bis zum Mittag aufsteigt, zieht sie die Wärme aus dem Inneren des Körpers in die äußeren Glieder; der Verdauungstrakt ist kalt und ohne Energie. Am Nachmittag aber werden die äußeren Körperglieder langsam kalt, denn die Sonnenwärme zieht sich zurück, und dann kehrt die Wärme in das Innere des Körpers zurück, die Lebensgeister stärken den Bereich der Verdauung. Dann ist die rechte Zeit zu essen.

Solange die Nährkraft bereits verdauter Speisen in die Glieder strömt – am Vormittag – soll man den Körper nicht mit weiterer Nahrungsaufnahme beschweren.

Ähnlich verhält es sich mit dem Tag der Weltzeit: Am Abend der Weltzeit, am Ende, wurde die Speise zum Heil bereitet. Darum heißt es «Abendmahl» *(coena Domini)* und nicht «Morgenessen» *(prandium)*, wie man im Lk-Evangelium (14,16) und in der Offenbarung (3,20) lesen kann.[38] Das Zeichen dafür ist, dass sich der Herr mit den Zwölfen «am Abend» zu Tisch setzte.

Kapitel 4
Die Art der Einsetzung

Sehen wir nun, wie dieses Sakrament eingesetzt wurde. Dabei sind die Worte des Herrn zu beachten: Aus dem einen können wir die Einsetzung des Sakraments erkennen, aus dem anderen die Übertragung der Vollmacht,

---

[38] An diesen Stellen, die keinen direkten Bezug zum «Abend vor seinem Leiden» haben, wird dennoch im Lateinischen *coena magna* oder *coenare* verwendet.

es zu feiern, und wieder aus einem anderen Wort die Begründung der kirchlichen Feier.

Unter dem Wort «Nehmt» – «accipite» bei Matthäus (26,26), «sumite» bei Markus (14,22), «Accipite et dividite inter vos» bei Lukas (22,17) – ist der Akt der Einsetzung zu verstehen, da er dabei das Sakrament darreichte *(porrexit)*. Er reichte nicht bloß Brot und Wein, sondern indem er Brot und Wein darreichte, sprach er das verwandelnde Wort *(formam transsubstantiantem)*. Indem er das Sakrament darreichte, drückte er aus, dass es von ihm ausgehe und zu den Personen der Kirche gelange.

Dass das der Wahrheit entspricht, zeigen auch die Worte des Apostels Paulus im 1. Korintherbrief (11,23f.): «Ich habe vom Herrn empfangen *(accepi)*, was ich euch weitergebe...». Der Herr hat damit das Sakrament nach seiner Materie und seiner Form so eingesetzt, wie es in der Kirche festgehalten wird. [...]

Die Vollmacht, es zu feiern, gab er mit den Worten: «Dies tut zu meinem Gedächtnis» (Lk 22,19; 1 Kor 11,24). Wenn jemand, der Fürst ist, zu Untergebenen sagt: «Tut dies», dann überträgt er die Vollmacht und Autorität, das zu tun. Mit diesen Worten, so sagen die besseren theologischen Lehrer, hat Christus seinen Jüngern die Priesterweihe erteilt *(sacerdotalem ordinem contulit)*. Das ist der Grund, warum auch der Bischof bei der Priesterweihe ganz ähnliche Worte gebraucht;[39] er reicht nämlich den

---

[39] Zur damaligen Zeit wurde der eigentlich konsekratorische Akt nicht in der Handauflegung durch den Bischof gesehen, sondern in der Überreichung von Kelch und Patene, bzw. den Gaben für die Eucharistiefeier.

Kelch mit gemischtem Wein und die Hostie dar und spricht: «Empfangt *(accipite)* die Vollmacht, in der Kirche das Opfer darzubringen, die Messe zu feiern für die Lebenden und die Verstorbenen, im Namen des Herrn».

Die Worte «zu meinem Gedächtnis» beziehen sich auf den Vollzug des Auftrags: Tut dies immer wieder, zu meinem Gedächtnis. Darum heißt es Apg 2,46: «Täglich weilten sie einmütig im Tempel, brachen reihum in den Häusern das Brot, und nahmen die Speise in Freude und Einfalt des Herzens…».

TRACTATUS 2
Sakramentale Materie und Form

Kapitel 1
Das materielle Zeichen

In diesem umfangreichen Kapitel, aus dem nur wenige Passagen ausgewählt wurden, geht Albert auf dogmatische Fragen vertieft ein. Zuerst wird erläutert, warum ein materielles Element zum Wesen jedes Sakramentes gehört; Albert greift dabei auf die theologischen Klärungen durch Augustinus, Hieronymus, Dionysius und vor allem Hugo von St. Victor zurück. Hugos bekannte Definition besagt, dass zu jedem Sakrament ein «körperliches, sichtbares Element» gehört – das muss nicht ein materielles «Ding» sein, sondern kann auch eine leibliche Handlung sein (wie das Untertauchen bei der Taufe) –, das aufgrund einer gewissen Ähnlichkeit die speziell in dem jeweiligen Sakrament enthaltene Gnade darstellen kann (ex similitudine repraesen-

tans), *sie aufgrund der göttlichen Einsetzung bezeichnet* (ex divina institutione signans) *und aufgrund der Segnung, also der liturgischen Weihehandlung, enthält* (ex sanctificatione conferens). *Einen weiteren Grund entnimmt Albert aus Hieronymus: Da der Mensch nicht nur im geistlichen Bereich, sondern mit seinem Leib sündigte, war es angemessen, dass ihm auch auf demselben Weg die Heilmittel bereitet werden. Dionysius schließlich hatte argumentiert, dass das Übermaß der Gnade Gottes einer «Abschattung» bedürfe, also der menschlichen Fassungskraft verhüllt dargeboten werden müsse.*

Im zweiten Abschnitt werden die Gründe für die Angemessenheit von Brot und Wein als Materie dieses Sakraments resümiert, die bereits ausführlich in Distinctio 3 dargelegt worden waren. Erneut taucht der Einwand auf, es gebe ja Gegenden, in denen Weizen und Wein nicht wachsen, weswegen eine andere Materie angebracht wäre. Albert weist dies zurück mit dem Argument, es bereite keine große Schwierigkeit, so viel Weizen und Wein herbeizuschaffen, wie man für die Feier des Sakramentes benötigt. Mit Berufung auf Augustinus gibt er schließlich zu bedenken, dass «Gott seine Gnade nicht in einer solchen Weise an die Sakramente gebunden hat, dass er die Gnade des Sakramentes nicht auch außerhalb des Sakramentes schenken könne, und zwar denen, die den Glauben und die innige Ehrfurcht und Liebe zum Sakrament haben. Dies nennt man ‹geistlichen Empfang des Sakramentes›». *Er setzt diese Notlage parallel zur Begierdetaufe* (baptismus flaminis): «Wenn jemand wegen einer Notlage – und nicht deswegen, weil er das Sakrament nicht achtet – die Taufe nicht empfangen kann, verliert er dennoch die Frucht der Taufe

nicht; er gilt als getauft im Wehen des Heiligen Geistes».
Später (d. 6 tr. 4, 291) wird Albertus vorschlagen, bei gänzlicher Unmöglichkeit, Wein zu beschaffen, sei die Angelegenheit von der päpstlichen Kurie zu behandeln, und eher von der Kelchkommunion zu dispensieren als eine andere Materie einzuführen.

Das dritte Thema des Kapitels befasst sich mit dem Verständnis der hier geschehenden Wandlung, der Transsubstantiation. Diese lässt sich mit keiner in der Natur vorkommenden Verwandlung bzw. Veränderung (mutatio, generatio, corruptio) paralielisieren; im Fall des Sakramentes geschieht keine «Bewegung» (motus).

Brot und Wein bleiben hinsichtlich ihrer Wesensform und ihrem Sein nicht erhalten, wenn Leib und Blut Christi gegenwärtig sind. Wenn der Leib Christi «Brot» genannt wird und das Blut «Wein», dann ist das Benennung im übertragenen Sinn *(secundum metaphoram)*, nicht eine Bezeichnung im eigentlichen, substantiellen Sinn. Wir können also nicht sagen: Dieses Brot ist der Leib Christi. Oder: Dieses Brot wird der Leib Christi sein, oder: der Leib Christi war Brot etc. Keine dieser Aussagen entspricht der Wahrheit; denn solche Aussagen sind nur zutreffend, wenn die Substanz vor und nach der Veränderung *(motus)* erhalten bleibt. Etwa wenn man sagt: Peter ist weiß, der vorher schwarz war, oder: Peter ist oben, der vorher unten war, oder: Peter ist groß, der vorher klein war.

Nun scheinen aber die Worte des Hochgebetes meinen Ausführungen zu widersprechen. Denn wir beten:

«Allmächtiger Gott, wir bitten dich: Dein heiliger Engel trage diese Opfergaben auf deinen himmlischen Altar, vor deine göttliche Majestät». Das klingt, als würde etwas von unten nach oben bewegt und zum Leib Christi, der in der Höhe ist, hinzugefügt. Noch gewichtiger scheint eine andere Stelle im Kanon, wenn direkt nach der Wandlung gebetet wird: «Wir bringen dir dar...diese reine, heilige, makellose Opfergabe, das heilige Brot des ewigen Lebens, den Kelch des ewigen Heiles». Hier wird also nach der Konsekration von «heiligem Brot» und vom «Kelch» gesprochen – wobei «Kelch» ja von «calida potio» abgeleitet ist, also den wärmenden Trank des Weines bedeutet.

Diese und ähnliche Schwierigkeiten zu lösen, haben sich schon früh Theologen sehr bemüht; sie gingen bei dem vielen Fragen und Forschen allerdings in die Irre und spalteten sich. Die drei Lehrmeinungen habe ich oben schon vorgestellt.[40]

Entsprechend der dritten Lehrmeinung [i.e. der Transsubstantiation], die als einzige den katholischen Glauben festhält, sagen wir also: Jesus Christus sprach (Joh 3,13), dass niemand in den Himmel aufsteige außer dem, der vom Himmel herabgestiegen sei, der Menschensohn, der im Himmel ist. Darum betet man an jener eben zitierten Stelle, dass die Kirche auf Erden, die der Mystische Leib Christi ist, dem wahren Leib Christi geeint werde, der im

---

[40] D. 3 tr. 3: Die eindeutig als häretisch qualifizierte rein symbolisch-geistliche Auffassung der Gegenwart Christi, die These der «Konsubstantiation», die Albert aus verschiedenen Gründen für nicht plausibel bzw. unangemessen hält, und die Transsubstantiation, «quae sola Catholicam tenet veritatem».

Sakrament enthalten ist; sie möge vereint mit ihm, in der Kraft dieser sakramentalen Speise eins mit ihm geworden *(incorporata)*, zum Altar der Majestät Gottes aufsteigen, um ihm dort in der Glorie dargebracht zu werden, wie sie ihm hier im Geheimnis des Sakraments dargebracht wird. Man betet nicht, dass dies mittels einer Ortsbewegung geschehe, sondern mittels der gnadenvollen Annahme durch Gott Vater: Er soll aus den Händen der Engel jene annehmen, die in der Glorie in den Leib Christi aufgenommen werden sollen, wie sie hier sakramental in seinen Leib aufgenommen worden sind. – Mit dem «erhabenen Altar der Majestät Gottes» ist die Menschheit Christi gemeint, auf dem und in dem wir dargebracht werden, wenn wir ein Leib werden mit ihm.

Auf den ersten Einwand ist zu antworten: «Das heilige Brot des ewigen Lebens» ist zu verstehen als der wahre Leib Christi unter der Gestalt *(species)* des Brotes. [...] Der Zusatz «heilig» zeigt an, dass es sich nicht um materielles Brot handelt, das ja ewiges Leben nicht geben kann, sondern um geistliche Nahrung. Der Sinn ist: Wir bringen geheimnisvoll, im Sakrament *(mysterialiter)* den Leib deines Sohnes dar, der das Brot des ewigen Lebens ist. Das gleiche gilt für den «Kelch des ewigen Heiles».

Im Folgenden werden eine Reihe weiterer Gegenargumente aus der liturgischen Sprache und den Kirchenvätern angeführt, die ein «Werden», also eine zeitlich gedachte Veränderung von Brot und Wein, nahezulegen scheinen – etwa wenn Ambrosius von «conversio» oder «mutatio» spricht oder im Kanon gebetet wird, «dass diese Gaben uns werden Leib und Blut deines geliebten Sohnes». Albert be-

gründet, warum die verwendeten Ausdrücke keinesfalls ein «Werden» im Sinn der «generatio» (Entstehung) bedeuten können, und plädiert für eine gewissenhafte und besonnene Sprache:

> Wir haben keine Worte, mit denen wir unseren Glauben vollständig ausdrücken könnten. Daher muss man in diesen Dingen die Worte mit Bedacht gebrauchen. Und wenn die heiligen Väter hier Wörter der Bewegung oder Veränderung verwenden, dann sind die Worte der Heiligen mit der Ehrfurcht des Glaubens zu interpretieren *(pie interpretari oportet),* denn auch die Väter selbst verstanden sie in glaubender Ehrfurcht *(pium intellectum habebant),* auch wenn sie ihre Gedanken nicht mit passenden Worten ausdrücken konnten.

Um das Problem der Wandlung zu lösen, weise ich darauf hin, dass es sich hier um einen besonderen, einzigartigen und übernatürlichen Vorgang handelt – wie auch die Annahme der Menschennatur und die hypostatische Union eine besondere, übernatürliche Vereinigung ist. Wenn sich im Bereich der Natur eine «Annahme» vollzieht, dann verbinden sich die beiden Teile der Zusammensetzung entweder so, dass der eine sozusagen dem formgebenden Prinzip entspricht, der andere dem materiellen Prinzip, oder so, dass sich zwei Komponenten zu einem Dritten verbinden, das dann das Formgebende für beides ist. Als aber der Sohn Gottes die Menschennatur annahm, vollzog er das auf eine gänzlich neue Weise, wie es dem Schöpfer entspricht: Er nahm die Natur des Leibes und der Seele an, indem er sie schuf und mit sich einte [...], nicht so, dass die menschliche Natur sich wie die

Materie zur göttlichen verhielte, oder die göttliche Natur die «Form» für die Menschennatur würde. Denn wäre die menschliche Natur in die göttliche als ihre Form aufgenommen, dann wäre Christus nicht wahrer Mensch – man benennt ja etwas nach seinem Form-Grund, nach dem was es ist *(quidditas)*. Bei dieser Annahme handelt es sich um einen Vorgang auf der Ebene der Gnade, nicht des Natürlichen, man nennt sie «assumptio dignativa», weil sich der Sohn Gottes gewürdigt hat, die menschliche Natur anzunehmen, damit sie bei ihm sei, zusammen mit der göttlichen Natur in der Einheit einer einzigen Person. Alles, was zur Wahrheit der menschlichen Natur gehört, sei es unter dem Gesichtspunkt der Materie oder Form, bleibt bestehen, und ebenso bleibt bestehen, was in Wahrheit der göttlichen Natur zukommt, ohne dass die eine die andere aufzehrt oder in eine andere Spezies verwandelt.

So bedient sich der Herr auch bei der Konsekration des Sakraments einer neuen Weise der Wandlung. Die Substanz des Brotes wird weder zu Nichts, noch verändert sich die Substanz, sondern ohne jede Hinzufügung oder Veränderung *(mutatio)* wird die ganze Substanz des Brotes, gemäß Form und Materie, in den Leib Christi gewandelt *(convertitur)*, ohne dass dabei dem Leib Christi etwas hinzugefügt würde oder sich an ihm etwas änderte. Diese Art Wandlung nannten die weisen Lehrer der Kirche «Wesensverwandlung», Transsubstantiation; denn die gesamte Substanz des Brotes, nach Form wie Materie und beider Verbindung, geht in den Leib Christi über *(transit)*, wenn denn «transitus» hier das richtige Wort ist.

DIESE GABE ALS SAKRAMENT DER KIRCHE

Daher sprechen die Heiligen von etwas «Neuem»: «Neues schuf der Herr auf der Erde: Eine Frau wird einen Mann umschließen» (Jer 31,22).[41]

Wenn also im Kanon gebetet wird: «dass sie uns werden Leib und Blut unseres Herrn Jesus Christus», dann besagt das «Werden» *(fieri)* hier keinerlei natürliche Veränderung *(mutatio)*, sondern eine übernatürliche. Am Leib Christi ändert sich nichts: Es ist derselbe Leib auf dem Altar, der von der Jungfrau Maria geboren wurde, und der verherrlicht zur Rechten Gottes des Vaters thront. Nichts wird ihm hinzugefügt; nur ist er jetzt – nach der Wandlung – auf dem Altar gegenwärtig, wo er vorher nicht war. Ebenso wenig wurde dem Sohn Gottes etwas hinzugefügt oder etwas an ihm verändert, als er die Menschennatur[42] in die Einheit mit sich aufnahm; er wurde Mensch, obwohl er vorher nicht Mensch gewesen war, indem eine übernatürliche Verwandlung *am Menschen* stattfand, nicht am Sohn Gottes.

Wenn wir also sagen: Der Leib Christi ist jetzt unter den sakramentalen Gestalten auf dem Altar und er war vorher nicht da, dann ist das nicht so zu verstehen, als stiege Christus räumlich vom Himmel und beginne hier anwesend zu sein. Er bleibt im Himmel zur Rechten des Vaters, auch wenn sein Dasein im Sakrament jetzt hier beginnt.

---

[41] Das Jer-Zitat gilt als Prophezeiung für die jungfräuliche Empfängnis und Mutterschaft Mariens. Ebenso «neu» und ohne eigentliche Parallele im Bereich der Natur ist die Wandlung von Brot und Wein. Der Vergleich zwischen dem Wunder der Inkarnation und dem Mysterium der Eucharistie findet sich vielfach bereits bei den Kirchenvätern (z.B. Ambrosius).

[42] Wörtlich: den Menschen *(hominem)*.

Der letzte Fragenkreis betrifft die Akzidentien, die erhalten bleiben:

Dazu muss man vor allem eines vorweg wissen: Wozu die Akzidentien in diesem Sakrament bestehen bleiben. Es steht fest, dass sie nur deswegen bleiben, um die geistliche Nahrung anzuzeigen. Diese Zeichen-Funktion erfüllen sie nur durch ihr Aussehen *(species),* womit sie sich den Sinnen darbieten. Die Vernunft aber überträgt den Sinneseindruck und entnimmt ihm die Bedeutung: Nahrung für den Geist. Denn ein Sakrament ist ein Zeichen, wie Augustinus sagt: ein Zeichen, das über den Sinneseindruck hinaus etwas anderes erkennen lässt. Wenn also im Sakrament die Akzidentien als Zeichen erhalten bleiben, welche die Sinne des Menschen berühren können, dann genügt das vollständig für das Sakrament.

Kapitel 2
Die Konsekrationsworte über das Brot

Auch dieses Kapitel ist umfangreich, wie das vorige ist es in der Art einer Quaestio aufgebaut: Es werden verschiedene Fragen gestellt und Einwände vorgebracht, die der Reihe nach beantwortet werden. Zuerst, welche Worte gehören tatsächlich zur «Form» des Sakramentes? Für die Brotsgestalt ist diese Frage einfacher zu beantworten als für die im folgenden Kapitel zu betrachtenden Kelchworte. Albert bemerkt, dass die in den Evangelien und dem 1. Korintherbrief überlieferten Worte Jesu nicht völlig den Konsekrationsworten der Liturgie entsprechen.

Wie bereits im Kommentar zur Messfeier, begründet Albert, warum die Worte «Nehmt und esst» nicht zu den eigentlichen Konsekrationsworten gehören, sondern die Einsetzung des Sakramentes als einen Auftrag Christi an die Apostel ausdrücken. Auch die heute direkt anschließenden Worte: «der für euch hingegeben wird», zählt Albert nicht zur eigentlichen Konsekration. – Die Frage, ob Christus möglicherweise das Sakrament im Abendmahlssaal auf andere Weise konsekriert habe als es die liturgische Praxis der Kirche tue – etwa mit einem schweigenden Segen durch die Berührung seiner Hände oder durch nicht überlieferte Worte («er sagte Dank» – benedixit) –, scheint eine drängende Frage gewesen zu sein; denn sie wird auch an anderer Stelle aufgegriffen.

Warum aber sollte Christus eine andere Form, andere Worte für die Konsekration verwendet haben, als diejenige, die er von uns verwendet haben will? Stellt man diesen Leuten solch eine Frage, so sagen sie: Christus habe stets die Fülle der Vollmacht besessen, Gnade zu bewirken. Petrus und seine Nachfolger aber hätten nur die Vollmacht des Dienstes, sie seien «ministri». Und um diese Lehre zu beweisen, sagen sie, Christus habe eine andere Konsekrationsform gebraucht, entweder rein innerlich oder ausgesprochen, so wie er es wollte, und er habe sie nicht klar zum Ausdruck gebracht, damit man nicht glaube, die Vollmacht des Herrn und des Dieners sei die gleiche.

Diese Ansicht wird aber von den zuverlässigeren Lehrern nicht vertreten; denn sie lässt sich nicht beweisen. Wenn es heißt: «Er segnete», so steht fest, dass er durch die Berührung seiner menschlichen Hand, die mit der göttlichen Person geeint ist, dem Brot und dem Wein verlieh, gewandelt werden zu können, so wie er durch die

Berührung seines allerreinsten Leibes [als er in den Jordan stieg] dem Wasser die Kraft mitteilte, als Materie der geistlichen Wiedergeburt zu dienen. Wir lesen nirgends, dass er ein anderes Zeichen oder einen anderen innerlichen oder mündlichen Segen gebraucht hätte. Und es ist nicht gerade glaubwürdig, dass der Herr gerade bei diesem Sakrament den Aposteln oder der Kirche etwas verheimlicht hätte; denn das bezieht sich ja auf das Heil. Und er selbst sagt (Joh 15,15): «Ich aber habe euch Freunde genannt, denn ich habe euch alles bekannt gemacht, was ich von meinem Vater gehört habe». Mit Überzeugung darf man daher sagen, dass Christus die Worte gebraucht hat, die auch wir bei der Konsekration gebrauchen.

Gehört nun der Nebensatz: «der für euch hingegeben wird», zur Konsekrationsform? Nein. Christus hat damit nur zum Ausdruck bringen wollen, dass sein Leib, der hingegeben wurde beziehungsweise jetzt hingegeben werden sollte, derselbe sei wie der im Sakrament gegenwärtige. Der Zusatz bekräftigt also die wahre Gegenwart.[43]

Eine wichtige Frage betrifft schließlich das Verhältnis der Konsekrationsworte zum ungeschaffenen Wort, Christus selbst.

Mit Sicherheit ist im ungeschaffenen Wort jede Kraft zu übernatürlicher Wandlung; denn es ist der Ersthandelnde, die Haupt-Ursache *(primus agens)*. Doch ist hier ein Unterschied in Betracht zu ziehen: Zum einen wirkt das Wort als Logos des Vaters, in untrennbarer Wirkeinheit

---

[43] Für Albert verweist der sakramentale Leib Christi – anders als das Blut! – nicht unmittelbar und direkt auf die Passion.

mit ihm, alle übernatürlichen Wandlungen im Bereich des Geschaffenen: «Mein Vater ist immer noch am Wirken, und auch ich wirke» (Joh 5,17). Es gibt aber auch eine übernatürliche Wandlung im Fall der Sakramente und ihrer Wirkungen, sowie der Einprägung des sakramentalen Charakters: Diese Wandlung bewirkt zwar nicht der Priester bzw. der menschliche Spender *(minister)*, doch er tut etwas dazu, damit sie zustande kommt. Diese Wirkungen schafft das ungeschaffene Wort im geschaffenen Wort, das vom Priester ausgesprochen wird.

Auch wenn das geschaffene Wort die Form der Konsekration ist, so hat es doch seinen Ursprung in der göttlichen Einsetzung und lässt sich daher vom ungeschaffenen Wort nicht trennen. Vielmehr wirkt es in der Verbindung mit dem ungeschaffenen Wort alles, was es wirkt.

Ganz zum Schluss wird noch die Frage aufgeworfen, warum die Konsekrationsworte nicht deprekativ formuliert sind:

Wäre es nicht angebracht, zu sprechen: Dieses Brot möge der Leib des Herrn werden? Oder: Dieses Brot möge substantiell verwandelt werden in den Leib des Herrn? Und nicht: Das ist mein Leib; denn das Wort «ist» drückt keine Verwandlung aus.

Und da den Priestern *(ministris)* im Unterschied zu Christus nicht die Fülle der Vollmacht zukommt, sollten sie eher in der Form der Bitte sprechen: Wir bitten, o Herr, dass dies dein Leib werde.

Auf diese und ähnliche Argumente ist zu antworten, dass es sich bei diesem Sakrament anders verhält als bei den übrigen: Was hier geschieht hat sein Ziel in Christus selbst, dem Herrn aller Sakramente.[44] Darum ist es notwendig und angebracht, hier anders zu sprechen als bei den übrigen Sakramenten. Hier handelt nicht der menschliche «minister», sondern vielmehr das ungeschaffene Wort im geschaffenen. Daher gibt es keine Anrufung [Christi oder der Dreifaltigkeit]; denn wir sind absolut gewiss über dieses Wirken.

Kapitel 3
Die Konsekrationsworte über den Wein

Die Worte über den Kelch sind wesentlich umfangreicher als diejenigen über die Brotsgestalt. Sie wurden von der Kirche aus den neutestamentlichen Zeugnissen geformt, wobei dem Lk-Text ein Vorzug gegeben wurde, so Albert.

Was gehört unmittelbar zu den Konsekrationsworten? Ohne eine bessere Lehrmeinung ausschließen zu wollen, würde ich antworten: «Das ist der Kelch meines Blutes». Nur das. Die vorausgehenden Worte beziehen sich auf die Einsetzung des Sakramentes; die folgenden Worte vom «neuen und ewigen Bund», «Geheimnis des Glaubens», «für euch und für viele vergossen» und das weitere sind eine Verdeutlichung der Wirkungen des Sakramentes.

Warum spricht die Kirche vom «Kelch des Blutes», so dass das Blut im Genitiv steht? Sie folgt damit enger dem Wortlaut bei Lukas und Paulus: «der Kelch, der neue

---

[44] Der lateinische Text klingt etwas kryptisch; der Sinn aber dürfte klar sein: Das Altarssakrament ist der Gipfel aller Sakramente, da es nicht nur eine bestimmte Gnade, sondern den Herrn selbst, die Quelle aller Gnaden, enthält.

Bund in meinem Blut» (Lk 22,20; 1 Kor 11,25). Denn [in dieser Verbindung von «Kelch» und «Blut»] wird sowohl vom Blut gesprochen wie von der Liebe, mit der das Blut vergossen wurde, und von der Liebe, zu der das Sakrament einlädt, und von der Liebe, in der das Blut empfangen werden soll. Denn «Kelch» – «calix» – bedeutet «warmer Trank» – «calida potio»; nicht weil das Gefäß oder der Inhalt warm wäre, sondern weil der Inhalt das Blut erwärmt und den Gliedern des Trinkenden Feuer eingießt.

Wenn jemand als Konsekrationsworte gebrauchen sollte: Das ist mein Blut, würde er das Sakrament konsekrieren? Ich meine, man muss mit Ja antworten. Wenn aber jemand aus Verachtung für die Praxis der Kirche, starrsinnig und verwegen so sprechen wollte, wäre das Sünde – und er müsste abgesetzt werden.

Die Worte, die folgen, sprechen von den Wirkungen des Sakramentes, die es zur Vollendung bringen. Zuerst ist vom «neuen Bund» die Rede; denn ein Bund wurde seit alters nur durch Blut bestätigt (Hebr 9,17). «Neu» heißt der Bund, weil seine Sakramente – anders als die Heilszeichen des alten Gesetzes – das enthalten, was sie bezeichnen, und weil sie das, was sie enthalten und bezeichnen, dem Empfänger auch mitteilen.

«Drei geben Zeugnis auf Erden: Der Geist, das Wasser und das Blut» (1 Joh 5,8). Wenn man nun fragt, was mit dem Blut bezeugt wird,[45] dann lautet die Antwort:

---

[45] Im Lateinischen ist der Zusammenhang zwischen «testamentum» – «Bund», und «testari» – «bezeugen» (*testimonium* – Zeugnis) augenscheinlich.

Das Blut bezeugt die Sündenvergebung (Hebr 12,22ff.). Das Blut Jesu Christi ruft lauter als das Blut Abels. Das Blut Abels fordert Vergeltung, das Blut Christi Vergebung. Der Geist, der das Blut durchweht und durchwirkt, legt Zeugnis ab für die Heiligung, das Wasser für die Tilgung der Schuld.

Warum heißt es «Geheimnis des Glaubens» nur bei den Worten über den Kelch? Dieser Zusatz beruht auf der Autorität der Apostel und der Kirche. Der Glaube gründet nämlich im Sakrament des Blutes, weil die Erlösung durch das Blut Christi vollzogen wurde. Der Leib Christi als solcher bezeichnet dagegen nicht den Tod Christi, wie es das aus der Seite strömende Blut tut.

Warum wird gesagt: «Für euch und für viele»? Warum werden hier zwei Gruppen erwähnt? Es ist wahr, dass Christus aus dem gleichen Grund sein Blut für die Apostel wie für die übrigen vergossen hat. Man kann aber damit folgenden Gedanken verbinden: «Für euch» spricht von den Vollkommenen; denn man soll wissen, dass auch die Verdienste vollkommener und heiliger Personen nichts gelten, wenn sie nicht durch das Blut des Erlösers hindurch von Gott angenommen werden. «Für viele» drückt die Kraft aus, die in diesem Blut liegt.

Aber warum sagt er nicht: «für alle»?
Darauf antworten manche, dass das Blut Christi wahrlich für aller Erlösung hinreiche *(sufficit),* aber weil die Erlösung nicht bei allen zur Auswirkung kommt, werde von «vielen» gesprochen. Diese Begründung ist gut und rechtgläubig. Wenn aber jemand die Worte des Herrn genauer betrachtet, dann scheint «für viele» mehr zu sagen als «für

alle». Denn «viele» besagt eine große Menge, eine Vielzahl, die ins Ungemessene wachsen kann. Wie viel auch immer diese Vielen sind – Aristoteles spricht ja von einer potentiell unbegrenzten Vielzahl von Menschen – diese Vielzahl *(multitudo)* ist erlöst durch die Kraft des Blutes Christi. Daher ist das ein hervorragender Ausdruck. Wenn aber gesagt würde: «für alle», würde damit gewissermaßen eine abgeschlossene Zahl angegeben.

Bewirken die Konsekrationsworte, da sie ja zeitlich getrennt ausgesprochen werden, sogleich die Konsekration des Leibes beziehungsweise des Blutes Christi, oder vollzieht sich die Wandlung der Gestalten gemeinsam? Einige ältere Theologen, wie Stephan Langton, Präpositinus, Petrus Cantor und andere, behaupteten, dass eine Gestalt auf die andere warte.[46]

Doch dagegen wird eingewendet: Das bedeute, das Volk zum Götzendienst zu verleiten. Denn der Priester erhebt sogleich nach dem Vollzug der Konsekrationsworte über die Brotgestalt die Hostie – noch bevor der Wein konsekriert wird –, und das gläubige Volk erweist ihr die Anbetung, die nur Gott gebührt. Ein solcher Akt wäre verfehlt, wenn es sich um Brot handelte, und gänzlich unpassend.

Auch spricht dagegen die Praxis der Kirche bei Missgeschicken oder Unglücksfällen – etwa wenn der Priester Wasser statt Wein in den Kelch gegeben hat und es bis zum Ende der Hl. Messe nicht bemerkt. In diesem Fall, so lautet die Vorschrift der Gelehrten, ist der Kanon nur ab den Worten «Simili modo» zu wiederholen.

---

[46] Albert gibt die Gründe dieser Theologen wieder; ein wichtiges Argument liegt in der Einheit des Sakramentes.

Manchmal passiert es, dass ein Priester einen Fehler macht oder aus Vergesslichkeit die Konsekration des Kelches übersieht. Anzunehmen, dass dann auch hinsichtlich der Brotsgestalt nichts vollzogen worden wäre, ist absurd. – Und außerdem: Welchen Grund könnte es geben, dass nicht die Konsekrationsworte, ausgesprochen über der erforderlichen Materie, das Sakrament zustandekommen lassen sollten? Selbst mit viel Fantasie wird man schwerlich Gründe zusammendichten können.

Deswegen sage ich, dass diese Ansichten früherer Theologen kein Gewicht haben, sie sind falsch und kommen einer Irrlehre sehr nahe. Im Gegenteil: Sobald die Konsekrationsworte über die Materie des Brotes gesprochen sind, geschieht die Wesensverwandlung in den Leib des Herrn, noch bevor der Wein in das Blut des Herrn gewandelt ist.

Dass das Sakrament ein einziges ist, bildet kein Hindernis dafür, dass die Transsubstantiation des Brotes und des Weines je für sich vollzogen werden; denn dadurch wird das Sakrament nicht zerteilt, vielmehr wird die Vollkommenheit der einen geistlichen Nahrung abgebildet, die in zwei Gestalten zum Ausdruck kommt.

Kapitel 4
Was unmittelbar auf die
Konsekrationsworte folgt

Vgl. MM tr. 3 c. 11-13.

TRACTATUS 3
Zeichen und bezeichneter Gehalt

Dieser Abschnitt wirft weniger Probleme auf; es geht um die drei Ebenen, die «in jedem Sakrament des Neuen Bundes» zu unterscheiden sind: «sacramentum» – das Zeichen, «res» – die bezeichnete Wirklichkeit, die selbst nicht mehr für etwas anderes Zeichen ist, und «res et sacramentum» – ein Gehalt des Sakraments, der selbst noch einmal Zeichen für eine gnadenhafte Wirklichkeit ist. Albert geht von der allgemeinen Auffassung aus, dass das sakramentale Zeichen die Spezies von Brot und Wein, also die sichtbaren Akzidentien sind; sie verweisen auf Christi Leib und Blut, gegenwärtig (contentum) unter den Zeichen. Der wahre Leib Christi und sein Blut sind «res et sacramentum», sie bezeichnen und bewirken als geistliche Nahrung die Vereinigung mit Christus. Diese «incorporatio» ist die letzte Wirklichkeit, «res» des Sakraments, die nichts weiteres mehr bezeichnet.

Die Einheit der Kirche als des Mystischen Leibes wird im Altarssakrament nur bezeichnet, ist aber nicht – wie der wahre Leib – enthalten.

TRACTATUS 4
Der liturgische Vollzug

Kapitel 1
Wie Christus das Sakrament gefeiert hat

Nun müssen wir noch etwas zum Vollzug des Sakramentes sagen. Wenn man danach fragt, wie Christus es gefeiert hat, stellen sich folgende Fragen: Ob er seinen Leib in gesäuertem oder ungesäuertem Brot gab, welche Konsekrationsworte er gebrauchte, wann er das Sakrament feierte, und wem er es gab.

Ob Christus seinen Leib in ungesäuertem oder gesäuertem Brot gab, ist eine große Streitfrage zwischen lateinischen und griechischen Theologen. Die Griechen, welche die Sakramente vom Evangelisten Johannes übernommen haben sollen, behaupten, dass gesäuertes Brot verwendet werden solle, weil nach ihrer Ansicht auch Christus es so getan habe. Sie stützen das mit autoritativen Texten und mit weiteren Gründen. Als Schrifttexte nennen sie vor allem vier Stellen: Joh 18,28; Joh 13,1; Lk 23,54ff. und Joh 19,31.

Diese Schriftstellen, wie auch das erste der Argumente, stützen sich auf die johanneische Chronologie der Passion: Da Jesus gekreuzigt wurde, als die Lämmer im Tempel geschlachtet wurden, war das Mahl vor seinem Leiden kein Pessach, und daher fand gesäuertes Brot Verwendung. Ein weiteres Argument besagt, dass die Riten des Alten Bundes – Lamm und ungesäuertes Brot – durch das neue Opfer abgelöst werden, und daher auch das ungesäuerte Brot durch gesäuertes zu ersetzen war. Wenn man außerdem «die Frau, die ein wenig Sauerteig unter das Mehl mischte, bis alles durchsäuert war» (Mt 13,33) als Typos für die Kirche deutet, könne man darin ebenfalls die Angemessenheit gesäuerten Brotes erkennen. Das vierte Argument geht davon aus, dass der Sauerteig sinnbildlich für die «Lebendigkeit» des Teiges steht: Wie das Fermentum die Teigmasse aufgehen lässt, so erhebt der Heilige Geist das Herz des Menschen zum geistlichen Leben. Aufgrund dieser Parallele sei es an-

gemessen, für das «Sakrament des Geistes» gesäuertes Brot zu verwenden. Und schließlich sei das gewöhnliche Brot, nicht das ungesäuerte, der Inbegriff der Nahrung; da im geistlichen Bereich dies von der Eucharistie gilt, sollte sie mit gesäuerter Materie gefeiert werden. Albert betont am Ende: «Das sind die Hauptgründe, die ich selbst in den Traktaten der Griechen gelesen habe».

Umgekehrt argumentiert die lateinische Praxis mit der Chronologie der Synoptiker, nach der das Abendmahl ein Pessach war. Eine besondere Rolle spielt auch 1 Kor 5,7f., wo Christus als das neue Pascha bezeichnet wird und die Gläubigen aufgefordert werden, den alten «Sauerteig der Bosheit» auszukehren; «Sauerteig» hat hier eine ausgesprochen negative Bedeutung, so dass er nicht als «Sinnbild» (figura) für die Speise des Neuen Bundes dienen könne. In ähnliche Richtung wird Lev 2,11 gedeutet, wo Gesäuertes als Opfergabe untersagt wird. Einige weitere Argumente benennen Schwierigkeiten, die sich bei der gegenteiligen These ergeben.

Antwort: Christus hat seinen Leib mit Sicherheit *(pro certo)* in ungesäuertem Brot gegeben; das ist die dem Sakrament eigentümliche Materie. Auf die Argumente der Griechen ist zu antworten, dass das Wort «Pascha» verschiedene Bedeutungen hat und nicht immer im gleichen Sinn verwendet wird.

Albert führt eine Reihe von Stellen an, die belegen, dass «Pascha» nicht immer einen einzigen Tag bedeutet, und versucht so, das Problem der verschiedenen Passions-Chronologien zu lösen.

Auf die Frage, ob das Sakrament auch mit gesäuertem Brot gefeiert werden kann, antworten wir, dass es mit ungesäuertem zu feiern ist, nicht mit gesäuertem, aber dass es auch mit gesäuertem gefeiert werden kann. Und wenn gesäuertes Brot konsekriert wird, dann ist da der wahre Leib Christi. Allerdings ist derjenige, der so handelt, zu tadeln: denn er hält sich nicht an den Ritus der Apostel.

Auf den Einwand, dass gesäuertes Brot nicht in Frage komme, da es nicht die für das Sakrament erforderliche Materie sei *(debita materia)*, ist zu sagen: «Erforderliche Materie» kann sich auf die Art, die Spezies, beziehen, oder auf akzidentelle Eigenschaften. Der Art nach muss das Brot aus Weizenmehl sein; das genügt, dass die für die Konsekration erforderliche Beschaffenheit gegeben ist. Den akzidentellen Eigenschaften nach ist ungesäuertes Brot angebracht, weil damit noch zusätzlich die Reinheit und Unverdorbenheit des Sakraments ausgedrückt wird.

Welche Worte hat Christus verwendet? Es heißt ja: «Er nahm Brot, sagte Dank, brach es und gab es ihnen, und sprach: Nehmt, das ist mein Leib» (Mk 14,22; vgl. Mt 26,26; Lk 22,29; 1 Kor 11,24). Er würde aber nicht sagen: Das ist mein Leib, noch hätte er ihn gebrochen und gegeben, wenn das Brot nicht verwandelt gewesen wäre. Also, so sagen manche, hat er nicht dieselbe Form verwendet wie wir heute.

Einige Lehrer geben dies zu, und antworten, dass Christus durch die Kraft seiner Gottheit Brot und Wein zum ersten Mal in seinen Leib und sein Blut verwandelt hat. Er tat dies kraft seiner Gottheit, uns aber übergab er das Sakrament, dass wir es in einer bestimmten Form [mit bestimmten Worten] feiern sollen. Denn er wollte zeigen, dass in ihm selbst die Fülle der Vollmacht ist, wir aber nur die Schlüsselgewalt zur Feier der Sakramente haben.

Jeder, der will, kann dieser Ansicht sein; sie ist durchaus katholisch. Mir selber jedoch scheint wahrscheinlicher, dass Christus die gleichen Worte benützt hat wie wir, wie ich oben ausgeführt habe.

Schließlich: Wann hat er seinen Leib gegeben? Es steht fest, dass das nach dem Essen des Lammes war. Dennoch hat die Kirche vorgesehen – um der Ehrfurcht und des heilbringenden Empfangs willen –, dass der Leib des Herrn nüchtern empfangen werde, außer in Fällen von Krankheit oder in einer Notlage.

Als Begründung dafür, dass Christus seinen Leib nach anderen Speisen gab, werden von den Lehrern vier Argumente angeführt: Er gab ihn zum Gedächtnis, und daher zuletzt, damit die Gabe dem Gedächtnis fester eingeprägt werde. Es sollte deutlich werden, dass das Neue aus dem Alten hervorgehe; das machte erforderlich, dass das Paschalamm zuerst verzehrt würde. Er gab das Sakrament seinen Jüngern, die schon voll Angst waren, um ihr Herz zu stärken: die letzte, äußerste Stärkung sollte das Zeichen der Liebe sein, die die Glieder mit dem Haupt verbindet. Und schließlich wollte er zeigen, dass dies nicht Speise des Leibes ist, sondern der Seele; daher sollte die Speise, die der Leib nötig hat, vorher gegessen sein.

Kapitel 2
Der Priester als *minister* des Sakraments

Drei Fragen kommen hier auf:[47]
1. Kann ein Nicht-Priester das Sakrament feiern?
2. Wenn ein Priester während der Feier stirbt oder ausfällt, wie ist dann weiter zu verfahren?
3. Können mehrere Priester eine einzige Hostie konsekrieren oder nicht?

*Zu 1: Notwendige Voraussetzungen
für eine gültige Zelebration*

Zur ersten Frage: Anscheinend kann ein Nicht-Priester das Sakrament nicht vollziehen. Denn jemand kann nur dann eine Handlung vollziehen, wenn er die Befähigung *(facultas)* dazu hat. Jemand, der die Fähigkeit zu sehen nicht hat, sieht nicht; jemand, der die Fähigkeit zu hören nicht hat, hört nicht, und so weiter. Mit der Priesterweihe *(in ordine sacerdotali)* wird die Befähigung übertragen, den Leib Christi zu konsekrieren. Wer also diese Weihe nicht hat, hat keine Konsekrationsvollmacht und kann daher auch nicht konsekrieren.

Allerdings kann man dagegen einen Einwand vorbringen: «Es tritt das Wort zur Materie, und das Sakrament kommt zustande».[48] Demnach käme das Sakrament zustande, wenn irgendjemand das rechte Wort über die er-

---

[47] In Wirklichkeit kommen viel mehr Einzelfragen zur Sprache.
[48] «Accedit verbum ad elementum et fit sacramentum»: Albert schreibt diese Formulierung Beda zu, sie geht jedoch auf Augustinus zurück.

forderliche Materie spricht. Auch in der Definition Hugos von St. Victor fehlt der Bezug zum Priestertum, wenn er sagt: «Ein Sakrament ist ein sichtbares, körperliches Element, das aufgrund seiner Einsetzung die unsichtbare Gnade bezeichnet, aufgrund einer Ähnlichkeit mit dieser sie darstellt und aufgrund seiner Heiligung diese Gnade enthält».

Bevor Albert auf die Hauptfrage antwortet, gibt er – ohne erkennbare Ordnung – noch weitere mit der rechtmäßigen Zelebration verknüpfte Fragen wieder:

Sodann ist die Frage, ob als Ort der Liturgie ein Altar erforderlich ist, bzw. ob ein Priester, der nicht an einem Altar zelebriert, das Sakrament gar nicht konsekriert?

Eine weitere Frage betrifft Hostien, die vor der Messe auf dem Altar vergessen worden sind: Ob auch sie konsekriert sind, wenn der Priester dort die Messe feiert?
Dafür spricht, dass der Altar der Tisch ist, auf dem alles gesegnet und geweiht wird, was dort niedergelegt ist.
Dagegen aber spricht, was Augustinus sagt: Dass für jedes Sakrament die Intention erforderlich ist, und ohne sie nichts geschieht. Die Absicht des Priesters bezieht sich aber nicht auf etwas, wovon er nichts weiß.

Noch eine Frage betrifft den Altar. Wenn dieser nicht geweiht ist, kann man darauf das Sakrament feiern?
Es scheint möglich zu sein; denn der Herr hat den Tisch des Abendmahles auch nicht vorher geweiht. Wenn also Christi Tun für uns maßgebliche Unterweisung ist, kann auch der Priester auf einem nicht-konsekrierten Altar

zelebrieren. Das gleiche gilt auch für einen nicht geweihten Kelch.

Dagegen spricht, dass Altar und Kelch ja deswegen geweiht werden, damit die Eucharistie mit ihnen gefeiert werden kann. Es wäre also überflüssig, sie zu weihen.

Die nächste Frage betrifft die priesterlichen Gewänder. Kann jemand auch dann zelebrieren, wenn er diese Gewänder nicht angelegt hat?

Die Argumentation ähnelt der vorhergehenden Frage. Einerseits könnten die in der Kirche praktizierten Weihen überflüssig erscheinen, andererseits ist im Evangelium von eben diesen Ausgestaltungen nicht die Rede. Erneut gebraucht Albert den Satz: «Christi actio nostra est instructio».

Eine weitere Frage bezieht sich auf die von Schismatikern oder Häretikern Ordinierten: Können sie das Sakrament konsekrieren?

Es sieht einerseits so aus, als ob sie es nicht könnten; denn bei Maleachi 2,2 steht: «Ich fluche euren Segnungen».

Dagegen aber steht, dass solche Personen – auch wenn sie von Unwürdigen die Weihe empfangen haben – bei der Konsekration die Absicht haben, zu tun, was die Kirche tut (was sie mit der Konsekrationsformel zum Ausdruck bringen). Daher vollziehen sie doch das Sakrament.

Schließlich wird noch gefragt, ob auf einem Altar ohne leinenes Altartuch konsekriert werden könne; denn Joseph von Arimathäa hat den Leib des Herrn in Leinen gewickelt, und die Palla sowie die Tücher werden ja dazu eigens gesegnet.

Antwort

Auf alle diese Fragen ist zunächst zu antworten, dass der eigentliche Diener dieses Sakramentes *(minister sacramenti)* der Priester ist. Mir scheint, dass ein Nicht-Priester das Sakrament nicht feiern kann. Auf den Einwand aus Beda, und ebenso aus Hugo von St. Victor, ist zu antworten, dass sie von den [inneren] Wesensbestandteilen des Sakraments sprechen. Das Sakrament kommt aber ohne eine wirkende Ursache nicht zustande. Diese ist meinem Urteil nach der Priester.

Im Fall der Taufe und der Buße aber ist es anders; denn dies sind unbedingt notwendige Sakramente. In einer Notlage kann daher auch jeder Laie, ob Mann oder Frau, die Stelle des «minister» vertreten *(supplet vicem ministri)*.[49]

Es gibt allerdings auch eine andere Ansicht: Da wird behauptet, dass jeder, der über die erforderliche Materie die Konsekrationsworte mit der entsprechenden Intention spreche, das Sakrament zustande kommen lasse; die Priesterweihe bewirke nur, dass derjenige als Zelebrant «angemessen» *(debitus)* sei, sie sei nicht unbedingt notwendig *(necessarius)*. Das ist einfach lächerlich! Wenn jeder beliebige Mensch konsekrieren könnte, würde die Konsekration eher der verächtlichen Geringschätzung preisgegeben als dass sie Ehrfurcht erweckte. Und darum halte ich diese Ansicht für absurd.

Zur Frage nach den übersehenen Hostien: Ich meine, man muss antworten, dass sie nicht konsekriert sind, weil sich die Intention nicht auf sie bezieht. Wovon man

---

[49] Albertus vertritt damit die Auffassung, die sogenannte Laienbeichte sei in einer unausweichlichen Notlage *(necessitas)* ein Sakrament, wie auch die Nottaufe.

nichts weiß und keine diesbezügliche Absicht hat, das ist nicht Gegenstand der Segens- oder Konsekrationsworte. Die Konsekration ist ja ein Akt einer Person mit Vernunftgebrauch.

Wenn jemand auf einem nicht-konsekrierten Altar zelebriert – und Ähnliches gilt für den Kelch:[50] Dazu muss man wohl sagen, dass das nicht erlaubt ist; wenn es sich aber jemand herausnimmt, dann zelebriert er gültig. Der Altar wird geweiht, damit er für die Feier des Sakraments geeignet sei *(idoneitas)*, nicht, weil es notwendig wäre. Aber weil so jemand mit seinem Verhalten dem liturgischen Brauch der Kirche Verachtung zeigt, ist er zur Strafe abzusetzen oder zu degradieren.

Und was den Einwand angeht, der Herr habe beim Abendmahl den Tisch nicht eigens konsekriert, ist zu antworten: Allein seine Berührung hat den Tisch wahrhaftig gesegnet und geweiht.

Gleiches gilt für die liturgischen Gewänder [und die Kelchwäsche, wie weiter unten gesagt wird]. Sie zeigen bildhaft die Tugenden und die Reinheit, die bei der Feier gewahrt sein soll. Dazu dienten sie auch im Alten Bund. Sie sind «ad bene esse», damit das Sakrament in würdiger Weise gefeiert wird. Wenn der Priester die liturgischen Gewänder einfach wegließe, würde er gültig das Sakrament feiern, aber schwer gegen die Anordnung der Kirche und gegen die Ehrfurcht vor dem Sakrament sündigen; daher hat er Absetzung und schwere Bestrafung verdient.

[50] Auf diese Frage antwortet Albert zweimal; man darf daraus schließen, dass der Text nicht mehr endredigiert wurde. Die praktischen Einzelfragen dieser letzten Distinctio spiegeln jedenfalls die lebendige Diskussion – sie erinnern beinahe an ein Quodlibet.

Was die Schismatiker und Häretiker angeht, so sagte der Märtyrer Cyprian, dass diese keine Weihe haben, und sie daher das Sakrament nicht gültig feiern. Der hl. Augustinus aber korrigierte diese Ansicht: Cyprian habe dies mit allzu großem Eifer für den Glauben gesagt, denn er sei sehr entschieden gegen die Verderbnis der Irrlehre gewesen. Wir dürften aber nichts Verkehrtes sagen aus Abscheu gegen die Häretiker. Darum antwortete Augustinus, dass diejenigen, die von einem Häretiker nach dem Ritus der Kirche *(in forma Ecclesiae)* ordiniert werden, in Wahrheit das Weihesakrament empfangen; sie sind aber an der Ausübung gehindert, suspendiert. Wenn sie also gemäß der Liturgie der Kirche und in deren Intention zelebrieren, feiern sie das Sakrament gültig, sündigen aber schwer. [...] Das gleiche gilt für solche Priester, die des Amtes enthoben sind; sie zelebrieren gültig, sündigen aber schwer.

Zu 2: Wenn der Zelebrant während der Messfeier ausfällt

Der zweite Fragenkomplex bezieht sich auf Unglücksfälle, die vorkommen können.

Nehmen wir an, ein Priester wird während der Messfeier ohnmächtig, was soll man dann tun? Augustinus sagt, dass niemals eine bereits konsekrierte Materie erneut konsekriert werden darf.

Nehmen wir außerdem an, er werde ohnmächtig bei den Konsekrationsworten über das Brot, so dass die über den Kelch noch nicht gesprochen sind. Was tun?

Oder: Es wurde vergessen, Wein in den Kelch zu gießen, und der Priester bemerkt es erst am Ende der Messe.

Nehmen wir auch an, dass in einigen Gegenden der Erde Wein überhaupt nicht zu bekommen wäre, was sollen die Leute dort tun? Sie können ja nicht ein unvollständiges Sakrament feiern – und dass beide Gestalten zum Sakrament gehören, habe ich oben ausgeführt.

Nun zur ersten Frage. Wenn der Priester vor dem Hochgebet aus irgendeinem Grund ausfällt, dann muss ein anderer Priester die Messe von vorn beginnen und, wie es dem Ritus entspricht, zu Ende führen. Wenn das aber während des Kanon geschieht, vor der Wandlung, dann – so scheint mir – muss der andere Priester genau dort weitermachen, wo der erste ausgefallen ist, also nicht von Anfang an, sondern er ergänzt, was fehlt. Und das meine ich aus zwei Gründen: Erstens wegen der Würde des Sakramentes. Denn auch wenn die Materie noch nicht in Leib und Blut des Herrn gewandelt ist, so haben Brot und Wein doch durch die Gebete und Kreuzzeichen, die vorausgehen, eine Segnung und Heiligung erhalten, wodurch sie auf die Wandlung vorbereitet wurden. Und deswegen soll man den Kanon nicht gänzlich von vorn beginnen, um diesen Gebeten nicht Unrecht zu tun, so als ob sie keinerlei Kraft gehabt hätten.[51] Auch die Leute, das ist der zweite Grund, sollen nicht dazu verleitet werden, diese Worte und Zeichen geringzuschätzen, wenn sie sehen, dass sie so leichthin wiederholt werden. Auch wenn diese nämlich nicht die Wandlung bewirken *(non transsubstantiant),* so vergegenwärtigen sie doch in der liturgischen Feier geheimnisvoll das Leiden Christi. Und dieses darf man niemals als vergeblich erachten.

---

[51] Mit anderen Worten: Das Hochgebet selbst hat heiligende Kraft, auch wenn die eigentliche Konsekration durch die Herrenworte vollzogen wird.

Wenn der Priester genau bei den Konsekrationsworten ausfällt, die Worte zum Teil ausgesprochen hat, dann würde ich dazu raten – solange ich keine bessere Lehrmeinung kenne – diese Hostie im Altar wie eine Reliquie aufzubewahren. Und eine zweite Messe sollte von einem anderen Priester mit einer anderen Hostie gefeiert werden. Wenn der Zelebrant ausfällt, nachdem er den Leib des Herrn konsekriert hat, aber nicht den Kelch, oder wenn er vergessen hat, Wein in den Kelch zu gießen, und es erst gegen Ende der Messe bemerkt, dann raten die Lehrer der Kirche seit alters her, die Hostie – sofern sie noch nicht sumiert ist – würdig ins Korporale zu legen, dann den Kelch wie es sich gehört zu bereiten, und den Kanon ab den Worten: «In gleicher Weise nahm er nach dem Mahl den Kelch», fortzusetzen. Somit wird nichts, was vollzogen ist, wiederholt, und am Ende werden Leib und Blut empfangen.

Sollte der Priester bei den Worten über den Kelch ausfallen, dann ist zu verfahren wie bei der Hostie. Der Inhalt des Kelches ist in einem reinen Gefäß bei den Reliquien im Altar zu deponieren.

Wenn in einer Gegend überhaupt kein Wein zu bekommen ist, dann sollte die Kurie darüber beraten, was man tun soll. Mir selbst scheint allerdings, dass man in einem solchen Fall vom Kelch dispensieren müsste, weil der Schaden für die Seelen untragbar wäre, wenn das Sakrament gänzlich ausfiele. Denn wie oben ausgeführt, ist der Leib nicht ohne das Blut gegenwärtig, nicht ohne Seele oder Gottheit – auch wenn in der Brotsgestalt das Blut nicht unmittelbar kraft der Konsekration oder aufgrund der sakramentalen Gestalt gegenwärtig ist.

Zu 3: Konzelebration

Zur dritten Frage: Ob mehrere Priester ein und dieselbe Hostie konsekrieren können?

Anscheinend ja; denn einem alten Brauch der Römischen Kirche gemäß stehen die Kardinäle mit am Altar, wenn der Papst die Hl. Messe feiert, sie machen die gleichen Gesten und – wie einige sagen – sprechen leise auch die gleichen Worte. Da die Worte eines Priesters aber nicht ins Leere gehen, beziehen sie sich offenbar alle auf die Konsekration dieser einen Hostie und dieses einen Kelches.

Auch wenn der Bischof die Priesterweihe spendet, stehen alle Neugeweihten mit ihm um den Altar, sie vollziehen gemeinsam mit ihm die heiligen Gesten, die auf die Konsekration hingeordnet sind.

Ebenso gibt es bei der Weihe des Chrisam mehrere Konsekratoren: Mehrere Bischöfe, so das möglich ist, und wenn nicht, dann mehrere Priester. Das geschieht wegen der besonderen Würde des Chrisams. Da nun aber der Leib des Herrn viel höher steht, scheint es nicht unpassend, wenn in ein und derselben Messfeier auch mehrere Priester ihn konsekrieren.

Auch bei der Bischofsweihe sind mehrere Bischöfe als Konsekratoren beteiligt. Der Leib des Herrn ist aber noch viel edler, daher sollten in jeder Messe mehrere Konsekratoren wirken.

Gegen diese Annahme spricht, dass doch feststeht, dass nicht alle Einzelnen genau im gleichen Moment die Worte aussprechen können.

Die Folge wäre, dass tatsächlich nur einer die Wandlung vollzieht. Oder aber die Konsekration würde vervielfacht, was auf jeden Fall missbräuchlich wäre.

Ohne einer besseren Lehrmeinung vorgreifen zu wollen, meine ich sagen zu müssen, dass mehrere Priester zugleich eine einzige Hostie weder konsekrieren dürfen noch können; denn das wäre Unrecht gegenüber dem Sakrament, wie Augustinus es nennt. Außerdem wäre es überflüssig, etwas durch mehrere zu tun, was durch einen allein besser getan werden kann.

Was die Kardinäle bei der Papstmesse betrifft, so stehen sie am Altar nicht um der Konsekration willen, sondern um ihren Gehorsam auszudrücken. Wenn man einwendet, dass sie ja dieselben Gesten machen und dieselben Worte sprechen, so sollte das meinem Urteil nach nicht der Fall sein, und ist es auch nicht. Denn das wäre ein Unrecht gegenüber dem Sakrament.

Die Neugeweihten, die mit dem Bischof am Altar stehen, sprechen nicht die Worte mit dem Bischof, sondern sie stehen aus Ehrerbietung gegenüber dem Sakrament am Altar – und damit sie Unterweisung empfangen: Die Gesten vollziehen sie als Nachahmung der Gesten des Bischofs.

Was die Konsekration des Chrisams betrifft, so ist das keine Parallele: Hier gibt es keine Wesensverwandlung, sondern lediglich eine Heiligung der Substanz.

Und wenn ein Bischof ordiniert wird unter der Auflegung der Hände mehrerer Konsekratoren, so deshalb, weil er eher ein schweres Amt *(magnum officium)* als einen eigenen Weihegrad *(ordo)* übernimmt: Mehrere Helfer sollen ihm reichere Gnade erlangen für die Leitung der Seelen.

Bei der Konsekration des Leibes Christi dagegen verhält es sich anders: Hier wirkt das Ungeschaffene Wort im geschaffenen Wort und bewirkt die Verwandlung der Substanzen. Das Ungeschaffene Wort wirkt in mehreren [Priestern] nicht mehr als in einem.[52]

Die letzte Frage betrifft die Stelle in der Glossa: «Ohne Ehrfurcht *(indevotus)* ist jemand, der das Sakrament anders feiert als es von Christus und den heiligen Vätern bestimmt worden ist». Das heißt, wenn jemand nicht nüchtern zelebrieren will, wenn er liturgische Gewänder oder den geheiligten Ort verachtet, oder wenn er aufgrund seines Standes oder seines Lebenswandels unwürdig ist. Aufgrund seines Standes: wenn er etwa exkommuniziert oder suspendiert ist, wenn er Simonie betreibt oder durch Simonie Priester geworden ist. Unwürdig aufgrund seines Lebenswandels: wenn jemand durch jüngst begangene Sünden befleckt die heiligsten Geheimnisse feiert und dadurch Ärgernis gibt. Obwohl auch er die Konsekration vollzieht, macht er sich des Verrats schuldig: Wenn er Simonie treibt, verkauft er Christus, und wenn er mit unreinem Herzen den Leib des Herrn empfängt, gibt er in seiner Person Christus seinen Feinden preis, wie es Judas tat – in den der Satan fuhr, «nachdem er den Bissen genommen hatte» (Joh 13,27).

---

[52] Das ist Alberts Hauptargument.

Kapitel 3
Die Empfänger

Auch hier stellen sich drei Fragen: Wer soll kommunizieren, wie oft, und auf welche Weise.

Zu 1: Darf jemand im Stand der Todsünde das Sakrament essen?

Wie es den Anschein hat, ja: denn bei Mt 9,12 steht: «Nicht die Gesunden brauchen den Arzt, sondern die Kranken». Und das sagte der Herr, als er in das Haus von Sündern ging und mit ihnen aß und trank. Daher müsste gerade der, der in tödlicher Sünde ist, mehr als jeder andere diesen Arzt und diese Medizin zu sich nehmen.

Außerdem hat Christus seinen Leib von sündigen Vorfahren angenommen, und er hat ihn um der Sünder willen angenommen. Daher müsste er auch den Sündern ausgeteilt werden.

Ein Argument aus der Parallele zur Taufe: Wenn jemand ohne rechte Absicht *(ficte)* zur Taufe kommt, sagen wir trotzdem nicht, dass er böse handelt; denn obgleich zu diesem Zeitpunkt die Gnade in ihm nicht zur Wirkung kommt, so wird sie wirken, sobald die vorgetäuschte Absicht zugunsten der richtigen aufgegeben wurde. Das gleiche müsste vom Leib des Herrn gelten: Wir sollten nicht sagen, dass ein Mensch in Todsünde böse handelt, wenn er kommuniziert, denn wenn er Buße tut, wird der Leib des Herrn in ihm Gnade bewirken.

Außerdem gab Christus zusammen mit den anderen Aposteln auch dem Judas seinen Leib. Und die Heiligen sagen, er habe das deswegen getan, um sein Herz durch solch eine Tat der Liebe vom Vorsatz des Verrats abzubringen. Daher sollte, wie es scheint, der Leib des Herrn auch Sündern gegeben werden, damit sie von ihrem bösen Vorsatz ablassen.

Dagegen aber spricht, dass Augustinus sagt: Niemand solle den Leib des Herrn empfangen, der sich nicht eines guten Gewissens erfreut. Auch Hugo von St. Victor schreibt: «Ich sage mit Freimut, dass auch jemand, der Reue hat, aber noch nicht gebeichtet und Wiedergutmachung vollbracht hat, nicht wagen soll, die Eucharistie zu empfangen». Und auch Paulus scheint das zu sagen: «Ein jeder prüfe sich selbst…» (1 Kor 11,28).

Antwort: Zu diesen und ähnlichen Fragen ist zu sagen, dass ein Mensch im Stand der Todsünde ohne Zweifel die Eucharistie nicht empfangen darf. Die Bundeslade war ja ein Vorausbild des Herrenleibes, und als sie von den Bewohnern von Beth Schemesch unwürdig in Empfang genommen wurde, wurden sie geschlagen (1 Sam 6,19). Auch Usa, der unwürdig seine Hand ausstreckte, um sie aufzufangen, als die Rinder strauchelten, musste sterben (2 Sam 6,6). Umso mehr wird jemand geistlich sterben, der den Leib des Herrn unwürdig nimmt.

Zu den Argumenten: In der Tat hat sich der Herr mit Zöllnern und Sündern abgegeben, für die er ja gekommen war. Doch diese äußere Aufnahme [die er zuließ] war die Vorbereitung für die innere Aufnahme. Mit äußerer Ehrerbietung kann der Herr auch von Sündern in Empfang genommen werden, aber innerlich empfängt niemand den Herrn, wenn er nicht würdig vorbereitet ist (1 Kor 10,20f.).

Der Herr hat zwar in seinem Stammbaum sündige Vorfahren, aber er selbst hat seinen Leib niemals der Sünde unterworfen.

Wie schon im Messkommentar, so auch hier, wird die Verantwortung des Kommunizierenden hervorgehoben. Falls jemandes Sünde nicht öffentlich bekannt ist, derjenige aber zur Kommunion hinzutritt, soll der Priester ihn nicht bloßstellen, sondern sich das Verhalten Jesu gegenüber Judas zum Vorbild nehmen. Im Folgenden schließt sich Albert – gegen die zitierte Ansicht Hugos – der theologischen Meinung an, dass durch Reue (contritio), *verbunden mit dem Vorsatz, nicht mehr zu sündigen, die Sünde von Gott her vergeben sei, und der Mensch dann kommunizieren könne. Es gebe Gründe, die den Aufschub der Beichte rechtfertigen, etwa wenn der eigene Beichtvater nicht erreichbar sei.*

Zu 2: Wie oft soll man kommunizieren?

Eine alte Vorschrift sagt: mindestens dreimal im Jahr – nämlich an Weihnachten, Ostern und Pfingsten. Auf diese Feste muss man sich entsprechend vorbereiten.

Das Laterankonzil schreibt vor: Einmal im Jahr sei zu beichten und zu kommunizieren.

Augustinus sagt, er tadle denjenigen nicht, der täglich kommuniziere, wenn er dies aus ehrfürchtiger Liebe *(devotio)* tue. Er tadle auch jemanden nicht, der selten kommuniziere, wenn er es aus Demut unterlasse.

Der hl. Gregor lobt in den *Dialogen* einen bestimmten Priester, der täglich mit ehrfürchtiger Liebe zelebrierte.

Der hl. Hieronymus lobt in der *Vitae Patrum* einen Altvater, der zwar die Weihe empfangen hatte, aber aus Ehrfurcht vor dem Sakrament niemals zu zelebrieren wagte.

Aus all dem scheint mir die glückliche Lösung in der Mitte zu liegen. In der Mitte wirst du sicher schreiten – zuweilen zelebrieren, zuweilen es unterlassen, wenn es nicht deine Pflicht erfordert.

Diejenigen aber, die Frauen jeden Tag die Kommunion reichen, sind meiner Ansicht nach scharf zu tadeln.[53] Denn sie vernebeln den Wert des Sakraments durch den allzu häufigen Gebrauch. Man kann vermuten, dass das Verlangen nach dem Sakrament eher aus mangelndem Ernst als aus ehrfürchtiger Liebe hervorgeht.

Zu 3: Die Art und Weise des Empfangs

Zuletzt soll noch die Frage nach dem zweifachen Empfang gestellt werden: dem sakramentalen und dem geistlichen.

Sakramental kommuniziert, wer das Sakrament zu sich nimmt, das heißt, den wahren Leib Christi. Auf diese Weise kann er auch von Unwürdigen genommen werden, wie von Judas. Das sakramentale Essen vollzieht sich, wie es im Bekenntnis des Berengar ausgedrückt wird: wenn der Leib des Herrn mit dem Mund aufgenommen und mit den Zähnen zerkaut wird, obgleich sich dieses Kauen und Essen nur auf die Akzidentien des Sakraments bezieht, wie ich oben in Distinctio 3 ausgeführt habe.

---

[53] Es sind offensichtlich die Priester gemeint, nicht die Frauen selbst, beide Male ist die Wort-Form maskulin.

Der geistliche Empfang oder das geistliche Essen *(manducatio)* meint den Empfang des Sakramentes samt der Gnade des Sakramentes. Geistlich essen ist zuweilen mit dem sakramentalen Essen verbunden, zuweilen nicht, wenn nämlich eine Notlage, nicht aber Geringschätzung den sakramentalen Empfang ausschließt. Welche Gnade hier empfangen wird, habe ich ausführlich in diesem Buch beschrieben. Auf geistliche Weise täglich zu kommunizieren, ist lobenswert. An dieser Süße wird die Seele sich in diesem Leben niemals gänzlich sättigen, sondern mit dem Psalmisten sprechen: «Ich werde mich sättigen, wenn deine Herrlichkeit erscheint» (Ps 16,15).

NACHWORT

Dieses Buch über die Eucharistie habe ich zur Ehre Jesu Christi geschrieben. Man kann daraus auch vieles andere lernen. Und wenn dem Leser etwas daran nicht gefällt, dann habe er Nachsicht und schreibe es dem schlichten Stil zu. Denn er wird darin vielleicht nicht hochfliegende Gedanken, aber doch vieles Nützliche finden.
Amen.

GEBET ALBERTS

Allmächtiger, ewiger Gott, eingeborener Sohn Gottes:

Aus uns, von uns und um unseretwillen hast du Leib und Blut, eine menschliche Seele und menschlichen Geist angenommen. In deiner Gnade hast du uns durch den heiligen Propheten Jeremia, den du im Mutterleib geheiligt hast, vorausverkünden lassen, dass du die Seele der Priester mit Fett und Mark erfüllen werdest, und dein Volk an Gütern Überfluss haben werde (Jer 31,14).

Erfülle unsere Seelen mit dem Sakrament deines Leibes, stille unser Verlangen mit deinen Gütern, und gewähre uns, dass das wunderbare Sakrament deines Leibes und Blutes in uns seine ganze Wirkung entfaltet: Wahrheit, Tugendkraft, Einheit, Liebe, Reinheit, Erbarmen, ehrfürchtige Innigkeit und Heiligkeit.

Wie du im Vater und der Vater in dir, und wie du aufgrund der Annahme der unverdorbenen Menschennatur in uns bist, so mögen wir in dir bleiben durch die Reinheit des Leibes, der Seele und des Geistes: deinem hochheiligen Leib als Glieder eingefügt, auf dass wir heilbringende Gemeinschaft der Sakramente haben, und an dir süßen Anteil.

Von deinem hochheiligen Blut benetzt, mögen unsere Herzen besprengt und gereinigt sein. Losgekauft durch deine heiligste Seele, mögen wir wahrhaft versöhnt sein mit dem Vater und dem Heiligen Geist. Zum Leben erweckt durch deinen hochheiligen Geist, mögen wir im Leben des Geistes alles wiedererlangen, was wir verloren haben, und die Erleuchtung unserer Sinne erhalten. Begnadet und beschenkt durch deine hochheilige Gottheit, mögen wir zur Vollkommenheit in der Tugend gelangen. Durch die Teilhabe an der Eucharistie, die aller Gnade Gefäß ist, mögen wir aus deiner Fülle empfangen!

Lass uns die gleichen Gnaden erlangen, die deine Apostel und Jünger empfingen, als sie aus deiner Hand das Sakrament empfingen. Bewirke in uns das Verspüren der geistlichen Erquickung, durch die Fürbitte all derer, die von dir geistlich erquickt wurden.

Wirke in uns den Glauben, die Liebe, das Mitgefühl, die Hingabe, die geistliche Vollkommenheit durch die Salbung, welche dir beim Mahl die heilige Maria Magdalena erwies, die heilige Sorge, Eifer, Bereitwilligkeit und Aufmerksamkeit, deinen Gliedern zu Diensten zu sein, damit wir die Erfahrung geistlicher Erquickung von dir, unserem Haupt, zu empfangen verdienen.

Wirke in uns, was Lazarus erfuhr und alle diejenigen, welche zusammen mit dir Ruhe gefunden haben, denen du das Reich bereitet hast, wie es der Vater dir bereitet hat, damit sie essen und trinken an deinem Tisch, im

Reiche Gottes. Denn wahrhaft selig sind, die das Brot, das du bist, im Reiche Gottes essen (Lk 14,15).

Wirke in uns den Eifer des Petrus, der voll Entschiedenheit alles zunichte macht, was deinem Willen entgegen steht. [...]

Wirke in uns die Ruhe, die Gelöstheit von allem, was die Welt an Freuden zu bieten hat, dass wir in jenen vollkommenen seligen Schlummer sinken, den Johannes verkosten durfte, damit wir, zurückgelehnt an deine Brust, den Trank der Weisheit, den Geschmack deiner Süße und Güte empfangen.

Wirke in uns den rechten Glauben, die feste Hoffnung, die vollkommene Liebe, auf die Fürsprache all deiner Apostel und Jünger, die aus deiner Hand das Sakrament empfangen haben, bewirke, dass wir mit Bitterkeit an den Verrat des Judas denken und dass in unseren Geist oft der heilbringende Strom fließe, den dieses Sakrament bedeutet, der Strom der Wonnen, als der du selbst in deiner Gottheit dich in die Seligen ergießest und in ihnen alle Glückseligkeit bewirkst.

Der du mit Gott dem Vater in der Einheit des Heiligen Geistes lebst und herrschest in Ewigkeit. Amen.